はじめての

経営学

日本大学商学部経営学科 ［編］

同文舘出版

はしがき

　本書は，タイトルのとおり，はじめて経営学を学ぼうとする大学生や社会人などの初学者を対象とした経営学のテキストです。編者が「日本大学商学部経営学科」となっていることからわかるとおり，第1の目的は，日本大学商学部に入学したすべての学生が受講する必修科目「経営学入門1」の共通テキストとして使用することですが，もちろんそれに限らず，経営学をはじめて学ぼうとする人すべてにとって有益となるようにつくられています。

　経営学は，19世紀末から20世紀初頭にかけて，アメリカとドイツで誕生しました。経営学は，株式会社などの企業，あるいは大学や役所，非営利組織などといった組織の運営や管理について考える学問ですが，本書を読めばわかるとおり，主な研究対象は企業が中心となっています。その理由はとりもなおさず，企業が私たちの生活に不可欠なものとなっており，その原理や実態を学ぶことが，私たち自身のみならず，社会全体にとって有益だからです。本書の目的は，100年以上の歴史をもつ経営学のこれまでの蓄積をもとに，経営学の基礎的な知識を体系的に学ぶとともに，現在どのようなトピックがあるのかを概観することで，経営学をはじめて学ぶ人に貢献することです。

　本書は大きく分けて2部構成となっています。まず第Ⅰ部では，現代経営学において主要な領域となっている，経営管理，経営戦略，経営組織，コーポレート・ガバナンス，企業の社会的責任（CSR）について体系的に学びます。第1章「企業経営の基礎」は本書のイントロダクションに位置づけられます。ここではあるラーメン店のストーリーをもとに，第2章以降で扱われる，企業経営のさまざまな諸領域が紹介されています。第2章と第3章では経営戦略を取り上げます。第2章では企業全体の戦略が，第3章では企業が個々の事業を展開するにあたって考えるべき事業戦略が扱われます。第4章と第5章は経営組織です。第4章では，組織で働く「ヒト」に焦点をあてるミクロ組織論が，第5章では，組織の構造や組織間関係などに焦点をあてるマクロ組織論が取り上げられます。第6章では，株式会社の仕組みや，株式会社において重要なコーポレート・ガバナンスの問題，さらに近年注目されている「企業の社会的責任（CSR）」の問題が扱われます。これらの問題は，多様な領域をもつ経営学にあっても，必ず取り上げるべき必須の領域であり，本書でも重点的に扱わ

れています。第Ⅰ部の各章最初の扉ページには，その章で学ぶ内容を簡単にまとめたサマリーを用意しています。第Ⅰ部を学習することで，経営学の基本的な領域をつかむことができるでしょう。

第Ⅱ部では，現代の経営学において議論されているさまざまなトピックが紹介されています。第Ⅰ部を学んだ初学者が，経営学をさらに深く勉強するにあたって，経営学がこれ以外にどのようなトピックを議論しているのかを概観できるようになっています。第Ⅱ部を読むことで，経営学が対象とする領域の幅広さや多様さを実感できるでしょう。

日本大学商学部の「経営学入門1」では，第Ⅰ部を各クラスの共通学習内容として扱い，第Ⅱ部は，それ以降に選択可能な専門科目群を担当する教員が執筆していますので，授業選択の一助にもなると思います。

また各章の最後には，その章をさらに深く学びたい人にむけた「ブックガイド」（「さらに理解を深めるために」）を掲載しています。興味をもったトピックをさらに勉強したい人は，ぜひその本や論文を図書館などで探してみてください。

さらに本書では，第Ⅱ部に5つの現役経営者インタビューを掲載しています。「出身大学別社長数」ナンバーワン（帝国データバンク「全国社長分析」）のネットワークをふんだんに生かして，本書では，特に商学部の卒業生でもある現役経営者にインタビューを行い，経営者としての心構えや実際の働き方，学生時代のエピソードや学生へのメッセージなどを聞いています。第Ⅰ部，第Ⅱ部での理論的な学習を踏まえて読めば，経営学をより深く多面的に理解できるでしょう。学生の皆さんへの熱いメッセージも受け取っていますので，ぜひ読んでみてください。

最後に，本書の出版をお引き受けいただいた同文舘出版株式会社代表取締役の中島治久氏に心より感謝申し上げるとともに，同社のますますの発展をお祈りいたします。また，編集作業にあたっては青柳裕之氏と有村知記氏に大変お世話になりました。厚く御礼申し上げます。

2020年3月

執筆者を代表して
編集委員一同

本書の構成

第Ⅰ部：経営学の基本

企業経営の基礎

経営管理（第1章）

企業の戦略

企業の組織

企業のガバナンス

①企業戦略
（第2章）

①ミクロ組織論
（第4章）

企業のガバナンス
（第6章）

②事業戦略
（第3章）

②マクロ組織論
（第5章）

第Ⅱ部：経営学の現代的トピック

トピック 1：企業は何を目標としているのか？
トピック 2：企業のイノベーション
トピック 3：人的資源管理論
トピック 4：キャリアの形成
トピック 5：企業と人間
トピック 6：コーポレート・ファイナンス
トピック 7：中小企業経営論
トピック 8：ベンチャー経営

トピック 9：企業の情報経営
トピック10：中国経営・アジア経営
トピック11：企業の社会的責任
トピック12：環境経営
トピック13：非営利組織とは
トピック14：経営史
トピック15：経営学の方法と歴史

＋

経営者インタビュー

ドーバー洋酒貿易株式会社，セントラルスポーツ株式会社，
八光自動車工業株式会社，株式会社アサヒ防災設備，
フマキラー株式会社

もくじ

第2章　企業の戦略①　企業戦略

第3章　企業の戦略②　事業戦略

もくじ

第Ⅱ部 経営学の現代的トピック

もくじ

経営者インタビュー

第 I 部

経営学の基本

企業経営の基礎（経営管理）

　本章では，企業経営の基礎的知識や概念の説明を行う。ここでは，経営者はどのような活動をしているのかという観点から，その主たる役割として，①事業の継続的展開，②事業をいかに展開するかの決定，③資源運営，④利害関係者との調整，という4つに焦点をあて説明していく。なお本章は，以下の2章〜6章に対する導入的位置づけとなっている。本章で触れる経営者の役割の②〜④についてより詳細な説明を行っているのが2章〜6章の内容となる。

I はじめに

　きぬたさくらさんは東京都世田谷区にある大学を卒業して10年になる。就職した食品会社で10年働いたが，この度，一大決心のもと会社を辞めることにした。いわゆる脱サラで自分のお店をはじめることにしたのである。学生時代から続けているラーメン食べ歩きの趣味と勤めていた食品会社での経験を活かし，理想の味を提供しつつお客さんに長く愛されるラーメン店を目指して，大学時代の思い出の地である世田谷区砧に小さいながらも自分のお店をもつことになった。きぬたさんは自分のラーメン店をはじめたことにより，ラーメンをつくる料理人だけでなくお店を経営する経営者にもなった。美味しいラーメンをつくることには自信があるが，経営するとなるとまったくの素人である。これから先，経営者としてどのようなことを考え，行動しなければならないのだろうか……。

　本章ではこんなフィクション・ストーリーを使って経営学の基礎的な概念や言葉を説明していきたい。ここでは企業経営のイントロダクションとして，経営者がやるべき役割について特に次の4つに焦点をあて，そのポイントを紹介する。

　①事業（ビジネス）を継続的に展開すること
　②事業をいかに展開するか決定すること
　③事業を展開するために必要な資源を運営すること
　④企業の利害関係者と関係を築き説明や調整をすること

　以下においては，これら4つの経営者の役割を順にみていく。読者の皆さんも自分がきぬたさんだったらラーメン店をどうやって経営すればいいのか，といった観点で読んでもらいたい。

II 経営者の役割①：事業の継続的展開

1 利益の獲得

　企業経営の基礎を紹介するにあたり，まずは事業の継続という点から考えてみたい。事業とは，簡単にいうとお金を稼ぐことである。そして何でお金を稼ぐかの事業の中身を事業内容とよぶ。きぬたさんの場合はラーメンをつくり，お客さんに食べてもらうことで，お金を稼ごうとしている。したがってラーメンづくりと販売が事業内容になる。エレクトロニクス製品製造企業であればエレクトロニクス製品を製造し家電量販店のような小売企業に買ってもらう，あるいは扱ってもらうこと，スーパーマーケットであれば商品を揃えお客さんに買ってもらうことが事業内容になる。企業は，それぞれの事業を行うことでお金を稼いでいるといえるであろう。

　ではどのようにお金を稼ぐのであろうか。

　きぬたさんの場合，ラーメンを1杯700円で販売している。これはきぬたさんがラーメンを提供する対価としてお客さんが700円を払ってくれるというものである。これを**売上**とよぶ。あたりまえであるが，10杯売れれば7,000円，100杯売れれば70,000円，1,000杯売れれば700,000円の売上額となる。

　一度お客さんからお金を貰えば，当然ながらそれはきぬたさんのお金になるが，きぬたさんはそのお金を自由に使えるだろうか。もちろん否である。きぬたさんは何もないところからラーメンを生み出しているわけではない。ラーメンをつくるには麺やスープといった材料が必要であり，お客さんに出すどんぶりや箸が必要であり，そもそもラーメンを提供するお店が必要である。これらにはすべてお金がかかる。これらを**費用**とよぶ。すなわちラーメン1杯の価格700円にはそれを生み出すための家賃，光熱費，人件費，材料費，広告費といったさまざまな費用が含まれているともいえよう。

　そして売上から必要な経費である費用を引き，もし残りがあればそれはいわゆる儲けとなる。これを**利益**とよぶ。反対に費用が売上よりも大きい場合，いわゆる損をしてしまう。これを**損失**とよぶ。このメカニズムは以下の簡単な数式であらわすことができる。

【売上】-【費用】＝？

【売上】＞【費用】＝【利益】

【売上】＜【費用】＝【損失】

　事業を行って利益を出せるか，損失を生んでしまうか，この数式を使って考えてみよう。利益を出す方法としては，単純に2つの方法が考えられる。第1に費用額を一定と仮定するならば，売上額が大きければ大きいほど利益を獲得することができる。第2に売上額を一定と仮定するならば費用額を小さくすればするほど利益を獲得することができる。きぬたさんの場合，ラーメンの売上が大きくなればなるほど，あるいはラーメンをつくる費用が少なくなればなるほど利益を出しやすいというものである。

　しかし売上と費用のバランスを取ることは簡単ではない。たとえば多くのお客さんに来店してもらえるよう，雑誌に広告を出すことを考えた。これまでお店を知らなかったお客さんにもきてもらえ，売上が伸びる可能性が高まる。しかし広告を出すには費用がかかるため，結果的に利益額（利幅）は小さくなるかもしれない。またこれまでより安い材料を使うことで費用を抑えることを考えた。これにより1杯あたりの利幅が大きくなる。しかし材料が悪くなったことで味が落ち，お客さんの数が減って売上額が下がってしまい，結果的に利幅は小さくなるかもしれない。

　なお実際の売上の総額は売上単価（価格）がかかわってくる。売上とは実際には以下の数式となる。

【売上】＝【売上量】×【売上単価】

　したがって売上を伸ばすには，売上量を増やすか，売上単価を上げるかの方法になる。しかしここでも両者の動きを把握することは簡単ではない。一般的に売上単価を下げれば売上量が増えることが多く，売上単価を上げれば売上量が下がることが多いが，必ずそうなるわけではない。経営者は，このように売上と費用のバランスを考え利益を出すことを仕事としているのである。

　なお利益を簡単に把握する方法として**売上高利益率**という指標がある。これ

は売上高に対しどれだけ利益を獲得しているかを百分率（％）であらわすものである。これは以下の数式で求められる。

【売上高利益率】＝【利益】／【売上】

単純にいえば100円の売上高に対し何円の利益があるかがわかるというものである。この指標を使うと効率よく利益を獲得しているかどうかを確認することができる。また，たとえば異なる産業に属する企業同士や規模が異なる企業同士など前提が異なる企業同士を比べることも可能となる。

❷ 事業の継続と企業の目的

さて，もしきぬたさんが利益を出せず損失が続いたらどうなるのであろうか。ラーメンを売り続けなければお金が入ってこないので，損失があっても営業は続ける必要がある。しかし損失額が大きくなり過ぎて蓄えているお金がなくなると，ラーメンをつくるのに必要な材料を買えなくなるかもしれず，あるいは家賃が払えず営業ができなくなるかもしれない。すなわちラーメンをつくることができず新たにお金を稼ぐ手段がなくなるということで事業を辞めなければならなくなる。いわゆる倒産である。費用を賄えるという点でいえば，利益ゼロの状態でも事業を続けることができるが，新しい機械を買うなどの将来的な支出や病気になって営業できないなどの突発的な状況を考慮すると蓄えをつくる意味で利益を獲得できるほうがいいであろう。

したがって事業を行うにあたり，1回きりでいいので利益を稼げばいいというものではなく，常に利益を稼ぎ続けること，すなわち成功的に事業を続けることが非常に重要になる。きぬたさんのように「お客さんに長く愛されるラーメン店」を目指して事業を開始したとしても，利益を稼げないとなると長期に渡って事業を続けることができなくなる可能性が高まるためである。なお経営学や会計学といった学問領域では，企業経営を考える際に，特例を除き基本的には事業が将来にわたって継続することを前提として諸々の議論を進めている。これを**ゴーイングコンサーン概念**とよんでいる。

このように事業を通じて利益を獲得することは，事業を継続させることにつながる。ゆえに企業とは「何らかの事業を通じて利益を獲得する」ために存在

していると説明でき，また企業の目的とは「利益を獲得して事業を継続すること」と説明することができる。これをもって企業の行動原理は**営利原則**に基づくと表現されることがある。

❸ 企業のさまざまな目的

　もちろん利益といった経済的動機はさておき，きぬたさんのような「長く愛されるラーメンを提供する」あるいは「東京で一番美味しいラーメンを提供する」ひいては「ラーメンで人々を幸せにする」ことを企業の目的にする場合もあるであろう。上記のように事業を継続するには利益を獲得する必要があるが，それを踏まえたうえで，各企業それぞれが自社の目的をもつことも可能である。

　たとえば，「東京で一番美味しいラーメンを提供する」ことを目的とする場合，使用する材料を厳選し，材料費が上昇することを無視するかもしれない。この場合，利幅を小さくすることを承知で「美味しいラーメンを提供」という目的を達成するであろう。同様に「ラーメンで人々を幸せにする」ことを目的とする場合，「幸せ」は主観のため測定が難しいが，たとえば「美味しいが価格が安い」ことを「幸せ」と置き換え，低価格による売上高の減少と材料費の上昇による利幅の減少を承知のうえで，その目的を達成するかもしれない。また従業員の満足を目的とすると，従業員の給与を上げることで人件費が上昇し同じく利幅を小さくするかもしれない。もちろん企業の所有者の個人的利得を最優先する場合もあるだろう。その場合は，なるべく利幅を大きくし，所有者がそれを独り占めするかもしれない。

　このように利益獲得が企業の譲れない目的であるとしても，その利益をいかに獲得するか，あるいはその利益をいかに分配するかといった点では企業ごとに独自の考えが反映できるといえ，その意味で利益獲得の次にくる下位の目的は各企業の自由といえる。そしてこの企業の目的の議論は，以下のVで触れる企業は誰のものか，の観点に大きく左右されるものである。

Ⅲ 経営者の役割②：
事業の展開方法の決定（→2章・3章参照）

❶ 事業範囲の設定

　きぬたさんはラーメン事業を通じて利益の獲得を試みているわけであるが，なぜラーメンを事業内容としたのであろうか。その決定は自分でしたものであろうか，誰かにされたものであろうか。

　事業とは誰かに決められるものではなく（先祖代々の家業として変えられない事情がある場合や，放送や鉄道など，国などの認可が必要で勝手にできない事業などの例もあるが），一般的に自由に設定できるものである。きぬたさんは学生時代からのラーメン好きを理由に自分で事業内容を決定した。

　また事業は一度決めたら変えてはいけないというものではない。きぬたさんはラーメンが好きでラーメン店を事業としたわけであるが，ラーメンに飽きたら洋服屋になってもいいのである。またラーメン店をやるといってもラーメンのみを提供するお店なのか，ラーメン以外にも餃子や野菜炒め，カレーライスやデザートまでも提供するお店なのか，その範囲も自由である。あるいはラーメンを最終的にお客さんに提供するお店ではなく，他の店に麺を提供する製麺所という選択肢や数多くのラーメン店の相談にのるコンサルタントという選択肢もある。このように何で稼ぐかという事業内容を決定することは重要な**意思決定**であり，それは経営者の仕事である。（→2章参照）

❷ 事業の拡大

　きぬたさんは今のところ順調に利益を獲得し堅実な経営を行っているが，これまで以上に成功したいと感じるようになった。どうやればより大きく稼ぐことができるのであろうか。言い換えれば売上額を増やすにはどうすればいいのだろうか。以下では経営戦略とよばれる経営学の領域において議論される諸概念をもとにいくつかの方法を考えてみたい。

　まず現在つくっているラーメンの数を増やすことが考えられる。たとえば，これまで手打ち麺で1日100杯分の製麺が限度で，100人を超えるお客さんに

提供することはできなかった。そこで製麺機を導入し，1日300杯分の製麺を可能にし，売上を3倍に伸ばすことを可能にした。また製麺機の導入によって，原材料を無駄なく使うことができ1杯分の費用を下げることも可能となった。これは**規模の経済**という現象であり，特に製品の製造において**大量生産方式**を導入した際にその効果が期待される。

　また1日100杯のラーメンをつくることができるが，100人もお客さんが来ない場合，広告や特典などの販売促進活動によってより多くのお客さんに来てもらうことが考えられる。たとえば看板や店の雰囲気を変える，ソーシャル・ネットワーキング・サービスを使ってアピールする，期間限定でお試し価格を設定するなど，さまざまな手法がある。またお客さんにアンケートをお願いし，顧客の希望を探ることもある。これらはマーケティング活動とよばれるものであり，顧客にアピールすることで，また顧客の嗜好や行動を重視することで売上を獲得しようとするものである。

　さて，お客さんの声をみるとラーメンが1種類しかないことへの不満が多くあった。すぐ近くのライバル店では醤油，味噌，塩と3種類あり，結構な人気を有している。そこできぬたさんは閉店後，新しい味へのチャレンジを開始し，味噌ラーメンと塩ラーメンをメニューに加えることとした。その際，ライバル店のラーメンの味も研究し，それとは異なるものとした。さらにライバル店との違いを打ち出す目的でライバル店にはないメニューである激辛ラーメンもはじめることにした。これによりこれまで味噌ラーメンや塩ラーメンを食べたいためにきぬたさんのお店を選ばなかったお客さんや激辛ラーメンを求める新しいお客さんを獲得できることとなり，ライバル店との競争において優位な立場になった。こうしたメニューの開発は一般的に**研究開発活動**やその一部である**新製品開発活動**とよばれ，成功すれば製品ラインの幅を広げることにつながる。1種類の製品のみでは，激しい競争のもと顧客から飽きられる可能性が高いため，多くの企業が新製品開発に力を入れている。(→3章参照)

　きぬたさんのラーメン店は4種類のラーメンメニューで一層の人気店となった。そこで現在の店に加えて，支店を増やすことにした。まずは東京の繁華街に何件か出店し，さらには横浜，千葉，埼玉，と地域を広げ，大阪，福岡，名古屋，仙台，札幌と全国の大都市にも進出した。さらには近年の日本食ブームに便乗し，ニューヨークとロンドンにも出店することを決定した。これは**地理**

■ 図表1-1　支店の地理的拡大

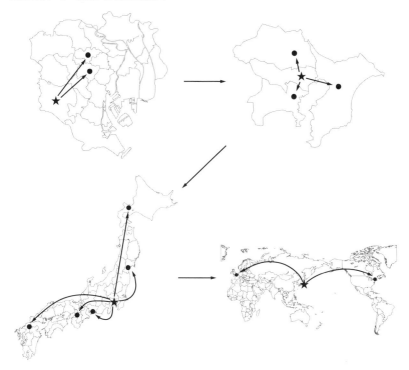

出所：筆者作成。

的拡大とその延長上にある**国際化**という手法である（**図表 1-1**）。当然ながら
地域を広げることによって，新規の顧客を獲得でき売上を拡大することが可能
である。もちろんそれぞれの地域においての嗜好，習慣，文化，伝統などが変
わるため，これまでの手法がそのまま通じるとはかぎらない。ラーメンでいえ
ば，それぞれの地域で好まれる味や種類を開発調整する必要もあるかもしれな
い。（→ 2 章参照）

　また本店，各支店で使用する麺は当初，店舗ごとに製麺機での製造もしく
は，おおくら製麺所のような他の製麺専門会社からの購入によって調達してい
た。しかし支店が拡大するに連れ，全店舗用に一括してまとめて製造したほう
が費用面で効率がいいことがわかった。そこできぬたさんは，製麺専門の会社
としてきぬた製麺所を新設し，そこで全店舗で必要な量の麺を製造し，また専

企業経営の基礎（経営管理）**第1章**

門の車とドライバーを用意して製麺所から近隣の店舗へ麺を配送するシステムをつくりあげた。原材料，輸送，製造，販売といった原料から顧客まで届く一連の流れを**サプライチェーン**とよぶが，このサプライチェーンにおいて，ある職能から他の職能に進出すること（この場合は，ラーメン製造と販売から製麺所の運営（原材料の製造）への進出，ならびに麺の配送（輸送）への進出）を**垂直統合**とよぶ。垂直統合を行うことは，サプライチェーンにおけるモノと情報の流れを自社内で確実に管理できる利点がある。ただし常に垂直統合することが優位になるとはかぎらない。外部から確実に安価で供給できる場合などでは，垂直統合を行わず他社に依存するほうが効率的であることもある。（→2章参照）

　このような方法によってきぬたさんはラーメン店では十分に成功できた。そこで蓄えたお金を元手に新たなチャレンジとしてラーメン店とは異なる事業をはじめることにした。1つはラーメン店で使っている材料である小麦粉や肉，野菜を活用することができる，餃子専門店である。もう1つはラーメンとはまったく関係なく，健康ブームを背景にスポーツジムをはじめることとした。これら2つの事業によってラーメン店以外の売上が望めることとなり，より大きな稼ぎが可能となった。このように既存事業に新事業を加えることで事業の幅を増やすことを**事業多角化**あるいは単に**多角化**とよぶ。特に既存事業と関係があるものを**関連型多角化**，関係のないものを**非関連型多角化**とよぶ。いずれにせよ多角化とは，企業がさらなる成長を目指す場合に取られる手法である（→2章・3章参照）。

Ⅳ　経営者の役割③：資源の運営（→4章・5章参照）

❶ ヒト・モノ・カネ・情報・知識の運営

　これまできぬたさんのラーメン事業の成長をみてきたが，ここで視点を変えてきぬたさんのラーメン事業が日々どのように運営されているか考えてみよう。

　きぬたさんがまだラーメン店1軒のみを経営している時点のある1日を想定する。朝8時，きぬたさんと一緒にラーメンをつくる従業員3人が肉や野菜を

大きな寸胴鍋に入れ，火力の強いガスレンジを使ってスープづくりの仕込みをはじめる。この時，天気予報から今日の気候を予想し，スープのレシピを若干調整する。また過去の売上データを活用して，何人くらい来店するかの予測を立て，つくるべき分量を決定する。10時にレジや皿洗いを担当するアルバイト2人も加わり，11時に店を開店し，すでに店の前に行列をつくっていたお客さんを店に入れ注文をとってラーメンを提供する。食べ終わったお客さんは会計を済ませ店を出ていき，代わりに新しいお客さんが入ってくる，といったところだろうか。

ラーメン店の日々の営業を仕切り，円滑にお店を回していくのも経営者の仕事である。従業員とアルバイトに的確に働いてもらい，提供するラーメンの材料を準備し，お客さんの支払い時にお釣りがあるよう小銭を用意し，明日の材料を注文し，空いた時間で銀行に行ってさまざまな支払いを済ませ……。このような日々の仕事を的確に運営することを経営管理と表現することもある。また働いているヒト，使っているモノ，受け取ったり支払ったりするカネ，レシピやデータといった情報や知識を企業が有する**資源**あるいは**経営資源**とよぶことがあり，この観点からすると日々の運営とは，資源の運営と表現することもできる。

❷ ヒトにいかに動いてもらうか

このような資源の運営において，経営管理論や経営組織論といった経営学の領域は，ヒトの運営について特に焦点をあててきた（一般的に，モノの運営については生産管理論，カネの運営については管理会計論，情報の運営については経営情報論，といった学問領域がそれぞれ得意としている）。それではヒトの運営とはどのようなものであろうか？　以下では経営管理論や経営組織論などヒトに焦点をあてる経営学の領域において議論される内容の一部を紹介してみたい。

きぬたさんの店では現在，従業員3人，アルバイト2人の計5人と一緒に働いている。その意味では同僚ともいえ，仲間ともいえるのだが，きぬたさんは経営者でもあるので5人にお給料を支払い，その対価分，動いてもらうことを要求しなければならない。

たとえば近くのライバル店で店員募集の張り紙が出されて，そこでの給料

は，きぬたさんの店よりもだいぶいいものであった。従業員の1人Aさんは，なぜライバル店よりもうちの給料は安いのかと不満をもったようで，これまで有していたやる気を失ってしまった。この場合はどうすればよいだろうか。きぬたさんは，利幅が少なくなる覚悟で給料をライバル店と同じ水準にあげるべきであろうか。あるいは給与水準は変えることはできないがお客さんが多くきた日は臨時ボーナスを出す形式にすべきであろうか。はたまたお金ではなく，ラーメンの技術やお店経営のノウハウを学べることがうちで働くメリットであるとAさんに説明し納得してもらうべきか。

またアルバイトの1人であるDさんがお店を辞めたいといってきた。話を聞くともう1人のアルバイトEさんとの仲が悪く一緒に働きたくないとのことであった。この場合はどうすればよいだろうか。きぬたさんはDさんとEさんが仲良くなるきっかけとなるイベントを企画すべきであろうか。あるいはDさんとEさんが同じ時間に働かないようにアルバイトのシフトを工夫すべきであろうか。はたまた2人の関係に関係なく，Dさんに仕事のやりがいをみつけてもらいやる気を出してもらうべきであろうか。

これらは**動機づけ**の問題とよばれるものである。仕事のパフォーマンスを維持するためには，ヒトをやる気にさせる必要があるが，何でやる気が引き出されるかはヒトによって，また同じヒトでも状況によって異なる。ゆえに経営者はそれを見極める必要がある。

さらに，5人がきぬたさんについてきてくれるかは，きぬたさん自身の問題あるいはきぬたさんが5人と築いた関係性による問題かもしれない。きぬたさんが，普段から仕事に関係なく5人とコミュニケーションをとり，一緒に楽しみ，場合によっては悩みを聞くような関係を築いているならば，5人はたとえ給料は低くても一所懸命に働いてくれ，またきぬたさんの無理な要求も聞いてくれるかもしれない。反対にきぬたさんが自分のことしか考えておらず，常にビジネスライクな態度をとっているため，それぞれと表面的な関係しか築いていない場合，5人はたとえ給料が高くてもやる気になってくれないかもしれない。そしてきぬたさんの店よりも高い給料の店があればそちらに移ってしまうかもしれない。

これはいわゆる**リーダー**の問題，あるいは**リーダーシップ**の問題とよばれるものである。リーダーとしての行動や振る舞いとしてはどのようなスタイルが

いいのか，リーダーとフォロワーとの関係としてはどのようなものがいいのか，など数多くの議論が存在し，経営者は常によきリーダーであることを求められている。

　このように，実際にヒトに動いてもらう際には，数限りない問題が常に生じるといえる。なぜならばヒトはそれぞれの考え，信念，感情，習慣をもち，経営者の指示どおり動くとはかぎらない。ヒトに動いてもらうことはさまざまな困難をともなうことになる。それでもヒトに動いてもらうことが経営者の重要な仕事である。常に絶対的な正解は存在しないが，それでも最適と考えられる方法を日々追求する必要がある。（→ 4 章参照）

❸ ヒトに動いてもらうための組織構造設計

　ヒトの運営に焦点をあてる経営管理論や経営組織論では，より制度的な議論も行われる。これは**組織構造**の設計にかかわるものであり，人々がそれぞれの仕事を効率的に担当できるよう，仕事の内容や範囲を決めていくものである。ここでも経営管理論や経営組織論において議論される内容の一部を紹介していこう。

　きぬたさんの店では，きぬたさんを含めて 4 人でラーメンをつくっている。4 人いるということは，単純に考えて 1 人分の 4 倍の仕事をこなせるはずである。しかしもし 4 人がまったく同じ動きをするならば，4 人の意味がなく，むしろお互い邪魔になることで 1 人分の働きもできないかもしれない。そこで 4 人は，4 人分を有効に活用するために仕事を分担することを考える。たとえば 1 人は麺を茹でる仕事，1 人はスープを担当する仕事，1 人はチャーシューや野菜をのっける仕事，1 人は材料を準備する仕事，といった具合である。これを**分業**とよぶ（**図表 1-2**）。分業することで仕事を効率的にこなすことができる。さらには担当者が分業された業務を日々こなすことでその業務への**専門化**が期待でき，より効率的になる。たとえば麺を毎日茹でる担当は，日々学習することで麺の細かい状態を把握できるようになり，日々茹でる時間を微調整することで失敗の数を減らすことができるであろう。

　もちろんこの分業には，それぞれの協力体制が必要である。専門化されることで自分の仕事のことばかりを考え，全体のことを無視するようになると，不協和が生じ結果的に失敗することになる。効率のために分業したにもかかわら

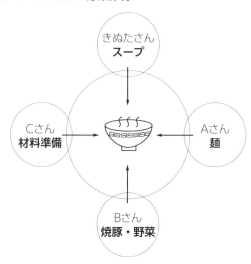

■■図表1-2 ラーメンづくりの分業体制

きぬたさん
スープ

Cさん
材料準備

Aさん
麺

Bさん
焼豚・野菜

出所：筆者作成。

ず，分業のために非効率となる矛盾を引き起こす。ゆえに分業には十分な協力
体制を確保している**協業**をベースとすることが大前提となる。

　次にきぬたさんの店が支店を出した時点を考えてみよう。砧本店の他に新宿
と池袋に店を出した。これにともない，従業員の数も増えたのだが，問題は新
宿と池袋の店について日々の運営をどうするかということであった。具体的に
は，ラーメンの味の確認はもちろん，売上計算，費用計算，材料発注，従業員
やアルバイトの管理などこれまではきぬたさん1人で行ってきたことである。
しかし物理的に離れた3つの店を同時に1人で管理することは不可能である。
そこできぬたさんは自分を3店舗全体の総括者にして，以前からの従業員Aさ
んを砧本店の店長，Bさんを新宿店の店長，Cさんを池袋店の店長にして日々
の営業を任せることとした（**図表1-3**）。これを**権限と責任の委譲**とよぶ。

　さらに支店が全国各地に増えた段階できぬたさんは各支店を地域別に事業部
として分け，その地域を担当する責任者を設置した。Aさんは東京地域の責任
者，Bさんは東京を除く東日本の責任者，Cさんは西日本の責任者となり，各
地域内の支店をみることとなった（**図表1-4**）。このような企業内グループの
形態を**事業部制組織構造**とよぶ。店舗ごとの日々の管理は従来どおり各店長の

■ 図表1-3　支店運営のための組織構造

出所：筆者作成。

■ 図表1-4　地域別事業部運営のための組織構造

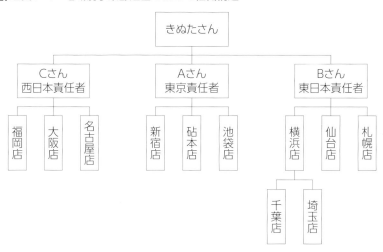

出所：筆者作成。

仕事であり，各地域別の責任者が担当の地域を管理した。これをマネジメント担当者の**ヒエラルキー（階層制）**とよぶ。またこれによりきぬたさんは，日々の管理から解放されることとなり，より全社的な意思決定や将来を見据えた意思決定に注力できることとなった。すなわち経営者が経営戦略に特化できる環境が整ったともいえる。

　なおこのような組織構造は，繰り返しの試行錯誤の結果，成立していく制度であり，その意味で長期的視点において構築されていくものである。それでも

企業経営の基礎（経営管理）　第1章

一度設計したものを変えてはいけないというものではない。企業の目的や状況に応じて柔軟に変更できるものである。ただし，組織構造は人々の仕事の範囲を決めるものでもあるので，頻繁な変更は非効率になる可能性が高い。あくまで企業にとっての効率性のもと，設計や変更がなされるべきものである。（→5章参照）

 ## V 経営者の役割④：利害関係者の調整 (→6章参照)

❶ 資金調達と利害関係者

　ここまできぬたさんのラーメン店の成長をみたが，その成長はきぬたさん1人の力だけで行われたわけではない。特に店をはじめる，店を拡大する，支店を増やす，製麺所をはじめるといった事業の拡大においては多額の資金を必要とした。きぬたさんはどのようにして事業を拡大したのだろうか。もちろんきぬたさんのラーメンは人気があり有望であったという大前提がある。しかしそれでも利益を蓄えた額には限界があった。そこできぬたさんは銀行などの金融機関による融資（借金）によって資金を調達した。これにより十分な資金を得て，事業の拡大を可能にしたのである。

　この金融機関の融資において，資金を提供してくれた銀行はきぬたさんのラーメン店の**利害関係者（ステークホルダー）**となった。利害関係者とは文字どおり，きぬたさんのラーメン店と利害を共有する立場である。もしきぬたさんのラーメン店の人気が落ち，倒産となると，融資したお金が返ってこなくなる可能性がある。それゆえ銀行はきぬたさんのラーメン事業がうまくいくようアドバイスや要望を出す権利を有する。きぬたさんからすれば，自身のみの意思決定はできなくなった。たとえば，ラーメンのメニューを増やす決定について，きぬたさんは自分のオリジナルの味のみで勝負したいと思っていた。しかし銀行は，売上の減少をライバル店の存在と判断し，その対応としてメニュー拡大を要求した。きぬたさんはお金を貸してくれた銀行の意向を重視せざるを得ず，そのメニュー拡大に踏み切った。

　また資金の調達方法としては，**株式**の発行ならびに公開というものがある。企業は株式を発行し，その株式を欲しい人や機関に購入してもらうことで，資

金を調達することができる。株式を購入した人や機関は**株主**とよばれる。株主は当該企業が利益を出した場合，**配当**とよばれるお金を受け取る権利を有する。また一度購入した株式は自由に販売できる。業績のよい企業は高配当を出すゆえ，その株式を欲しがる人が増え，結果，株式市場で売買される株式の価格である株価が上昇する。したがってこの株主も企業の利害に関係する利害関係者となる。

さらに株主は会社法という法律において以下のような権利が認められている。出資者である株主は株式企業の最高意思決定機関といわれる**株主総会**に出席し，議決に参加することができ，たとえば企業の経営者を決めることもできるというものである。この議決権は所有株式数に応じている。したがって論理上，株式の51％以上を所有していればある程度，自由に意見を反映させることが可能となる。反対に51％以上を他者に所有された場合，自社が他者のコントロール下におかれることを意味する。

きぬたさんは支店の全国展開，海外展開を目指す段階で自社の株式を公開し，資金調達することを決定した。これにより多額の資金を調達することができたが，経営に関して株主からの意見を無視することはできなくなり，自身のみの意思決定はさらにできなくなった。たとえば，株主は高配当を望むことから，これまで以上の利益獲得を求められ，結果，費用削減の観点から経営陣の報酬水準を下げることになった。またもし株式を特定の人物や機関に買い占められることがあれば，事業を乗っ取られる可能性も十分にあった。巨大な資本をもった企業や機関が，株式を買い占めたならば，きぬたさんのラーメン店はその企業や機関の子会社になるというものである。きぬたさんは創業者であったことから，株式を公開するまで株式を所有しながら経営を行う経営者であったが，所有する株式を売却したことで株式所有がない経営者という立場になった。すなわち，経営者として株主に選ばれたにすぎない立場であり，場合によっては経営者の座を誰か他の人物に譲らなければならない可能性がある。

❷ コーポレート・ガバナンス

これらの資金調達の結果，きぬたさんは経営判断において常に銀行と株主の意向を重視せざるを得なくなった。それぞれの立場から行われるそれぞれの利益につながる主張を考慮しなければならない。さらには他人の資金で事業を展

開している以上，経営状況についての**説明責任**を有する。株主に対しては，貸借対照表や損益計算書といった会計報告，営業報告書といった事業報告を通じて自社の状況を説明しなければならない。

　きぬたさんは銀行と株主に配慮を行っていたつもりであったが，それでも株主総会の場において一部の株主から，きぬたさんの経営が株主軽視であるとの批判が行われた。一部株主は，不採算店舗の撤退，人員整理，経営陣や従業員の給与水準引き下げによって費用削減を進め，より利益を上げることで株式価値を上げるべきとの主張をした。きぬたさんはより費用削減を行う方向は認めるものの，人員整理や従業員の給与水準引き下げは断固として反対することを決めた。なぜなら，それらの行為は利益のために従業員という一緒に働く仲間を切り捨てることであり，仲間との関係を重視するきぬたさんからすると承知しがたいことであった。さらにもしそれを実行した場合，従業員のやる気を大幅に下げることが予想され，その結果，売上が落ちることで現在の利益を確保できず，むしろ逆効果であると判断したためである。

　一部株主は，このきぬたさんの判断を不満として，きぬたさんら現経営陣の退陣と外部より新しい経営者をよぶことを提案した。彼らは，会社は株主のものであり株主の利害を優先すべきとの考えであり，それを認めない経営者は交代されるべきとの考えであった。しかし相対的に多くの株式を有する大株主がその案に反対したためきぬたさんは引き続き経営者でいることが可能となった。

　このような経営者と株主における考え方の不一致の背景には，企業は誰のものであるかという点を問題にする**コーポレート・ガバナンス**の議論が存在している。たとえば株主は，企業経営は経営者が行うものであるが，その経営者は株主の代理人にすぎず，企業の出資者であり所有者である株主のために働かなければならない，と考える。すなわち企業は株主のものと考える。他方，経営者は，企業は企業を動かしている経営者のものあるいは経営者と従業員のもの，と考えるかもしれない。もちろん経営者も，そもそも株式の多くを所有している株主＝経営者の立場の経営者と，株式は所有せず経営の専門家としての立場の経営者では考えが異なるであろう。さらに経営の専門家としての立場においても，経営のプロとして外部より招聘された経営者と企業内で出世した経営者でも考えは異なるかもしれない。

❸ 広義の利害関係者とその調整

　もちろんコーポレート・ガバナンスの議論では，株主か経営者かの2陣営だけではなく，従業員や取引先，顧客といったより広範囲の集団が対象となることがある。それらの集団も企業を形成している重要な一部と捉えるものである。この観点とほぼ同様の議論が，広義の利害関係者の議論である。従業員，取引先，顧客，国，地方自治体，地域住民などを，広義の利害関係者とよぶ。これらの集団も企業の利害に大きく関係しているというものである。

　たとえば，もし企業が好業績を上げれば，従業員は高い給与を獲得でき，取引先はより多くの取引を期待でき，顧客はよりよい商品やサービスを期待でき，国や地方自治体は多額の税金を徴収することができ，地域経済は企業自体や従業員がお金を使うことで経済効果を期待できる。反対に，企業が倒産したならば，従業員は雇用先を失い，取引先は事業機会を失い，顧客は継続的に商品やサービスを得ることができなくなり，国や地方自治体は税金の徴収機会を失い，地域経済は従業員への販売機会を失うなど間接的な経済効果を失う。したがって経営者は株主や融資者のみならず，これらの利害が関係ある各集団の意向を踏まえて経営判断をする必要がある。しかしながら各集団が必ずしも同じ考えではないため，意見をまとめることは困難である。

　たとえば，きぬたさんのラーメン事業で過去最高の利益をあげたとしよう。利害関係者のなかで株主は高配当を望み，従業員は臨時ボーナスを望むであろう。取引先は仕入れ値の上昇を望み，顧客は利益還元セールを望むかもしれない。他方，きぬたさんら経営陣は古くなった設備の取り替えを望んでいる。それぞれの立場からそれぞれの要求がなされているが，どれかの要求に応じれば他の要求を満たすことはできないため，すべての要求に沿うことは難しいであろう。しかしながら，この利害関係者間の調整は必ず必要であり，それを行うことは経営者の仕事になる。

❹ 企業の社会的責任

　このような利害関係者のうち特に地域住民などを考慮した場合，企業の社会的側面が問われることになる。企業も社会の一員として責任や貢献を求められるのである。これはいわゆる**企業の社会的責任**とよばれるものである。

きぬたさんにはお店をはじめた当時の苦い経験がある。お店の換気システムをよく考えていなかったため，スープをつくる際に出る匂いを店の周辺に漂わせてしまい，近隣の住民やお店から苦情を受けたことがある。また油を含んだ水を上手く排水処理せずに下水に流したことで，下水管を詰まらせてしまい，地方自治体や近隣に多大な迷惑をかけてしまったこともあった。これらの失敗を教訓として，きぬたさんは，ラーメン店も社会の一員であることを意識し，迷惑をかけないことはもちろんのこと，お店の前だけではなく近隣地域の清掃を心がけ，またさまざまなかたちで地域の活性化に貢献しようとしている。

さらにきぬたさんには，学生時代，大学近くの食堂で学生割引での食事を提供してもらい経済的に非常に助かった思い出がある。そこできぬたさんも学生を援助する目的で学生むけの学割料金を設定し，自分なりの恩返しと考えている。またその考えをさらに進め，経済的に恵まれていない子供たちに食事を提供する活動もはじめた。このような行為は利益獲得という企業の目的に反するものである。それでも企業としての社会への責任と貢献の1つとして必要なものと位置づけ，また世間からの評判や信頼を獲得することにつながることから長期的にみればプラスになるものと位置づけ，経営者として他の利害関係者にも説明し，納得してもらっているものである。

Ⅵ　おわりに

本章ではきぬたさくらさんのラーメン店経営ストーリーをもとに経営者の役割の観点から企業経営の主要な4点について説明を行った。これらについては，以下に続く第Ⅰ部の各章においてより詳細にまた具体的に説明がなされるが，とりあえずの企業経営の基礎として捉えてもらいたい。

また，当然ではあるが，企業経営としてやるべきことや企業の諸活動はここであげたことに留まるものではなく，より広範囲で深淵なものである。これらがすべてでは決してない。あくまで企業経営の基礎として提示したものにすぎない。なおより広範囲なトピックについては，第Ⅱ部の各章においてそのいったんを垣間みることできる。

💡さらに理解を深めるために

伊丹敬之（2007）『経営を見る眼—日々の仕事の意味を知るための経営入門—』東洋
　　経済新報社。
　　（企業とは，経営とは，経営者が担う役割とは，といった経営に関する基本的な
　　内容をわかりやすく説明している本である）
川田利明（2019）『開業から3年以内に8割が潰れるラーメン屋を失敗を重ねながら
　　10年も続けてきたプロレスラーが伝える「してはいけない」逆説ビジネス学』ワ
　　ニブックス。
　　（本章では話の展開上，非常に都合のいいフィクション・ストーリーとなってし
　　まった。実際のビジネス活動はそう簡単ではないという情報としてラーメン店経
　　営の厳しさ伝える上記の書を紹介したい。いわゆる学術書ではないが，ゆえに読
　　みやすい本である）

第2章

企業の戦略①
企業戦略

本章では，企業の経営戦略について焦点をあてる。ここでは特に，企業全体の方向性を検討する企業戦略（全社戦略）について説明を行う。企業戦略とは，経営者がビジネスを展開するにあたりどのように意思決定を行うのか，その際の指針となるものである。本章では，まず企業戦略の定義を確認し，次に業界・企業のライフサイクル，成長ベクトル，垂直統合，多角化，国際化の順に説明していく。

I　はじめに

　本章では，企業の経営戦略について，理解を深めていきたい。特に，経営者の視点から，企業全体の方向性について考え，意思決定する際の指針となる企業戦略について概観する。

　以下では，まず企業戦略の定義を確認し，次に業界・企業のライフサイクル，成長ベクトル，垂直統合，多角化，国際化の順に説明していく。

II　企業戦略の定義

　第1章では，企業経営のイントロダクションとして，経営者の役割を以下の4つの視点から概観してきた。4つの視点を，もう一度振り返ってみよう。

①事業（ビジネス）を継続的に展開すること

②事業をいかに展開するか決定すること

③事業を展開するために必要な資源を運営すること

④企業の利害関係者と関係を築き説明や調整をすること

　第2章では，このなかでも特に①事業（ビジネス）を継続的に展開すること，②事業をいかに展開するか決定すること，③事業を展開するために必要な資源を運営することを中心に，「**企業戦略**」の考え方について説明していく。はじめに，そもそも「企業戦略」とは，どのようなものなのだろうか。本書では，企業戦略を「企業が，1つあるいは複数の事業活動（企業活動）を，中長期的な視点でどのように展開していくのかを記した『道しるべ』のようなもの」と定義する。「道しるべ」という言葉のイメージがわかなければ，みなさんにとってより身近なスマートフォンの「マップ・アプリ」や，ゲームや家電製品などの「取扱説明書（とりせつ）」のようなものと思ってもらえばよい。すなわち，将来的にどのような方向に進み，何を目指して進めばよいのか，そして，そのためには何をどのようにしなければならないのかを示したものである。企業戦略は，企業にとって，**全社的な意思決定を行う際の指針**となるものであるともいえる。

■|図表2−1　企業戦略と事業戦略の範囲

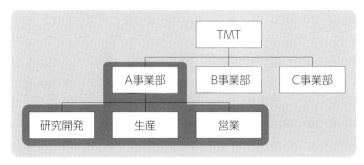

出所：筆者作成。

　企業戦略と似たものには，「事業戦略」がある。両方とも経営戦略という意味では共通しているわけだが，2つの違いは，文字どおり「企業」を扱うのか，「事業」を扱うのかという点である（**図表2−1**）。事業戦略は，1つの事業について，事業展開を考えるものであり，企業戦略と比べると狭い範囲についての戦略と位置づけられる。したがって，ここで企業戦略について考える際には，事業戦略との違いを意識し，複数の事業活動を想定した話題に限定して話を進めることにする。

　先ほどは，企業戦略を「企業（複数の事業）活動について，中長期的な視点でどのように展開していくのかを記した『道しるべ』のようなもの」と説明した。さらに理解を深めるため，次に考えるべきは，「**中長期的**」とは何か，ということであろう。中長期的とは，戦略を考える期間（時間）の長さをあらわしているのだが，ここでは5年から10年程度を想定しておくことにする。「5年と10年では，ずいぶん違うんじゃない？」と思った読者もいるだろう。単純にいって倍の長さである。ここで押さえておくべきポイントは，「5年なのか？それとも10年か？」ということではない。重要なことは，目の前にある課題を解決することではなく，将来的な方向性を示すことである。

　第1章でも説明したように，企業にとっての大きな目的の1つは，「企業活動を継続させること」である。したがって，「今がよければそれでよし」という発想ではなく，5年，10年という中長期に渡り，継続的に事業を展開するために何が必要なのかを考えることが必要となる。

企業の戦略①　企業戦略　**第2章**

27

Ⅲ　業界・企業のライフサイクル

　「中長期的な視点」や「企業活動の継続」をより理解するために，業界と企業の**ライフサイクル**について説明する。「ライフサイクル」とは，人間にたとえれば人生のようなものである。業界や企業も，誕生（創業）してから，徐々に成長していき，そして，いずれかのタイミングでその役割を終える。その間に，創業・誕生し，成長を遂げ，成熟していき，そして衰退するという一連の周期のことをライフサイクルとよぶ。

　きぬたさんが事業を展開するラーメン店業界について考えてみよう。総務省・経済産業省が発表している統計によれば，日本国内には約18,000の事業所数があるという[1]。ここではこれ以上の細かなデータはあげないが，みなさんも，経験的に，ラーメン店は最近になり急に増えているわけではなく，長年にわたり多くの店舗がある業界だということは想像できるだろう。このように考えれば，ラーメン業界は成熟期に該当すると考えられる（減少しているのであれば，衰退期ということになる）。このように，それぞれの業界には，その業界が流星してから，一定の役割を終え，衰退していくまでのライフサイクルがある（**図表2-2**）。

　次に，企業のライフサイクルについて理解するために，まずは，第1章のきぬたさんのラーメン店の事例を振り返ってみよう。きぬたさんが，ラーメン店を起業し，事業を展開しはじめた背景には，次のような状況があった。

　　きぬたさんはラーメンが好きでラーメン店を事業としたわけであるが，ラーメンに飽きたら洋服屋になってもいいのである。またラーメン店をやるといってもラーメンのみを提供するお店なのか，ラーメン以外にも餃子や野菜炒め，カレーライスやデザートまでも提供するお店なのか，その範囲も自由である。あるいはラーメンを最終的にお客さんに提供するお店ではなく，他の店に麺を提供する製麺所という選択肢や数多くのラーメン店

---

1)　「平成28年度経済センサス―活動調査 産業別集計（「サービス関連産業B」および「医療，福祉」に関する集計）」を参照。

■図表2-2　業界と企業のライフサイクル

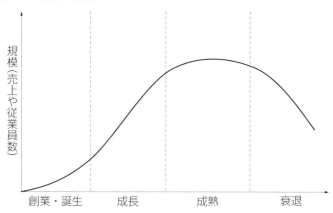

出所：筆者作成。

　の相談にのるコンサルタントという選択肢もある。このように何で稼ぐか
という事業内容を決定することは重要な意思決定であり，それは経営者の
仕事である。

　上の説明にあるように，きぬたさんはラーメンが好きで，ラーメン店をはじ
めた。このラーメン店をはじめた時点が，企業にとってのスタートである。企
業・製品のライフサイクルにおける創業・誕生期のフェーズといえる。一般的
に，「スタートアップ企業」という言葉から想像されるような企業の状態は，
このフェーズにあたる。創業・誕生期に際しては，経営者は，まず自社の事業
領域を検討し，決定しなければならない。きぬたさんも，洋服屋など，別の選
択肢があったにもかかわらず，ラーメン店を生業とすることを決定した。その
背景には，食品メーカーに勤めていた経験や人脈，あるいはラーメン好きとし
てこれまでに蓄積してきた知識など，さまざまな資源を活用できることも影響
していると考えられる。このように，経営者は，企業を創業する場合には，自
社（自身）が保有する経営資源を分析し，それらを効果的に活用することがで
きる事業分野を選択し，参入することが必要である。
　また，きぬたさんのラーメン店は，こだわりのラーメンを中心としたメ
ニュー開発や，日頃の努力によるコストダウンを実現させた結果，その後順調

に繁盛していったとする。このように，企業の事業活動が順調に展開され，経営の規模が拡大していくフェーズのことを成長期とよぶ。成長期には，詳しくは後ほど説明するが，従業員数や拠点を増やしたり，あるいは取り扱う製品・サービスの数を増やしたりするなど，企業を成長させることを考えていくことが多い。先に説明した業界の成長期には，業界・市場自体が急速に拡大していることから，どのような戦略をとるのかにかかわらず，企業も成長してしまうことがある。経営者としては，業界のライフサイクルを念頭におき，自社の戦略について検討することが重要となる。

いずれ，ラーメン店の事業は安定的な収益を生み出し，きぬたさんの頭の中（考えるべきこと）は，日々のオペレーションを円滑かつ効率的に行うことや，それにより事業を継続させることが中心となる。このフェーズのことを成熟期とよぶ。企業の成熟期には，効率性をより重視して経営資源の再配分を検討する必要がある。すなわち，成長期とは異なる企業戦略を検討しなければならないのである。

最後に，その時期がいつ頃なのかは別として，いずれラーメン店の事業もおわりを迎える。近所に話題のライバル店が進出してきたからかもしれないし，きぬたさん自身が体調や体力に不安を感じ，ビジネスをたたむ決心をしたからかもしれない。どのような理由にせよ，遅かれ早かれ，事業にはおわりがくる。このように，事業の終焉にむかっていくフェーズのことを衰退期とよぶ。これは，業界のライフサイクルに大いに影響を受ける。業界自体が一定の役割をおえ，何か別のものに代替されるなどして衰退していく場合には，それに関連する事業も衰退していくことが一般的である。

以上のように，業界，企業・事業には，それぞれライフサイクルがある。ここで重要なことは，ライフサイクルのどのフェーズにあるのかによって，効果的な戦略が異なるという点である。経営者は，自社のライフサイクル，あるいは自社が提供する製品・サービスのライフサイクルを意識しながら，戦略的な意思決定を行う必要がある。

Ⅳ 成長の方向性を定める：成長ベクトル

企業が成長・拡大するといった場合，その成長・拡大の方向性は必ずしも1

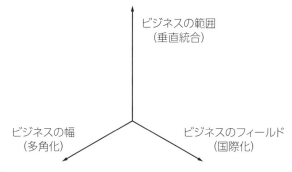

ビジネスの範囲
(垂直統合)

ビジネスの幅
(多角化)

ビジネスのフィールド
(国際化)

出所：筆者作成。

つではなく，いくつかのパターン・方向性があるだろう。具体的には，(1) 現在行っているビジネスを拡大する，あるいは (2) 新しいビジネスを立ち上げてビジネスの幅を拡大する，そして最後に (3) より広いフィールドでビジネスを行い地理的に拡大する，といった選択肢が考えられる。以下では，これら3つの選択肢について，それぞれ説明をしていく（**図表2-3**）。

　もう少し踏み込んで考えてみよう。ある企業が，現在行っているビジネスを拡大していくためには，どのようなことが必要だろうか。シンプルに考えれば，より多くの人に自社の製品・サービスを購入してもらうか，あるいは，繰り返し購入してもらうことが必要となる。そのために，企業は，自社の製品・サービスに新たな価値を加えたり，コスト削減により価格を下げたりするように努めている。これらの企業努力により，現在の市場においてより多くの顧客に製品・サービスを購入してもらおうという戦略を**市場浸透戦略**とよぶ。市場浸透戦略は，現在の製品・サービスを活用し，現在の市場でより多くの顧客に購入してもらおうという考え方である。企業や製品・サービスが創業・誕生期にある場合，あるいは成長期にある場合には，積極的な市場浸透戦略が効果的であるだろう。市場自体が大きくなるということは，顧客の数が増えていることを意味している。したがって，現在の製品・サービスを軸に，市場での競争力を高め，より多くの顧客に購入してもらうことを考える必要がある。

　このような市場浸透戦略が基本的な戦略となる一方で，成熟あるいは衰退している市場においては，自社から製品・サービスを購入してくれそうな顧客は

■ 図表2-4　成長ベクトル

	旧技術	新技術
旧市場	市場浸透	製品・サービス開発
新市場	市場開拓	多角化

出所：アンゾフ（2007）『アンゾフ戦略経営論［新訳］』305 頁，図表 1 を参考に作成。

限られてくるのが実情である。したがって，その時点では自社の顧客として想定していない層を開拓する必要がある。現在の製品・サービスを活用し，新たな市場を開拓することで，より多くの顧客に自社の製品・サービスを購入してもらおうという考え方である。このように，すでにある自社の製品・サービスを活用して，新しい市場を開拓する戦略のことを**市場開拓戦略**という。

　逆に，新たな製品・サービスを開発することにより，市場は現在のままで，今いる顧客に繰り返し購入してもらうことも可能である。これまでに構築してきた関係性（信頼関係など）を最大限活用し，自社と取引してきた製品・サービス以外の製品・サービスを購入してもらうということである。これを新しい製品・サービスを開発する戦略という意味で**新製品・サービス開発戦略**という。

　経営者は，企業や製品のライフサイクルなども意識しながら，市場浸透戦略，市場開拓戦略，新製品・サービス開発戦略という 3 つの戦略を念頭におき，どのような方向で企業を成長させるのかを考えなければならない（**図表 2 -4**）。

 ビジネスの範囲を拡大する：垂直統合

　ここまで説明してきた市場開拓戦略や製品・サービス開発戦略は，市場や製品・サービスに注目し，ビジネスを拡大する戦略といえる。次に考えるのは，

事業を垂直方向に拡大する戦略についてである。

　はじめに，事業の展開における「垂直方向」とはどのような意味なのかを確認する必要があるだろう。一般的に，事業の展開は，川の流れにたとえられる。川上から川下へ，川の流れにおいて水が流れていくように，事業活動も進んでいく様子をあらわしている。それでは具体的に，ラーメン店のビジネスを例として考えよう。まず，ラーメン店の事業を，いくつかのかたまりに分けてみるとわかりやすい。具体的には，ラーメン店の事業活動を4つの段階に分けて整理する。

　最も川上の活動は，ラーメンの原材料を確保することである。ラーメン店でラーメンを提供するためには，麺のもととなる小麦粉や，スープのもととなる豚骨，鶏ガラ，野菜などの素材・原料を確保しなければならない。たとえば，きぬたさんのラーメン店では，この原材料を外部の卸売業者やメーカーから調達しているならば，この調達活動が，きぬたさんのラーメン店ビジネスを考えた場合に最も川上の活動にあたる。逆にいえば，ラーメン店という事業展開の最も川上部分を担っているのは，原材料を生産している農家や，原料メーカーなどということになる。

　第2の活動は，研究開発活動である。企業の製品・サービスの礎となる技術や，それを用いた製品・サービス自体を開発する活動がこれにあたる。ラーメン店の場合には，オーナーであり調理を担当しているきぬたさんがメニューを検討し，オリジナルのラーメンを開発することになるだろう。どのような麺を使用するのか，そしてスープの配合はどうするかなど，ラーメンの品質・味を決定する重要な仕事である。あるいは，サイドメニューについても考える必要があるかもしれない。何を提供するか，どのように提供するかといった，ラーメン店の活動の肝ともいえるだろう。

　そこから下流にかけて活動は進んでいき，第3の活動としてラーメンづくりがある。一般的な製造企業（メーカー）でいうならば，生産活動がこれにあたる。一般的に，ラーメン店などの飲食業においては，開発されたメニューをもとに，店舗において多量の生産が行われる。

　最後に，第4の活動として接客・販売するという活動がある。顧客と直接の接点をもつ活動であり，川の流れでたとえるならば，最も川下という位置づけになる。言い換えるならば，事業活動における川上から川下とは，原材料が製

品に加工され，そして顧客のもとにわたるまでの流れのことであり，これを事業活動における垂直方向として捉える。

　話をきぬたさんのラーメン店に戻そう。きぬたさんのラーメン店では，スーパーマーケットや専門の業者からスープや具材の素材を調達していたのだが，こだわりの強いきぬたさんは，自分自身で原材料から生産することにしたとする。また，麺も近所のおおくら製麺所から購入していたものを自社で製造するようにした。

　しかし，ラーメンに関して人一倍こだわりの強いきぬたさんは，スープの素材となる野菜を自家栽培することにした。さらに，麺も特別なものを手作りすることにした。これはつまり，事業の範囲を川上方向に拡大したということであり，このように事業範囲を拡大することを「**垂直統合**」という。川上方向への垂直統合は，**後方統合**ともよばれる。

　垂直統合は，何も川上方向に限った話ではない。川下方向に拡大することも可能である。たとえば，元々は麺をつくり，ラーメン店などに販売していたおおくら製麺所が，近所で流行っているきぬたさんのラーメン店に着目し，取引関係がなくなったタイミングで自社でもラーメン店をはじめたとする。これは，顧客との接点の方向，すなわち川下方向へ市場を拡大したということであり，同じ垂直統合でも**前方統合**とよばれる。

　企業は，事業の範囲を検討し，売り買いするのか，もしくは自社で扱うのかの意思決定をしなければならない。一般的に，この問題のことを「**メイク・オア・バイ（Make or Buy）**」とよんでいる。事業活動で必要となるものを，自社内でつくるのか，外部から買うのかという問題である。

　以上のように，ラーメン店を含め，企業の事業活動は，川上から川下にかけての一連の流れにたとえて整理することができる。企業は，このなかの一部あるいは全部を範囲として，事業活動を展開しているのだが，ある企業が一部分の範囲について活動している場合，その事業範囲を川上あるいは川下に拡大することを垂直統合という。すなわち，垂直統合とは，企業が自社の事業活動の範囲を拡大することを意味している。

Ⅵ　ビジネスの幅を拡張する：多角化

　ここまで，きぬたさんのラーメン店の事例を中心に，事業活動を垂直方向に拡大する戦略を確認してきた。次にみていくのは，事業活動を水平方向に拡大する戦略である。事業活動の垂直的な方向のことを川の流れ（川上から川下へ）でたとえることは，すでに説明した。水平方向とは，この川の流れを1本から2本，そしてさらに多数へと増やしていくことを意味している。先に説明した「成長の方向性を定める：成長ベクトル」をふまえると，**多角化**は，新規の市場に対して，新規の製品・サービスを投入することと整理することができる。それでは，第1章の記述を振り返ってみよう。

　　きぬたさんはラーメン店では十分に成功できた。そこで蓄えたお金を元手に新たなチャレンジとしてラーメン店とは異なる事業をはじめることにした。1つはラーメン店で使っている材料である小麦粉や肉，野菜を活用することができる，餃子専門店である。もう1つはラーメンとはまったく関係なく，健康ブームを背景にスポーツジムをはじめることとした。これら2つの事業によってラーメン店以外の売上が望めることとなり，より大きな稼ぎが可能となった。このように既存事業に新事業を加えることで事業の幅を増やすことを事業多角化あるいは単に多角化とよぶ。特に既存事業と関係があるものを関連型多角化，関係のないものを非関連型多角化とよぶ。いずれにせよ多角化とは，企業がさらなる成長を目指す場合に取られる手法である。

　きぬたさんは，ラーメン好きが高じてラーメンビジネスを開始した。きぬたさんが考案したオリジナルのラーメンは，とても美味しく，ビジネスは成功したといえる。これまでに学習した内容をふまえれば，きぬたさんのラーメン店は，創業・誕生期から成長期に入っていると説明できる。きぬたさんは，ラーメンビジネスでの成功から十分な蓄えを得ることができた。こういった場面では，大きく3つの選択肢から意思決定をすることができる。

　第1の選択肢は，蓄えた資金を現金や株式・債権などのかたちで貯蓄してお

企業の戦略①　企業戦略

第2章

35

くことである。現在は上向きなビジネスも，未来永劫，順調な時期が続く保証はない。むしろ，どのようなビジネスもライフサイクルの考え方に従えば，いずれ衰退期を迎えるといえるだろう。したがって，いざという時のためにも，資金的な貯えをしておくことはもっともな選択肢といえるだろう。

第2の選択肢は，ラーメン店のビジネスに投資をすることにより，さらに拡充することである。より多くのお客さんにラーメンを提供できるよう店舗整備に投資をすることも可能であるし，あるいは新メニューの開発のために資金をあてるということも可能である。いずれにせよ，現在行っているラーメンビジネスを拡大・拡充するための再投資を行うことも，有力な選択肢といえよう。なお，前節で学習した垂直統合を行い，自社内での活動範囲を拡大するということも，この第2の選択肢に含まれる。

そして第3の選択肢は，これまでに行ってきたラーメン店のビジネス以外の，新しいビジネスに投資をすることが考えられる。第1章の記述を振り返ると，実際に，きぬたさんは，この第3の選択肢を選んだことが確認できる。この新しいビジネスへの参入を事業多角化あるいは**多角化戦略**とよぶ。第1章の記述にもあったように，きぬたさんの場合には，ラーメン店のビジネスを継続しながら，新たに餃子専門店とスポーツジムを経営することにより，事業を拡大していった。これらの事業展開を，多角化戦略の視点からはどのように説明することができるのだろうか。

詳しくみていくと，多角化戦略には，**関連多角化**と**非関連多角化**という2つのタイプがある。きぬたさんのケースを例にあげると，ラーメン店の経営から餃子専門店のビジネスへの展開が関連多角化，スポーツジムへの展開が非関連多角化ということになる。それでは，関連多角化と非関連多角化との違いは何か。関連多角化と非関連多角化の違いは，すでにあるビジネスとの関連性が強いかどうかで決まる。言い換えれば，企業がその時点でもっている，「ヒト」・「モノ」・「カネ」・「情報」といった経営資源を直接的に活用できる程度と考えればよい。餃子専門店の場合には，ラーメン店の経営で蓄積してきた飲食店経営のノウハウを活用することも可能であるし，また野菜などの材料を効率的に転用・共用することもできるだろう。しかしながら，スポーツジムの経営は，他業種への進出であり，直接的に資源を活用することは難しいと考えられる。

なお，経営資源を効率的かつ効果的に活用しやすいことから，一般的には，

非関連多角化よりも関連多角化のほうが成果を上げやすいといわれている。

Ⅶ ビジネスのフィールドを拡大する：国際化

きぬたさんのラーメン店は，その後どうなったのだろう。第1章の記述を振り返ると，以下のようなことが確認できる。

> きぬたさんのラーメン店は4種類のラーメンメニューで一層の人気店となった。そこで現在の店に加えて，支店を増やすことにした。まずは東京の繁華街に何件か出店し，さらには横浜，千葉，埼玉，と地域を広げ，大阪，福岡，名古屋，仙台，札幌と全国の大都市にも進出した。さらには<u>近年の日本食ブームに便乗し，ニューヨークとロンドンにも出店することを決定した。</u>これは地理的拡大とその延長上にある国際化という手法である。

きぬたさんのラーメン店は，日本国内はもちろんのこと，海外へも進出する人気店へと成長していた。このように，地理的に拡大することも，企業が成長していくためには効果的な戦略である。特に，国をまたいで事業を展開する戦略のことを，**国際化戦略**という。この国際化戦略は，現在事業を展開している市場の成長が止まり，これから衰退にむかっていくような状況では効果的な戦略と考えられる。国際化戦略では，主に次の3つの点を検討する必要がある。

検討するべき第1の点は，参入するタイミングの問題である。ライバルたちに先んじて，いち早く参入する場合，成功した時には大きなリターンが得られるだろう。一方で，新しい市場に参入する場合には，どのような味・接客が好まれるのかなどわからない点も多く，失敗してしまうリスクもある点に注意しなければならない。その点，ライバルが進出した後に，後追いで進出する場合には，ライバルの行動から学習し，リスクを回避することができるだろう。このように，参入するタイミングは，国際化における重要な意思決定となる。きぬたさんのラーメン店の場合には，ニューヨークやロンドンなどの大都市では，すでに日本食レストランやラーメン店が進出していることから，どちらかというと後追い型の進出と考えることができる。すでにライバル店が進出し，

日本のラーメン店という存在が明確になっているのであれば、これから「ラーメンといえば、きぬたラーメン」というイメージを確立することは困難だろうが、大失敗に終わるリスクは相対的に小さいとも考えられるだろう。

第2の点は、参入方法である。具体的には、企業が単独で進出するのか、あるいは、買収や提携により現地の企業と合同で事業を展開するのかという問題である。現地で好まれる製品・サービスの特徴を把握するため、あるいは、現地で原材料などを調達する仕入れルートを確立するためには、現地企業などのパートナーと手を組み、経営することも効果的である。言い換えれば、買収や提携は、進出先で経営をするために必要な経営資源を効率的に獲得するための手段といえる。しかしながら、単独ではなくパートナーと共同で経営をするということで、すべてを自社で意思決定することができなくなるということでもある。このように、経営者は、進出する際の方法や形態についてもよく検討しなければならない。

第3の点は、事業展開や製品・サービスを本国と同様に行うのか、それとも進出した先の国でオリジナルなものにするのかという問題である。この問題をよく理解するために、第1章の記述を改めてみてみよう。

　　　当然ながら地域を広げることによって、新規の顧客を獲得でき売上を拡大することが可能である。もちろんそれぞれの地域においての嗜好、習慣、文化、伝統などが変わるため、これまでの手法がそのまま通じるとはかぎらない。ラーメンでいえば、それぞれの地域で好まれる味や種類を開発調整する必要もあるかもしれない。

たしかに、日本国内で視点を増やしていく過程では、最初のお店で提供してきたラーメンの味や、それを提供するためのオペレーションを、そのまま活用することができるだろう。むしろ、自社の強みを生かすためには、活用しなければならない。逆に、海外でお店を展開する場合には、お客の味の好みや外食の習慣が日本とはまったく異なることもありえる。その場合には、ある程度現地の特徴に合わせることが必要となってくる。しかしながら、これまでに蓄積してきたノウハウや、それに基づくきぬたラーメンの強みを生かすためには、まったく新しいやり方を取り入れることも難しい。そこで企業は、これまでの

▌▌図表2-5　標準化と現地化

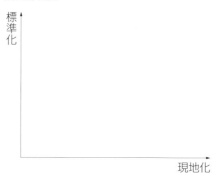

出所：Porter（1986）を参考に作成。

事業展開や製品・サービスと，現地の特徴に合わせたそれらとの間でバランスを取らなければならない。この問題が，**「標準化―現地化」**問題である。

　グローバルに事業活動を展開する企業が，本国で行っているオペレーションや製品・サービスの特徴をそのまま横展開することを標準化，進出先国で現地の特性に合わせて展開することを現地化という（**図表2-5**）。

VIII　おわりに

　この章では，ライフサイクル，成長ベクトル，垂直統合，多角化，国際化というキーワードから，企業全体の戦略についての考え方を説明してきた。経営者は，これらの視点をふまえ，企業を成長させ，持続させるための施策を考えていかなければならない。

▌参考文献▐

アンゾフ・E.（2007）『アンゾフ戦略経営論［新訳］』中央経済社。
Porter, M.E.（1986）Competition in global industries: A conceptual framework. In M.E. Porter, editor, *Competition in global industries*, pp.367-401. Boston: Harvard Business School Press.

💡さらに理解を深めるために

網倉久永・新宅純二郎（2011）『マネジメント・テキスト 経営戦略入門』日本経済新
聞出版社。

（戦略論を広く解説した一冊。全社戦略については，第三部にまとめられている）

ジェイ・B・バーニー（2003）『企業戦略論―競争優位の構築と持続―（下）全社戦略
編』ダイヤモンド社。

（戦略的提携，多角化，合併買収，国際化について詳しく説明している。経営戦
略に興味をもった人は，基本編，事業戦略編もあわせて読んでいただきたい）

第**3**章

企業の戦略②
事業戦略

　本章でも，企業の経営戦略について焦点をあてる。ここでは特に，事業レベルを分析対象とし主に他企業との競争について検討を行う事業戦略（競争戦略）について概観する。事業戦略とは，企業戦略（全社戦略）において分配された資源をベースに，その資源を活用して，いかに他企業との競争において，優位なポジションを獲得するかを検討するものである。そのため，競争戦略ともよばれる。本章では，事業戦略の特徴，業界構造の分析方法，3つの基本戦略，ブルーオーシャン戦略，市場地位別戦略，持続的競争優位，といった概念や理論を多様な事例を用いて説明していく。

I　はじめに

　全社戦略は，多様な事業にどのように資源を配分していくかということが主要な課題になる。それに対して事業戦略は，全社戦略で配分された資源をベースに，いかにその資源を有効に活用し，他の競争企業と市場のパイを奪い合うかが主要な課題になる。そのため，事業戦略は**専業メーカー**から**多角化企業**まで必要な戦略であり，企業間競争にかかわることから競争戦略ともよばれる。

　本章では，サービス業のきぬたさんのラーメン店の事例だけではなく，製造企業や他のサービス企業などの事例も多く取り入れながら，事業戦略とは何かを議論していくことにしよう。

❶ 資源のシナジーを活用する

　まずは事業戦略をきぬたさんのラーメン店の事例で簡単に説明しよう。本業のラーメン事業が成熟化してきた場合，きぬたさんのラーメン店の経営者は，新たな成長を目指してレストラン事業に進出すると考えていただきたい。レストラン事業とラーメン事業では，**競争・市場環境**が異なるので，レストラン事業に適合する戦略をつくり出さなければならない。これが事業戦略である。もちろんラーメン事業で培われた接客スキルなどの経営ノウハウは，新しい事業でも活用する必要がある。無から競争優位性をつくるには時間を要するからである。経営学ではこれを**シナジー**という。ここでは，いったんサービス業のきぬたさんのラーメン店の事例から離れて，一般的な製造メーカーの事例を取り上げて事業戦略と，その事業戦略の成功の鍵を握るシナジーについて考えてみよう。

　企業は成長を目指して多様な事業分野に進出する。経営学では多様な事業分野に進出することを多角化という。事業によって競争・市場環境が異なるために，戦略も大きく異なってくる。しかし，前述したように，新しい事業分野に進出しようとする場合，できるかぎり既存のコア事業で培った強みを活用することで競争優位性を構築しようとする。つまり，資源のシナジー効果の活用である。

　それでは，より具体的に富士フイルム（以下，富士）の化粧品事業の進出事

例を取り上げて，コアな強みを生かしながらの事業戦略を考えてみよう。富士といえば，40代以上の人には圧倒的な企業ブランドを有している。そのブランドを支えているのが，独自性の高い技術力である。多層構造からなるフィルムには，100種類以上の要素技術が含まれており，これらの要素技術を集め，そして組み合わせることで高度な機能を実現している。事実，その技術力の高さを示すように，フィルムを製造する企業は世界に4社しかない。しかし，製品にライフサイクルがあるように必ず**導入期，成長期，成熟期，衰退期**へと事業は進んでいくことになる。フィルム事業は，当時，デジタル技術の発達で急激に市場が縮小していた。富士は本業のフィルム事業の衰退を受けて，新規事業として化粧品事業に参入することを決定する。化粧品事業は，フィルム事業と競争・市場環境が異なる事業ではあるが，技術的にはかなり近い分野である。つまり，技術的にシナジーが効く分野であった。

　たとえば，第1のシナジーはコラーゲンの技術である。人間の肌のハリに欠かせない要素であるコラーゲンは，写真用フィルムの感光層の主原料であると同時に，写真表面のコーティング剤に使われる。そのため富士は，コラーゲンの活用方法についてはフィルムの開発を通じて技術的に十分に蓄積していた。第2のシナジーは抗酸化の技術である。昔の写真は長期間，保存していると色がよく褪せてきていた。ところが，今の写真は色褪せをすることはほとんどない。なぜなら，抗酸化成分を開発して，酸化を止める技術を蓄積してきたからである。人間の肌も酸化によってシミが発生する。ここでもフィルム事業で蓄積した抗酸化技術を応用することで，肌の老化を防止することが可能である。つまり，化粧品とフィルム事業というのは，事業的には大きく異なるが，技術的に隣り合わせということになる。

❷ 競争・市場環境の違いを認識する

　コア技術を応用したからといって，新しい化粧品事業で成功するわけではない。フィルムというのはわれわれに馴染みのある製品なので，ついつい富士をB to C企業と勘違いするが，本質はB to B企業であり，化粧品などで最終市場につなげる流通チャネル（経路）をもっていない。しかも，イメージが重視される化粧品事業では広告などのマーケティングが市場開拓の成功の鍵を握ることになるが，富士はそのイメージ広告などのノウハウも持ち合わせていな

かった。そもそもフィルムの分野では圧倒的なブランドを有するとはいって
も，化粧品事業に富士のブランドが通じるかはまったくの未知数であり，コン
サルタント企業からは「富士フイルムのブランドは化粧事業では通じない」
というアドバイスを受けていた。

　富士は，これらのハンデを逆手にとることで化粧品分野での事業戦略を展開
した。富士のプロジェクトチームは，美容情報に詳しい販売店の女性バイヤー
や化粧品の評価機関などをヒアリングして回った。こうしたヒアリングを通じ
て，必ず聞かれるのが「なぜ富士フイルムが化粧品を手がけるのか」という質
問であった。その都度，写真の技術がいかに化粧品に応用できるかを丁寧に説
明した。幸いなことに，違和感が大きいと感じる人ほど，説明すれば納得する
度合いも高かった。

　このような事実は，どのように市場にプロモーションをしていくかと悩んで
いたプロジェクトチームに，大きな気づきを与えることになる。その気づきと
は，「なぜ富士フイルムか」という疑問に答えられる商品をつくればよいとい
うことであった。つまり，多くの既存の化粧品のようにイメージ的な要素を強
調するのではなく，自社がもつ高度な技術で顧客の肌の悩みを解決すること
が，富士が市場から期待されている役割だと確信することになる。

　こうして「富士フイルムだからこそできる化粧品」という訴求方法を選択す
ることになる。この方法は，当時，"Why FUJIFILM?" "Because FUJIFILM"
作戦とよばれた。この作戦のもと，プロモーションも写真技術を生かした機能
的価値の高い化粧品であることを，全面に打ち出すことが決定される。商品
パッケージも目立つように，業界では非常識とされた赤色を選択した。当時，
基礎化粧品の分野で赤色のパッケージにしてヒットした製品は1つもなく，事
実，多くの専門家も「赤は相応しくない」との反応であった。

　しかし，結局，富士は化粧品業界の常識とは異なる技術とイメージ広告（30
秒の広告の間に，前半で富士のもつ技術力を宣伝し，後半に女優を活用した従
来のイメージ広告を行う）を結び付けた新しい手法でプロモーション戦略を展
開したり，製品を最終市場に流すために卸売り業者と連携することで，化粧品
事業分野への参入に成功した。

　富士の事例からもわかるように，事業が異なれば，その事業の競争・市場環
境に適合する戦略を展開しなくてはならない。それでは，どのようなツールを

用いて事業の競争・市場環境を分析していくのかを次の節から議論してみよう。

Ⅱ　業界構造を分析する

❶ コアな強みを見極める

　富士の事例のように，新しい分野などで事業戦略を展開する場合，コア事業で培った既存の強みが生かせる分野を探すことが必要である。きぬたさんのラーメン店の事例でいえば，ラーメン店で蓄積したスキルやサービスなどの強みを，できるかぎり生かせるような事業分野を探すことである。たとえば，サイドメニューなどで餃子を提供している場合，餃子に特化した専門店を開業すれば，既存のスキルやノウハウを活用することができるため，事業の立ち上げをスムーズに行える可能性が高い。

　企業は長い事業展開を通じて，その企業独自の経営資源や強みを形成する。製造企業の場合，独自性の高い技術や製品を市場に流すための仕組みなどに強みをもっているケースが多い。このような強みは，**コア・コンピタンス**（以下，コンピタンス）といわれている。このコンピタンスをみつける第1の条件は，競合相手からの**模倣困難性**が高いことである。富士の事例のように，世界で4社しか製造技術を有していないというのは，まさに独自性の高いコンピタンスである。きぬたさんのラーメン店の事例でいえば，独自の配合をベースにしたスープをつくり出せば，他のラーメン店は模倣することが難しい。

　第2の条件は，他の事業での**応用可能性**が高いということである。富士の事例でいえば，フィルムで培った技術を応用して化粧品事業に進出するということである。きぬたさんのラーメン店の事例でいえば，ラーメン店で培った接客スキルや多店舗展開するチェーン化のノウハウを他の事業に活用することである。

　第3の条件は，**顧客価値**（顧客が適正と認める価値）に貢献できるということである。いくら独自性が高いといっても，顧客価値を向上させなければ意味がない。富士の事例でいえば，フィルムで培った抗酸化技術やコラーゲンの技術を用いて，肌の老化を防ぐことに関心の高い顧客層にターゲットを絞ったこ

45

とも，大きな成功要因であった。つまり，富士のもつ技術を最大限に評価する市場にターゲットを絞り込んで，顧客価値に貢献している。きぬたさんのラーメン店の事例でいえば，**顧客ターゲット**に合う独自性の高いスープや麺を提供することが，顧客価値に貢献しているといえる。

　以上の事例からわかるとおり，事業戦略を展開するには，まずは自社の強みであるコンピタンスを見極めていく必要がある。換言するならば，自社の内部資源の分析である。経営学ではこのような内部資源に基づく分析は，**資源ベース論**ともよばれている。

　しかし，事業戦略の策定と実行には**内部資源**の分析だけではなく，外部環境に対する分析も必要不可欠である。この事業の属する業界の分析に有効なツールが，マイケル・ポーター（M. E. Porter）が提示した**ファイブフォースモデル**である（**図表3-1**）。このモデルは，業界の収益力は主にその業界における5つの競争状況の要因によって決まるとしている。その5つの要因とは，新規参入の脅威，買い手の交渉力，売り手の交渉力，代替品の脅威，業界内の競争の度合いである。この5つの要因を分析することで，その業界の**競争構造**が明らかになり，企業にとって魅力的な事業かどうかを判断できるようになる。

▌▌図表3-1　ファイブフォースモデル

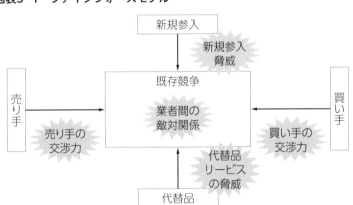

出所：Porter（1985）を参考に作成。

経営学の基本
第I部

46

❷ 収益構造を決める5つの要因

それでは，5つの要因についてそれぞれ簡単に説明しよう。

(1) 売り手の交渉力

自社が製品をつくる際には，材料，サービスなどを調達する必要性が生じる。この材料やサービスの供給者とは自社への売り手で，いわば自社が顧客である。しかし，この売り手の製品が非常に差別化されており，簡単に他の製品に変更できなかったり，そもそも売り手の業者数が少ない場合には，顧客（自社）に対する交渉において大きなパワーをもつことができる。そのため，当然のことながら売り手から調達する材料費は高くなり，自社の収益性を悪化させる要因になる。

きぬたさんのラーメン店の事例でいえば，味の決め手となる品質の良い肉や野菜などを提供する原材料メーカーが売り手である。そして，その売り手が少なかったり，売り手の製品が非常に差別化（独自の方法で肉や野菜をつくっている場合）されていれば，売り手，つまり供給者のパワーは増大することになる。

また他の事例としてパソコン業界を考えてみよう。パソコン業界で大きな収益を上げているのは，パソコンのコアパーツを提供しているインテル（CPU）とマイクロソフト（Windows）である。俗にいう**ウィンテル**（Windows + Intelの造語）である。それに対して，パソコンメーカーは非常に数多くあり，ウィンテルの製品があれば，どのメーカーもパソコンを製造することが可能である。そのため供給者であるウィンテルの交渉力は，顧客であるパソコンメーカーに対して非常に強いものとなっている。

(2) 買い手の交渉力

買い手とは，自社が製品・サービスを提供する顧客のことをいう。この顧客との力関係を表しているのが，買い手の交渉力である。ただし買い手の分析で注意をしなければならないのは，買い手がB to B企業とB to C企業とでは異なってくることである。たとえば，大手家電量販店であれば，買い手は個人消費者であるが，家電メーカーにとっては，大手家電量販店が顧客になる。

かつて家電メーカーは新製品を開発すれば，メーカー希望小売価格ということで数年間は価格を維持することができた。しかし，今は新製品でもほとんどがオープンプライスになっている。コジマやビックカメラなどの大手家電量販店の購買力が大きいために，製造メーカーがよほど差別化の高い製品を開発しないかぎり，希望小売価格を維持することはできない。この事例からわかるように，買い手の交渉力が強いケースは，自社が提供する製品の差別化の度合いが低かったり，または買い手の購買力が非常に大きい場合である。さらに，買い手が圧倒的な**情報量**をもっていたりする場合も，買い手の交渉力は高くなる。

　それでは，きぬたさんのラーメン店の事例で考えてみよう。ラーメン業界で買い手といえば，ラーメンを食べる顧客である。きぬたさんのラーメン店の出店地域に競合するラーメン店が少なければ，よほどまずいラーメンを出さないかぎり，顧客に対してパワーをもつことができるが，現実にはラーメン店はどの地域でもかなりの数はある。しかも，ラーメン業界は，魚介系，豚骨系，味噌系，塩系と多様な味を提供する店が多い。そのため，かなり独自性の高いラーメンを提供しないかぎり，顧客に対してパワーをもつことができない。しかも，今日では，顧客がネットを通じて競合他店と比較分析をできるという情報量の優位性をもっているため，差別化の効いた製品を提供できないかぎり，顧客に対して大きなパワーをもつことは難しい。

(3) 代替品の脅威

　企業間の競争は，同じ製品・サービスとの競争ばかりではなく，代替的な機能をもった製品とも競合状況にある。たとえば映画産業であれば，同じ映画館だけが競争相手ではなく，DVDやレンタルショップなどが競争相手になる。さらには，競争を大きく捉えた場合，たとえば，映画館を夜のデートスポットとして時間を過ごす場所と考えると，同じ映画館だけではなく，レストランやボウリング場など，提供するサービス機能は異なっても，時間の消費という点では代替品として競争していることになる。つまり，代替製品の可能性を多くもつ業界は競争が激しいと考えられる。

　きぬたさんのラーメン店の事例でいえば，ラーメンの代替品は牛丼，ハンバーガーなどのファストフードをはじめ，ファミリーレストランなども価格

帯，味などにおいて代替品となりうる。つまり，この業界は代替品の脅威が高い業界ということになる。

（4）新規参入の脅威

　新規参入が比較的に容易な業界は，競争が激化するので収益を上げるのが困難になる。新規参入が起きるのは，その業界に参入することで高い**超過利潤**が見込まれるからである。業界への参入がしやすいかどうかを決めるのが，**参入障壁**である。参入障壁の代表的なものとして，**投資規模**の大きさがある。たとえば，航空業界に参入しようとする場合，航空機の購入に莫大な資金が必要となることを考えれば，簡単に参入することはできないことがわかる。その他にも，新規参入企業に対して，既存企業からの激しい報復行動が予想されたり，既存企業が業界ですでに高いブランド力をベースに競争優位性を確立している場合は，これから参入を試みようとする企業には大きな障壁になる。

　きぬたさんのラーメン店の業界はどうだろうか。この業界の参入障壁は低い。なぜなら，ラーメン店を開業する場合，簡単にいえば調理師免許，店舗，厨房，食器，人材などを揃えれば創業が可能となるからである。製造企業のように工場設備などに大きな投資を必要としないことが大きな要因である。そのため，きぬたさんのラーメン店がこの業界で持続的に競争優位性を構築するには，独自性の高い味のラーメンを提供することで顧客から高いロイヤリティ（信頼，愛着）を獲得したり，人通りの多い好立地な場所に素早く多店舗展開することで，参入障壁を高めることが必要になる。

（5）競合の程度

　競争企業の数が多く，**敵対関係**が強いほど業界の競争は激しくなる。また，少なくても規模が大きく強い競合企業が存在すれば，業界としての魅力は低下する。企業数の多いか少ないかは，競争圧力の大きな要因ではあるが，その他にも競争の圧力を高める要因は複数存在する。産業が成長している場合は，競争がある程度，激しくても自社は成長することが可能である。しかし，当然のことながら，成長が低下すると競争は激化しやすくなる。また，固定費や在庫費用が高い場合，さらに小刻みに生産能力の拡大ができない場合にも，競争は激化しやすい。というのも，需要以上に**過剰供給**の可能性が生み出されるから

である。さらに，差別化が難しい場合には，競争企業間で激しい価格競争に陥るので収益を圧迫することになる。

ラーメン業界の場合，前述したように，豚骨から魚介系，さらには，地方の資源を活用した独自のラーメン店など，多様な競争相手がひしめきあっている。事実，ラーメン業界は，大手チェーン店でも市場シェアが10％にも届かない競争の激しい業界である。そのため，きぬたさんのラーメン店が業界で生き残るためには，常に競合他社と一線を画するような製品を提供し続ける必要がある。

 ## 3つの基本戦略

❶ コストリーダーシップ戦略（低価格戦略）

業界の構造分析を通じて競争の圧力要因がわかったなら，次に，その業界でどのような戦略を立案して，競合他社と差別化して高い収益を上げていくかということが課題になる。つまり，業界の競争優位性を構築するには，顧客に対してどのような価値を提供するかである。顧客に新しい価値を提供するにはコストリーダーシップ戦略（低価格戦略），差別化戦略，集中戦略の3つの方法がある（**図表3-2**）。

コストリーダーシップ戦略は，競合他社よりも価格を低く設定することで競争優位性を実現することである。ハンバーガー業界ではマクドナルドが，ファストファッションの業界ではユニクロが，競合他社に対する低価格戦略によって成長してきた企業である。価格が低いというのは，競争において強力な武器となる。コストリーダーシップをつくり出すには，いくつかの方法があるが，1つには**規模の経済性**の実現がある。規模の経済性とは，大量生産・大量販売を行うことにより，製品の単位当たりの平均コストが低下するというロジックである。

きぬたさんのラーメン店がコストリーダーシップ戦略を実現するには，チェーン展開することで規模の経済性を追求することである。たとえばチェーン展開することで，原材料メーカーと年間契約を結び，大量に原材料を仕入れれば，原材料費を大幅に下げることができるため，コストリーダーシップを実

現することが可能となる。また，チェーン展開に応じて大量にラーメンが売れれば，一杯分の平均単価は下がるため，さらに高い収益を上げることができる。

　もう1つのコストリーダーシップ戦略を実現する方法が，**経験効果**の活用である。この理論は経験，つまり累積生産量が増加するにつれて，製品の単位当たりの平均コストは逓減していくという理論である。このような現象が生じるのは，生産の経験を蓄積し，学習していくことで，生産設備のより効率的な活用や製造工程の改善によるコストダウンが進展するからである。このロジックは生産現場だけにあてはまるものではない。マーケティングや販売などの他の機能についてもあてはまる。

　きぬたさんのラーメン店の事例でいえば，経験を積むにつれてラーメンをつくるスキルが高まっていくので，昼の混雑時にもスピーディーに顧客をさばくことができるようになり，売上げを拡大することができる。

　ただし，この戦略が機能するには，競合他社が簡単に追従できないことが条件となる。他の企業が追従してきた場合，激しい価格競争になるからである。そのため，コスト以外の点で差別化ができないということが重要になる。具体的には，競合他社の製品とは製品**機能，品質，デザイン，ブランド，アフターサービス**などの点で競合他社との優劣がつきにくい場合に，有効な戦略となりうる。きぬたさんのラーメン店の事例でいえば，味やサービスなどで差別化が難しいというのが，低価格戦略を実現する鍵になる。もちろん競合他社よりも低価格のラーメンを提供しても，長時間営業で顧客の回転率が高い立地に店舗を構えれば，高い収益を確保することは可能である。

❷ 差別化戦略

　価格戦略はたしかに市場にアピールする有力な戦略ではあるが，すべての顧客が購入の意思決定の際に，価格を基準にするわけではない。そこで有効となるのが差別化戦略である。差別化戦略とは，自社の製品やサービスにおいて，競合他社との違いを明確にすることで，その違いに顧客が価値を見いだすことである。そのため，差別化に成功すれば，相対的に競合他社に対して価格を高く設定できるので，利幅を大きくすることができる。

　きぬたさんのラーメン店の事例では，競合他社にはない独自性の高いスープ

や麺を活用することで味の差別化に成功すれば，競争優位性を構築することが可能になる。もちろん，味以外にも，サイドメニューの充実，サービスや立地なども重要な差別化の要因である。

　それでは，製造業の事例ではどうであろうか。一般的に差別化の軸としては，製品の機能，品質，デザイン，ブランド，それを背後から支える技術，そして製品を市場に送り出すマーケティングと，製品を売った後のアフターサービスなど多様なものがあるが，自社のコンピタンスに照らして最も得意とする分野で競合他社との違いをつくり出さなくてはならない。

　たとえば，ボディソープ系の製品分野ではビオレ，ダヴ，ナイーブの3大ブランドで市場シェアの多くをとっている。この分野の差別化のポイントは，低刺激性であった。そこに後発で参入したのがライオンのハダカラである。ライオンが低刺激性をベースとしながらも，製品差別化のポイントとして狙ったのが保湿性である。ライオンが実施した市場調査によると，女性の9割がボディソープに求める機能として保湿効果と答えている一方で，現在，使っているボディソープの保湿効果に満足している人は半数以下にとどまっていたからである。これまでの競合他社の製品は，さまざまな保湿成分を含んでいるが，洗った後に水で流す際，保湿成分の多くが一緒に洗い流されてしまっていた。しかし，ライオンの製品は，リンスインシャンプーの原理を応用し，泡立てることで保湿成分が肌に吸着しやすく，洗い流されないようにした。しかも，成分が肌に残っていても，さっぱりした感じに仕上がることから，特定の肌をいたわる層からファミリー層までに顧客層を拡大することで，市場シェアを高めている。

❸ 集中戦略

　この戦略は，コストリーダーシップまたは差別化戦略のどちらかを，特定のセグメントに資源を集中して行う戦略である。コストリーダーシップ戦略は，特定のセグメント内でコスト優位を追求する戦略である。たとえば，ファッションセンターしまむらはコスト集中戦略の代表例である。顧客のターゲット層を主婦に絞り，徹底したコスト管理により低コスト化を実現することで成長してきた。低コスト化を実現するために，中国からの直接物流の比率を引き上げたり，パート社員の比率などを増やすなどして人件費を抑え，コストリーダ

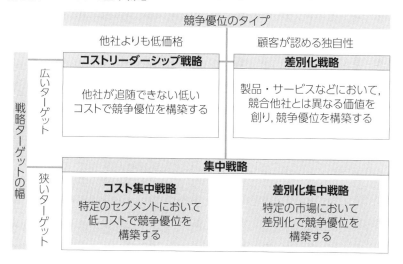

出所：Porter（1985）を参考に作成。

シップを実現している。

　もう1つの戦略は，特定の**セグメント**のニーズに対応することで差別化する戦略である。市場の隙間には，既存の製品やサービスでは満たされないニーズが必ずあるからである。たとえば，ニッコウトラベル（現伊勢丹三越ニッコウトラベル，以下，ニッコウ）は，大手旅行業者が見過ごしてきた退職後の熟年夫婦をターゲットとした海外旅行プランで成長してきた。ニッコウの戦略は，定番の観光都市ではなく，ふつうの観光客が行かないような海外の田舎をメインとしたパッケージ商品で差別化を図り，しかも，年齢層の高い顧客ならではのニーズ（病気対応や食事への配慮）にきめ細かく対応することで，高いブランドロイヤリティを獲得し，競争優位性を構築してきた。

　きぬたさんのラーメン店の事例でいえば，差別化集中戦略とは，高級な食材をベースに競合他社に模倣できないような高価格なラーメンを，お金に糸目をつけない顧客層をターゲットに提供することである。または，天然の素材をベースにヘルシーなラーメンを，健康に気をつかう中高年やOL層に提供するなども，差別化集中戦略の事例である。また，コスト集中戦略は，具材などを限定した，きわめてシンプルな醤油ラーメンを，懐かしの昭和のラーメンを愛

好する層をターゲットにして低価格で売り込むというのが，コスト集中の戦略である。事実，少し古びれた店構えに「中華ラーメン」の暖簾をかけている街角のラーメン店のなかには，家族経営によって低価格化を実現し，今でも結構な人気店となっている店も多い。

　以上が集中戦略であるが，ポーターは3つの戦略類型のうち，1つの戦略に特化することで競争に打ち勝つことができるとしている。また，コストリーダーシップと差別化戦略の両方を同時に追求すると**スタック・イン・ザ・ミドル**（複数のタイプの戦略を同時に追求することにより，蛇蜂取らずになること）に陥ることになると指摘している。しかし，戦略の本質は「矛盾を創造的に解決する」ことであるというように，コストリーダーシップ戦略と差別化戦略の両方を追求して競争優位性を構築することは可能である。

　たとえば，既存の常識を打ち破りフレンチ料理を低価格で提供する「俺のフレンチ」の戦略は，価格を下げるだけではなく，高級フレンチと遜色のないクオリティの高い料理を提供することで成長してきた企業である。つまり，高品質と低価格の両方を実現することで，今まである程度の所得がある人に限定されていた顧客層を，若者の層にまで拡大することで成長を遂げてきた。事実，現実のビジネスでは，このようなトレードオフの問題を解決することで持続的競争優位性が生み出されている。この差別化戦略とコストリーダーシップ戦略の同時実現が可能であるとしたのが，ブルーオーシャン戦略である。

Ⅳ　ブルーオーシャン戦略

❶ 戦略キャンパスとアクションマトリックス

　ブルーオーシャン戦略では，従来の競争空間をレッドオーシャンとよんでいる。同じユーザーを奪い合い，同質的な製品・サービスを提供して激しい価格競争に陥っているからである。その対極に位置するのが競争のない市場，ブルーオーシャンである。ポーターの提唱したファイブフォースモデルは，競争が少なく利益を生み出しやすい市場ポジションを見いだすための分析ツールであるのに対して，ブルーオーシャン戦略はいかに競争のない市場を切り開いていくかということを，戦略の中核としている。

また，大きな違いは，前述したように，ブルーオーシャン戦略では低価格と差別化を同時に実現できると主張していることである。これを実現する鍵が**バリューイノベーション**である。バリューイノベーションとは，コストを押し下げながら買い手にとっての価値を高める状態を意味する。コストを下げるためには，業界で常識とされている競争の要素をそぎ落とし，買い手にとっての未知の要素を取り入れることである。

　そのためには，まず，他の戦略論と同様に現状を知ることからはじまる。その現状を知るツールが戦略キャンパスである。戦略キャンパスは，横軸に業界各社が力を入れている競争要因を並べ，縦軸には買い手からみた価値の高低を記すことになる。この分析フレームによって，既存の市場空間についての現状を把握することが可能である。つまり，競合各社が製品・サービス，流通などの何を売りにしているのか，さらには，顧客はどのようなメリットを享受しているのかが理解できる。

　それでは，日本だけではなくアジアでの市場創造に成功した千円カットのQBハウスの事例を引用しながら，戦略キャンパスを説明してみよう。横軸には，既存の業界の競争要因と，QBハウスが付け加えた新しい競争の要因が示されている。**図表3-3**からわかるように，QBハウスが加えた要因が顧客に高く評価されていることがわかる。業界の慣行であったホットタオル，肩もみなどの各種サービスを取り止めて価格を下げ，カットに特化することで，通常なら1時間程度を要していた時間を10分程度に短縮し，市場を創造してきた。**図表3-3**を見ればわかるように既存のサービスをカットしただけではない。シャンプーとドライヤーの作業時間を削減するために，カットの後の髪を吸い取るエアーウォッシャーというシステムを導入している。さらに，椅子ごとに減菌器を備え付けたほか，顧客ごとに新しいクシと，タオルの代わりにネックペーパーを用いている。また，各店舗の外には信号機のような装置をおいて，空きユニットの有無を表示している。

　QBハウスは，既存の理容業界の常識に照らして，何を大胆に取り除き，何を付加するかを考え，理容業界の市場ニーズを掘り起こした。QBハウスのような業界の常識を覆すような戦略を生み出し，戦略キャンパスに新しい価値曲線を描くために，ブルーオーシャン戦略では4つのアクションマトリックスという手法が編み出されている。そして，この4つのアクションをつくり出すた

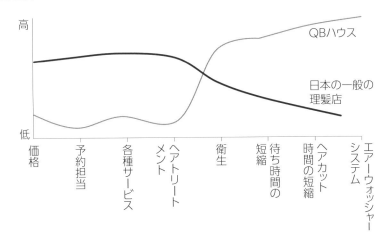

■|図表3-3　QBハウスの戦略キャンパス

出所：Chan and Mauborgne（2015）を参考に作成。

めには，次のような4つの問を考えることが必要とされている。①業界常識と
して製品やサービスに備わっている要素のうち，取り除くべきものは何か。②
業界標準と比べて思い切り減らすべき要素は何か。③業界標準と比べて大胆に
増やすべき要素は何か。④業界でこれまで提供されていない，今後付け加える
べき要素は何か。

　先のQBハウスの事例を，アクションマトリックスに応用すると**図表3-4**
のようになる。このアクションマトリックスをつくるうえでのポイントが①独
自性，②メリハリ，③価値の訴求である。

　きぬたさんのラーメン店の事例でいえば，既存のラーメン業界の差別化を横
軸に記述すればよいことになる。たとえば，味の系統（濃厚系，さっぱり系，
魚介系，豚骨系など），価格，立地，内装，トッピング，サイドメニューなど
を横軸に記述し，顧客がどこに価値をおいているかを把握したうえで，自社の
戦略が目指すべき方向を決めることができる。

　戦略キャンパスやアクションマトリックスという手法の他にも，ブルーオー
シャン戦略が新しい価値創造の手法として提案しているのが，市場の境界線を
新しく引き直すことである。その本質は競争，顧客，自社製品・サービスなど
を捉え直して，これまでの常識を打ち破ることである。市場を捉え直す方法と

■図表3-4　QBハウスのアクションマトリックス

取り除く	増やす
● 電話予約受付 ● シャワーなどの設備	● ヘアカットのスピード ● 清潔さ(滅菌器、新品のくしなど) ● 低価格
減らす	**付け加える**
● ヘアトリートメントなどの各種サービス	● エアーウォッシャーシステム ● ネットを活用した経営管理システム

出所：Chan and Mauborgne（2015）を参考に作成。

して，ブルーオーシャン戦略では次のような6つのパスが用意されている。

❷ 市場創造の6つのパス

（1）代替産業から学ぶ──パス1

　新しいビジネスチャンスは，代替産業から学ぶことができるということである。たとえば，今や娯楽市場で独特のポジションを獲得したシルク・ドゥ・ソレイユは，衰退が著しかったサーカス業界から見事に抜け出すことに成功した。かつてのサーカス業界は，猛獣を巧みに操る花形のパフォーマーをいかに引き抜くかが競争優位性の源泉であった。シルク・ドゥ・ソレイユは，サーカスにミュージカルのような演劇性やストーリー性を取り入れることで，衰退産業として位置づけられていたこの業界において急激な成長を遂げてきた。

　ここで着目しなくてはならないのは，シルク・ドゥ・ソレイユが必ずしもサーカス業界のすべての特徴を捨て去ったわけではない，ということである。サーカスのよさであるテントや動物を使ったパフォーマンスも一部残している。まさに，メリハリをつけた戦略を展開している。

　きぬたさんのラーメン店の事例でいえば，たとえば洋風レストランから味を学び，洋風の味付けをラーメンに取り入れたり，また，店舗の内装を洋風のおしゃれなデザインにするなどが，第1のパスの活用になる。

(2) 他の戦略グループから学ぶ——パス2

　代替産業から学ぶのと同様に，業界内の他の戦略グループからも学ぶことができる。戦略グループとは，同一の市場内で，同一の競争戦略をとる企業の集団のことである。そのために，顧客があるグループから離れて別のグループを選ぼうとする際に，何が決め手になるかを押さえる必要がある。たとえば，アメリカで1992年に創業したカーブスの事例をみてみよう。カーブスのターゲットは女性で，顧客価値は「気軽に通えるフィットネスクラブ」である。日本でも，2005年にオープンして以来その数は急拡大しており，現在は1,000店舗を超えている。カーブスの戦略は，既存の戦略グループであるフィットネスクラブと通販などの家庭向けエクササイズの，両方の利点をうまく取り入れることで成功している。

　女性がクラブに通う主な理由は，ダイエットしたいからである。たしかに，クラブには充実した器具やトレーナーがいるので安心して通えるという利点がある。しかし，ダイエットするためにクラブに通うのに，そこには異性がいるので気が乗らないという不満がある。その他にも，通う距離の問題や，設備が充実しているだけに会費が高いという問題もある。逆に，家庭向けエクササイズ器具は，料金も安く，人目を気にしなくてよいという利点がある反面，よほど意思が強く，スポーツ好きでもなければ毎日エクササイズに励むのは難しい。

　家庭向けエクササイズ器具と，フィットネスクラブのいいとこ取りをしたのが，カーブスである。カーブスでは，女性が人目を気にせず気軽に通えて，価格も安くするために3つのMを排除した。1つ目は「No Men」である。会員もスタッフも女性に限定したことである。2つ目は「No Make-up」であり，住宅街などの通いやすい場所に立地することで化粧なしでも気軽に通えるようした。置いてある器具も，既存のクラブのようなハードなものではなく，軽い汗をかく程度の器具なので，クラブのようにお金のかかるシャワーなどの設置も不要である。3つ目は「No Mirror」であり，鏡を外すことで体型に自信のない女性が通うための心理的なバリアを取り除いている。このようにターゲットを明確にし，他の戦略グループからうまく利点を取り入れることで新しい市場を創造できる。

　きぬたさんのラーメン店の事例でいえば，地方にある特有の資源（魚や野菜

など）を活用し，独自のメニューを開発して成功しているラーメン店の事例があれば，そのメニューを自社向けに多少変更して取り入れることが第2パスの活用になる。

（3）買い手グループに目をむける──パス3

　顧客というと十把一絡げにして捉える傾向があるが，今までの顧客を別の視点で捉え直したり，顧客を複数の特徴をもった顧客グループに分類することで，真にターゲットとする顧客ニーズや新しい顧客層を把握することが可能になる。たとえば，製品の購入に際して，代金を負担する購買者，実際に利用する利用者，そして，製品の購入に影響を与える影響者という分類である。東レの医療用の弾性ストッキング（エコノミークラス症候群の防止用ストッキング）の事例を考えてみよう。**利用者**は患者であり，**購入者**は病院，**影響者**は医者であり看護師である。それでは，東レは誰をターゲットにプロモーションを行うのがベストであろうか。

　顧客は利用者の患者と思うかもしれないが，患者はストッキングを選択することはできない。当然，ターゲットとしては医者が考えられる。たしかに，多くの医療薬は医者が購入の決定に大きな影響を与える。しかし，弾性ストッキングの場合，看護師が手術の後の意識のない患者や，救急患者に履かせることになるということを考えれば，本当の顧客ターゲットは看護師ということになる。顧客を多様な側面から分類することは，本当の顧客は誰かということを問う意味でも価値がある。事実，この事例の場合，看護師が患者に履かせやすいストッキングが開発のポイントとなり，新しい差別化の軸を生み出したのである。

　きぬたさんのラーメン店の事例で考えてみよう。きぬたさんのラーメン店が辛みのあるラーメンが人気メニューの1つとしてあると考えた場合，コアな顧客は，辛さを求めるサラリーマンや学生ということになる。しかし，市場が成熟化して顧客数が伸び悩んできたために，顧客層を大きく捉え，低学年の小学生までをターゲットとすると考えた場合，当然，今の味を変えなくてはならない。小学生をターゲットにすることからも，味の辛みを押さえて，まろやかな味に仕上げることが必要である。ただし小学生は利用者であっても，お金を払う実質的な購買者ではない。小学生を顧客にするには，購買者であり影響者で

もある親や祖父母をいかに店舗に引き込むかである。そのためには，今までのカウンター席からファミリーでも入れるテーブル席を増やすことが必要になる。顧客層を転換するうえにおいても，第3パスは有効に活用できるのである。しかし，注意を要するのは，このように顧客層を大きく捉えた場合，かなりの独自性を維持しないかぎり，既存の大手企業と全面的に対決するという構図になる可能性があることである。

(4) 補完財や補完サービスを見渡す——パス4

　既存のビジネスの多くが補完関係で成り立っている。製品やサービスは，単独で利用されるのは稀である。たいていは，他の製品やサービスと併用することで価値が増大する。パソコンに対するソフトや，プリンターとインクなどのようにビジネスとして補完関係を形成しているものは数多い。この関係を捉えることで新しい事業をつくり出すことが可能になる。

　たとえば，イギリスのヤカンメーカーの事例を考えてみよう。紅茶文化のイギリスにおいて，ヤカンは生活において重要な位置を占める製品である。しかし，売上げは横ばい状態で利益は低下していた。この業界で新しい市場を切り開いたのが，フィリップス・エレクトロニクス社であった（以下，フィリップス）。

　フィリップスは，ヤカンと補完関係にある水に着目した。というのも，イギリスの水道水は石灰含有量が多いため，お湯を沸かす時にヤカンに石灰分がたまり，ヤカンの底にこびりつくことになる。しかし，多くのヤカンメーカーは水道業界の問題として考えて対応をとらなかった。ところが，フィリップスは水質にまつわる問題を事業機会として捉え，水を汲む際に石灰分を除去するフィルターをヤカンに取り付けたのであった。このフィルターの取り付けによって，ヤカンの買い替え需要に成功するのである。

　きぬたさんのラーメン店の事例でいえば，ラーメンの味をよりひき出す調味料や，さらには，サイドメニューにチャーハンをつくり，セットで売ることで購買をより促進するようにすることが，第4パスの活用となる。

(5) 機能志向と感性志向を切り換える——パス5

　製品には機能志向と感性志向の2つがある。機能志向とは，製品・サービス

にどのような機能が備わっているかで，その製品・サービスの価値が決定されることになる。感性志向とは，顧客の感性によって製品・サービスの価値が決定されることである。一般的に同じ業界であれば，同じ志向で競争しているケースが多い。

　たとえば，感性志向の差別化の軸が支配していた鼻の「あぶらとり紙」の業界を考えてみよう。この「あぶらとり紙」のトップブランドといえば，京都の老舗企業である。この店の商品を購入するために長蛇の列ができることは有名である。しかし，紙というのはフィルムと比べれば，皮脂の吸収率や肌を傷つけないという点において劣っていた。実際，ゆで卵を紙とフィルムのあぶらとり紙で包むと，紙のほうで包んだゆで卵の表面には傷がつくが，フィルムのほうには傷がつくことがない。フィルムのほうがはるかに機能的には優れている点を科学的に証明し，その点をプロモーションすることでフィルム市場を開拓したのが住友スリーエム（現スリーエムジャパン）である。つまり，感性志向の市場に，機能志向を持ち込んで成功した事例である。

　もちろん逆の事例も散見される。機能志向の軸が差別化の中核を占めている業界に，感性志向の軸を持ち込むことである。スウォッチは機能志向の強かった腕時計業界に，感性志向のファッション性を持ち込んで成功した。しかし，前述したように，感性軸も絶対的なものではない。感性軸の差別化が成熟化してきたなら，今度はまた機能軸に差別化の軸を戻さなくてはならない。

　きぬたさんのラーメン店の事例でいえば，機能志向とは基本であるラーメンの味にこだわることである。それに対して，感性志向への切り替えとは単にラーメンの味を堪能するというだけではなく，デートスポットなどに耐えうるような雰囲気の店をつくったり，ラーメンに入っているトッピングを，顧客の感性に任せて選択させるということである。また，ラーメンに入っている油を顧客の前で燃やしてみせるなどの演出も，第5パスの活用事例である。

(6) 将来を見通す——パス6

　業界の競争が激しいと，企業は顧客と競争相手に視点が向きすぎて，大きなマクロ環境である社会トレンドを見失うことが多い。イノベーションの結果，スマートフォンが誕生したが，これだけわれわれの生活に大きな影響を与えることは，当初は考えられなかった。しかし，予測するだけでは，新しい市場を

61

切り開くことはできない。今，起きているトレンドが，顧客価値をどう変えるか，または自社のビジネスモデルにどのような影響を与えるかを考えることが必要である。このトレンドの予測に役立つのが，次の3点である。①事業に決定的な影響を与える。②その現象は，決して後戻りしない。③はっきりとした軌跡を描きながら進んでいく。たとえば，CNNはグローバリゼーションという決して後戻りできない現象をうまく捉えて，24時間絶え間なくリアルタイムで世界にニュースを配信するという画期的なサービスを実現することで，世界的企業に成長した。

きぬたさんのラーメン店の事例では，社会の健康志向が高まり，その志向が後戻りできない状態と考えれば，より健康志向の高いラーメンを市場に提供することである。また，その一方で，健康志向だからこそ，その逆をいく濃厚なラーメンを特定の顧客層に提供するという選択もある。

ただしこのトレンドを読み切っても，製品を出すタイミングを見誤っては，新しい市場を開拓することはできない。この3つのトレンドを読み切り，そして適切なタイミングで市場参入することで，新しい市場を開拓することができるのである。

V 市場地位別戦略と事業の仕組み

❶ 競争企業によって異なる戦略

前節まで，競争戦略および市場開拓の方法などを議論してきた。しかし，業界には多様な競争プレイヤーがいるのも事実である。たとえば，自動車業界でいえば，業界トップのトヨタ自動車，トップのトヨタを追う日産，ホンダ。そして，軽自動車という特定分野で国内トップシェアを誇るスズキなどである。

自動車業界の事例のように，市場シェアを巡り企業規模などが異なる多様な企業が競争を繰り広げている。そのような競争企業を，特定の軸から分類することが可能である。この競争企業の分類は，マーケティング分野で発展してきた。たとえば，市場シェアの大きさなどで，**リーダー企業**，**チャレンジャー企業**，**フォロアー企業**，**ニッチャー企業**の4つのタイプに競争企業を分類することが可能である。

このような分類は，すべての企業に適合するような戦略はなく，市場の置かれたポジションによってとるべき戦略は異なることを示唆している。たとえば，リーダー企業は経営資源の量という点においても，圧倒的に他の競争相手に対して優位に立っている業界 No.1 の企業であり，独自性の高い資源を有している。チャレンジャー企業は，2番手企業とよばれることも多いが，リーダー企業に準ずる資源を有しており，リーダー企業と市場のシェアを争うことができる能力と意欲をもった企業である。一般的には業界の2番手から4番手の企業が，チャレンジャー企業とよばれている。フォロアー企業は，リーダー企業やチャレンジャー企業よりも資源や独自性の能力で劣っているため，両者の戦略を模倣し，価格と品質を下げた戦略を展開することでポジションを維持することに努める企業である。ニッチャー企業はフォロアー企業と同様に，リーダー，チャレンジャー企業と比較して経営資源的には劣勢ではあるが，フォロアー企業と違い高い独自的な資源を有し，特定の市場で圧倒的に優位な競争ポジションを獲得している企業である。

このようなタイプ分けは永遠に続くものではない。たとえば，ビール業界でいえば，かつてのリーダー企業はキリンであるが，現在はアサヒがリーダー企業になっている。また，参入当初はニッチ市場であり，ニッチメーカーであったヤマト運輸は，現在，宅配業界の押しも押されもせぬリーダー企業である。

ラーメン業界は，幸楽苑，日高屋などの大手ラーメンチェーン店が存在する一方で，個人経営の店が多い業界でもある。事実，独自性の高いラーメンを提供することで，一定の顧客を維持し，成長している個人経営のラーメン店も多い。きぬたさんのラーメン店の事例の場合，ある一定の規模に成長したなら，リーダー企業やチャレンジャー企業を目指して，その資本力を武器にフランチャイズ化するというのも1つの戦略である。また，今日の本物志向のニーズを捉えて，安心安全な国産の野菜や，自家製麺などで商品を提供することで，独自のニッチ市場を掘り下げていくという戦略もある。創業からどのような市場地位を目指すかというのは，経営者がどのような成長ビジョンを描くかに依存している。

❷ 模倣困難性をつくり出す

どのようなビジョンを描くにせよ，新しい市場地位を確立するには，既存の

業界のルールに縛られない戦略を展開する必要がある。というのも，業界の
ルールや常識は，既存のリーダー企業がつくり出しているからである。

　ニッチな無添加化粧品分野に参入し，その市場の規模拡大に応じてリーダー
企業へと台頭していったファンケルの戦略をみてみよう。ファンケルといえ
ば，健康食品の企業と思われるが，もともとは化粧品事業の企業である。とく
に，既存の大手メーカーの出す化粧品で肌荒れに悩む顧客層をターゲットにし
て創業した。無添加化粧品は当初はニッチマーケットであることから，大手
メーカーも参入しなかった。しかし，市場規模が大きくなってもなかなか参入
することが難しかった。

　この分野への参入が難しかったのは，無添加化粧品というコンセプトと販売
方法にあった。つまり，ファンケルの無添加化粧品プラス通販という戦略は，
業界のルールを変えるものであったからである。リーダー企業は，添付物が
入っているのがあたりまえの市場で，無添加化粧品が市場の標準的な製品にな
ることは避けなければならなかった。また，通販という売り方も，リーダー企
業にとっては簡単に模倣することができなかった。なぜなら，既存の系列店が
確立されているのに，そのチャネルを無視して通販に乗り出すことはできな
かったからである。

　ファンケルの戦略で学ぶべきことは，単に製品だけで差別化されているわけ
ではなく，製品とともに通販という模倣が難しい事業の仕組みを設けているこ
とである。事実，競争地位別にリーダー企業からニッチャー企業まで，その地
位で持続的競争優位性を構築している企業は，間違いなく模倣が難しい事業の
仕組みを設けている。

　きぬたさんのラーメン店の事例でいえば，多様な具材を組み合わせることで
独特のスープをつくることなどは，製造プロセスがブラックボックス化されて
いるのと同じである。特に，レシピがオーナーの頭のなかにあるというのであ
れば，競合企業からの模倣は困難である。また，ラーメンをつくるプロセスは
きわめて単純である。麺を入れて茹で上げると同時に，具材を炒めるなどの作
業があるが，この当然の仕組みにこそ持続的競争優位性の源泉がある。なぜな
ら，この仕組みこそが人材の教育と連動しているからである。

VI おわりに——持続的競争優位性とは

　事業の仕組みは企業規模に関係なく，持続的な競争優位性の源泉である。成長企業に注目すると，すぐにその企業の画期的な製品に目がいくが，その製品を生み出す背後の仕組みに注目してこそ，企業の本質的な競争優位性が何かを把握することが可能になる。しかも，事業の仕組みは小さな差別化が積み重なり，そして組み合わされることによって構築される。

　しかし，持続的競争優位性を生み出す事業の仕組みも，いったん競争・市場環境が大きく変化すると，逆に新しい競争優位性を生み出す阻害要因にもなりかねない。各事業の競争・市場環境は絶え間なく変化していく。持続的競争優位性を構築している企業というのは，いったん構築した競争優位性そのものを，自らがつくり変えていくという能力が要求されてくるのである。

■ 参考文献 ■

江夏健一・髙井透・土井一生・菅原秀幸編（2008）『グローバル企業の市場創造（シリーズ国際ビジネス)』中央経済社。

大滝精一・金井一頼・山田英夫・岩田智（2016）『経営戦略（第3版)』有斐閣。

大月博司編著（2019）『経営戦略の課題と解明』文眞堂。

坂下昭宣（2007）『経営学への招待（第3版)』白桃書房。

寺本義也・岩崎尚人編著（2012）『新経営戦略論』学文社。

Chan Kim, W. and R. Mauborgne（2015）*Blue Ocean Strategy*, Harvard Business School Press.（入山章栄監訳，有賀裕子訳（2015）『新版ブルー・オーシャン戦略』ダイヤモンド社。）

Porter, M.（1985）*Competitive Advantage: Creating and Sustaining Superior Performance*, The Free Press.（土岐坤・中辻萬治・小野寺武夫訳（1985）『競争優位の戦略—いかに好業績を持続させるか—』ダイヤモンド社。）

❧さらに理解を深めるために

加藤俊彦（2014）『競争戦略』日本経済新聞社。
　（競争戦略についての基本的なロジックを考察したうえで，パワー関係をベースにした競争戦略の具体的な方策を考察している）

嶋口充輝・内田和成・黒岩健一郎（2016）『1からの戦略論（第2版)』碩学舎（発行)，中央経済社（発売)。
　（「経営環境」，「事業戦略」，「企業戦略」，「経営組織」の4つのパートから構成され，各パートが完結された書き方になっている。そのため，市場戦略や競争戦略

に関心のある方は，「経営環境」や「事業戦略」のパートを読めば理解できるようになっている）

沼上幹（2009）『経営戦略の思考法─時間展開・相互作用・ダイナミクス─』日本経済新聞社。

（経営戦略論の主要な5つの学派を取り扱っているだけではなく，戦略思考の実践的な落とし込みの方法についても説明している）

企業の組織①
ミクロ組織論

　本章では，企業の組織的側面について焦点をあてる。ここで
は特に，いかに人に動いてもらうかという組織運営に関する諸
問題をミクロ組織論とよぶこととし，主に心理的側面からの検
討を行う。本章では，働くことへの動機づけ，リーダーシッ
プ，管理，といった観点から集団や組織の人間行動や対人関係
にかかわる基本問題について説明していく

I はじめに

きぬたさんは，美味しいラーメンをお客さんに食べてもらいたいと願っている。美味しいラーメンは，料理人きぬたさんの腕にかかっているが，多くのお客さんに食べてもらおうと，きぬたさん以外に3人の従業員と2人のアルバイトがいっしょに働いている。

5人の仕事仲間はみんな美味しいラーメンをつくるという目標を共有しているが，目標達成への思いの強さは同じではないかもしれない。また，美味しいラーメンをお客さんに食べてもらうことだけ考えて，きぬたさんのラーメン店で働いているわけでもないだろう。なかには給与や職場の人間関係にあまり満足していない人もいるかもしれない。

いっしょに働く仕事仲間は，共通目標の達成を目指してそれぞれ役割を分担し協働するが，仕事の共通目標以外に個人的な欲求や希望や野心などを職場に持ち込んで働いている。そのため，美味しいラーメンをつくるための各人の仕事ぶりは一様ではなく，人により日によりばらついている。

そこで，料理人ではなく経営者として，きぬたさんは5人の仕事仲間に最良の仕事をしてもらう職場環境を整えなければならない。本章では，人の活用をめぐる集団・組織の基本主題である動機づけ（motivation），リーダーシップ（leadership），管理（management）について，心理学の観点から説明する。

II 働くことへの動機づけ

❶ 欲しいものは何か

経営者であるきぬたさんは，5人の従業員に仕事の指示や命令をするが，従業員はいつも彼の指示や命令どおりに行動するわけではない。従業員は仕事や働くことに対して，それぞれ異なる水準の肯定的あるいは否定的な態度をもっているので，きぬたさんの指示や命令は，従業員の態度が媒介し異なる水準の行動となって表出される。仕事や働くことへの**態度**（attitude）は，仕事や働くことに関して人が行う行動に影響する心の準備状態や構えである。きぬたさ

■|図表4-1　態度が媒介する従業員の行動

出所：筆者作成。

んの指示や命令は，従業員の仕事や働くことへの態度を媒介し行動となってあらわれる。

　きぬたさんは，従業員の仕事や働くことへの態度の個人差を想定し指示や命令をするように努めている。従業員にみられる態度の差異は，仕事や働くことをとおして求めているものとも無関係ではない。

　従業員の行動は何かによってひき起こされる。従業員に行動を喚起させる何かを誘因とすると，誘因を求めて行動すると説明できる。**誘因**（incentive）は欲求を満たす環境にある刺激である。たとえば，アルバイトの時間給がもっと高ければいいのにと思っている従業員は，希望する時給がもらえる他のアルバイトを探そうとするかもしれない。きぬたさんのラーメン店で働くより高い時間給のアルバイト機会が誘因となって，もっとお金が欲しいという欲求を刺激する。

　きぬたさんのラーメン店のアルバイト時給より高い時給のアルバイト先に刺激され，ある従業員が転職する場合，転職行動をひき起こす本人の内面から湧き起こる力を**動因**（drive）という。このように，誘因に喚起された動因によって人は行動すると考えられる。そして，誘因と動因との相互作用を**動機づけ**（motivation）という。きぬたさんは，指示や命令どおりに従業員を動かすため，仕事や働くことへの態度から一人ひとりの誘因を把握する必要があるだろう。

　人は欲しいものを入手するために行動すると考える欲求説のうち，マズロー（A. H. Maslow）の**欲求階層説**（hierarchy of needs）はよく知られている（Maslow, 1954）。マズローによると，人は①水や食べ物を求める生理的欲求，②苦痛や恐怖，危険，脅威を避けようとする安全・安心欲求，③家族や友人から愛されたいという所属・愛情欲求，④社会の人びとに自分自身を認めてもら

企業の組織①　ミクロ組織論　第**4**章

69

い注目され尊敬されたいという自尊欲求を満たそうと行動する。①〜④は欠乏している内的状態の分類であり，欠乏した内的状態は不足し欠けているものを回復させる行動を喚起する。

4つの欠乏欲求は，階層的に順序立てられ，まとめられる。欲求の階層は，最下層の生理的欲求が満たされた後，安全・安心欲求が自覚され充足行動を動機づける。同様に，安全・安心欲求が満たされると所属・愛情欲求，所属・愛情欲求が満たされた後，自尊欲求が意識される。

欠乏欲求のうち最上層の自尊欲求が満たされると，自己実現にむけて努力しようと動機づけられる。**自己実現**（self-actualization）は，人間の自発性，自律性，創造性などを重視し，自己の能力や可能性を十分に生かし現実化していくことを意味する。マズローは，人の生涯にわたる発達について，はかりしれない可能性を想定し，自分自身をよく知り，自己の可能性をできるだけ実現しようと試みることが人間の本質と考えた。

自己実現の欲求は，欠乏欲求と違い一時的に満たされたとしても，自己の新しい可能性を追求し努力するように人を動機づける超越的欲求とされる。自己実現の欲求は，自尊欲求が満たされた後に自覚される（**図表4-2**）。

しかし，一般に，日常生活では低階層の欠乏状態は繰り返し経験されるため，自己実現だけを満たそうとする行動はあまりみられないだろう。また，マズローは，欲求階層はすべての人に同じように順序づけられているとは考えなかった。欲求の重要性の順序は，態度や好みなど，人によって異なる。

■|図表4-2　欲求の階層

自己実現の欲求

自尊欲求

所属・愛情欲求

安全・安心欲求

生理的欲求

出所：筆者作成。

きぬたさんは，従業員が仕事や働くことにどのような欲求をもち，その充足と仕事や働くことへの動機づけとは，どのように関係するかを考えて指示や命令したほうがよいだろう。

❷ 仕事の満足と不満

自己実現の超越的欲求は，一定水準で満たされても，さらにその重要性は高まり，人はその充足に動機づけられ努力し続けるとマズローは主張した。この主張は主に生理的欲求や安全・安心欲求と関係する賃金を働く動機づけ要因とする考え方に影響を与えた。自己実現のような人間性の好ましい側面を重視するマズローに対して，ハーズバーグ（F. Herzberg）は仕事や働くことへの現実的な見方を示した（Herzberg, 1966）。

ハーズバーグは，会計士と技術者を対象に，現在の仕事あるいは過去の仕事について，満足したことや不満を感じたことの経験を調査して，職務満足・不満と働く意欲との関係を検討した。

その結果，職務満足は仕事の内容，職務不満は仕事の環境に関係していることが明らかにされ，職務満足要因と職務不満要因とは独立して作用しているとみなされた。つまり，職務満足と職務不満は異なる次元と考えられるので，従業員の職務満足を高めても職務不満を低減できないし，反対に，職務満足が低くても職務不満が低いとは限らない状況がありうる。職務満足要因は，人の気持ちを快にさせ，仕事や働くことへの積極的な態度を生みだすのに対して，職務不満要因は，人を不快にさせ，仕事や働くことへの消極的な態度を形成する。

職務満足要因は，仕事の達成，業績への評価や承認，やりがい，責任の付与，仕事をすることで自覚される成長や進歩などである。職務不満要因は，労務にかかわる政策や管理，職場の監督者や同僚との関係，給与，労働条件，職場環境，財務安定性などである。職務満足要因は，人の成長や発達に影響し，自己実現に貢献する。職務不満要因は，人の成長や発達を促すことはないが，仕事の成果を妨げるような職場環境への対処に貢献する。

ハーズバーグは，職務満足要因を**動機づけ要因**，職務不満要因を**衛生要因**と命名し，**動機づけの二要因説**（motivator-hygiene theory）とした（図表4-3）。従業員には仕事に満足して働いてもらいたいと思っているきぬたさんは，

主に仕事の内容をあらわす **動機づけ要因**	主に仕事の環境をあらわす **衛生要因**
成功や達成の経験	会社の方針と管理方式
評価・承認される経験	監督方法
仕事の内容	給与
責任の付与	監督者との関係
昇進	同僚との関係
成長の可能性	労働条件

出所：筆者作成。

これまで動機づけ要因には注意を払っていたが，衛生要因はあまり気にしてこなかったことに気づいた。

　職務満足要因と職務不満要因とを区分する二要因説の考え方は，明快でわかりやすいときぬたさんは思った。しかし，「最近，仕事がつまらないと感じることがある」「同じ仕事ばかりで退屈だ」などの不平不満を従業員から聞くことがあるので，きぬたさんは仕事の内容に不満を感じているのではないかとやや悩んでいる。その反面，「でも給与はいいからありがたい」「職場仲間に恵まれているので仕事が楽しい」など，労働条件や職場の人間関係に満足していると思える声も聞かれる。

　二要因説を検証した松井（1982）は，満足感は動機づけ要因から起こるというハーズバーグの主張は確認されたが，不満足感は衛生要因だけでなく動機づけ要因からも生まれることを明らかにした。不満足感の原因については，二要因説の法則性が必ずしもあてはまらないようである。この結果から，松井は「仕事生活での満足感は動機づけ要因から生まれるが，不満は動機づけ要因および衛生要因の両者から生まれる。衛生要因は不満の原因にはなるが，満足感の原因にはなりにくい」とした（松井，1982，170頁）。

　さらに，衛生要因を改善し，労働条件や職場環境への不満足感を解消する意義について，①衛生要因が不満な状態で従業員を仕事に動機づけることは難しい，②衛生要因が十分な状態でないと労務にかかわる施策は効果が上がらないと松井（1982）は示唆した。

従業員の満足感と不満足感それぞれの原因を区分して，仕事や働くことに動機づけるという二要因説の考え方は，仕事の内容を考慮して満足感を高めることに目がむきがちな管理職者に衛生要因の重要性を再認識させた。きぬたさんも，従業員が能力を発揮してよい仕事ができるように労働条件や職場環境の整備に努めようと思った。

❸ 働く意欲の合理性

　欲求階層説や二要因説は，人に行動を起こさせるものは何かを説明するため，動機づけの内容として欲求や満足に着目した考え方である。しかし，仕事をする人の行動は，欲求や満足だけでは説明しきれないことがたくさんある。特に，従業員が割り当てられた仕事の課題を達成するため，特定の行動に動機づけられた動態的な心理過程は，欲求や満足だけでは説明できないだろう。

　ヴルーム（V. H. Vroom）は，人が特定の行動に動機づけられるまでの心理過程について，努力して仕事をすると何らかの報酬を得られるだろうという**期待**（expectancy）と，その期待される報酬を本人がどのくらい価値あるものと思っているかを意味する**誘意性**（valence）に注目し，両者の相互作用を説明する**期待説**（expectancy theory）を提示した（Vroom, 1964）。また，誘意性は，報酬の**魅力度**と，その報酬を得るための手段や道具がどのくらい役に立つかの見込みをあらわす**道具性**との相互作用で示される。

動機づけの強度＝期待×誘意性（＝魅力度×道具性）

　たとえば，きぬたさんのラーメン店のアルバイト従業員が新しいデザインの靴を手に入れるため，時間給による賃金を増やそうと，就業時間の延長をきぬたさんに頼んだとしよう。きぬたさんがその願いを聞き入れて，アルバイト従業員が時間を延長して働くようになった状況を期待説にしたがって考えてみよう。自発的にふだんより長く働くことは，仕事への高い動機づけをあらわしている。従業員の仕事への動機づけを高めたのは，インターネットで見つけた最新デザインの靴である。今履いているちょっと古くなってしまった靴は，見た目にもくたびれているから，新しい靴を買って気分一新したいと彼は思った。

　彼が気に入った新しい靴はやや高額であるが，もう少し仕事をがんばれば何

とかなりそうである（期待）。そこで，彼は就業時間を延ばして収入を増やそうと考えた（道具性）。そうすれば新しい靴を買えそうである。働く時間が長くなれば他のことができなくなるし疲労も増すだろう。それでも，彼にとって新しい靴は，どうしても手に入れたい価値あるものなのである（魅力度）。

　期待と誘意性をこのように説明する場合，両者の相互作用は積で関係づけられることに注意したい。期待と誘意性はどちらかが意識されないと動機づけられた行動は起こらないとされる。たとえば，アルバイトの時間を延ばして働いても新しい靴を買えるだけの収入が見込めないなら，期待は喚起されない。また，最初にみつけたときは気に入った靴だったが，しばらくして別のデザインの靴のほうがより好ましく感じられ，最初の靴の魅力が薄れてしまうと誘意性は消滅してしまう。

　期待と誘意性の両方が意識されないと動機づけられないとヴルームは主張した。こうしたヴルームの考え方の基底には合理人の人間観がある。**合理人**とは，自身の期待利益を最大化しようと計算する人間像である。ここには，人の動機は快楽を最大化し，苦痛を最小化しようとする**心理的快楽主義**の影響がみられる。

　期待説の考え方を知ったきぬたさんは，一人ひとりの従業員にとって高い誘意性をもつ報酬は何かを把握し，その報酬を各人の仕事能力に結びつけることの重要性がわかってきた。従業員が何かの報酬に価値を認め，努力すればその報酬が手に入るという期待が膨らむと仕事への意欲はますます高まるだろう。

　しかし，努力は一定の報酬をもたらすが，努力しただけの報酬が等しく得られるとはかぎらない。従業員がどんなにがんばって働いても，能力が不足したり，指示や命令された仕事を正しく理解していなかったりすると，努力は報酬に結びつかない。また，仕事の成果への満足感は，仕事をした従業員が成果について，これくらいの報酬は公平にもらえるはずだと期待する主観的な報酬に影響される。きぬたさんは，従業員に与える実際の報酬と，彼らが当然もらえるはずだと期待する報酬との差異に注意を払う必要がある。

Ⅲ リーダーシップ

❶ 目標達成と集団維持

　美味しいラーメンをつくるため，きぬたさんが従業員に仕事の指示や命令を
するとき，きぬたさんは従業員を動かしている。きぬたさんは従業員を動かす
勢力（power）をもち，美味しいラーメンをつくるという目標を達成するため
勢力を行使している。

　集団や組織の目標達成にむけて構成員に影響を及ぼす過程を**リーダーシップ**
（leadership）という。人を動かす勢力は，集団・組織内の地位や役割に備わっ
た権限のような公式の影響力と，人柄や人間性の魅力のような属人的な非公式
の影響力とがある。リーダーは，公式・非公式の勢力を使って構成員を動かし
目標を達成しようとする。

　そこで，優れたリーダーは，目標を達成するためどのように行動しているか
という問題をめぐって多くの調査研究が行われてきた。三隅（1984）は，リー
ダーシップを**目標達成**（performance）行動と**集団維持**（maintenance）行動の
2つの次元で説明できるとし，**PM説**を提唱した。

　目標達成行動は，リーダーが職場集団の目標達成を目指して，仕事の役割を
分担し構成員に割り当て構造化する行動である。目標達成にかかわるリーダー
の役割は，仕事の計画を立て，必要な情報を伝え，構成員に職務を割当て，職
務遂行に動機づけ，仕事の期限を設定し，指示や命令，ときには激励して目標
を達成することである。

　集団維持行動は，いっしょに仕事をするうえでの相互信頼，双方向のコミュ
ニケーション，構成員の感情への配慮などによって，職場の人間関係を良好に
保つ行動である。集団維持にかかわるリーダーの役割は，構成員の意見やアイ
ディアに耳を傾けたり，平等に対応したり，個人的な欲求や要望に関心を寄せ
ることで職場の安心や安定を実現することである。

　PM説によると，目標達成行動と集団維持行動とを組み合わせてリーダー
シップを4つの型に類型化できる（**図表4-4**）。

　PM型は目標達成と集団維持のどちらにも積極的なリーダーシップ，pM型

出所：三隅（1984）を参考に作成。

は集団維持には積極的であるが，目標達成は消極的なリーダーシップ，反対に，Pm 型は目標達成を重視し集団維持には消極的なリーダーシップ，pm 型は目標達成と集団維持ともに消極的なリーダーシップである。

リーダーシップの各型と，職場集団の成果や構成員の満足感との関係について，いろいろな業種や多くの経営組織，組織内のさまざまな役職や職位を対象に検討が重ねられてきた結果，PM 型のリーダーシップが成果を上げ構成員の満足感も高いことが実証された。きぬたさんは，美味しいラーメンをつくるという目標達成のために仕事をするだけでなく，従業員たちと良好な関係を形成し維持することが働く意欲の低減や離職を防ぐことになると理解した。

PM 説はリーダーシップの重要な次元を明確にしたが，仕事の状況が変化することを仮定した考え方ではない。職場内外の不確定な変化は，望ましい唯一のリーダーシップでも対処できない状況をもたらすことがある。最近，これまでと同じように，目標達成と集団維持を心がけて従業員に指示しているのに思うように成果が上がらないと感じることがあるだろう。こうした経験から，最適なリーダーシップは状況要因に依存するという考え方が注目されるようになった。

❷ 仕事状況への適合

一般に，仕事の状況はさまざまに変化するので，どんな状況にも適合できる

リーダーでないかぎり，本人の資質や能力の特性は特定の仕事状況に依存すると考えられる。きぬたさんのラーメン店も，開店当初は近隣に他のラーメン店がなかったので安定して収益を上げることができていたが，近頃，きぬたさんのラーメン店とは違う味覚のラーメンを売り出す店が何件かあらわれた影響か客足がやや遠のいている。

このように仕事状況が以前と変わってきたため，きぬたさんはこれまでと同じリーダーシップではまずいかもしれないと少し不安になっている。状況に依存するリーダーシップという考え方を最初に主張したのは，フィードラー（F. E. Fiedler）である。彼は，有効なリーダーシップは，リーダーのパーソナリティと，特定の状況下でリーダーがどれだけ勢力を行使できるかという状況要因に依存すると考えた（Fiedler, 1967）。

リーダーのパーソナリティは，本人が基本的に人間関係を重視するか，それとも課題達成を重視するかで検討されたが，LPC尺度はその測定のために開発された。LPC（least preferred coworker）尺度は，これまで仕事をした同僚のなかで，最もいっしょに働きたくなかった人をリーダーに思い浮べてもらい，その人物を16項目で評価させ得点化させる測定道具である。最もいっしょに働きたくない人でも寛大に評価する高LPCのリーダーは**人間関係志向**のリーダーシップを示すのに対して，厳格に評価する低LPCのリーダーは**課題達成志向**のリーダーシップをとる傾向がある。

状況要因は，①リーダーが集団の構成員に支持され受け容れられている，②課題の目標，課題達成の手順，課題達成の成果が明確で構造化されている，③構成員を方向づけ，公正に評価し，公平に賞罰を与える公式の権限がリーダーに与えられているという3つの**状況好意性**で検討された。好意的状況とは，リーダーと構成員との関係がよく，課題が構造化されていて，リーダーに強い権限が与えられている状況である。反対に，非好意的状況とは，リーダーと構成員との関係が悪く，課題が構造化されておらず，リーダーの権限が弱い状況である。

フィードラーは，リーダーのLPC特性と状況好意性との関係を検討して，好意的状況と非好意的状況では低LPCの課題達成志向型リーダーシップが有効であり，中程度の好意的状況（3つの状況好意性のうち，いずれか2つが高得点の場合）では人間関係志向型リーダーシップが高い成果を上げると報告し

た。

フィードラーの研究結果から、課題達成志向型リーダーシップと人間関係志向型リーダーシップは、それぞれ有効に機能する仕事状況が個別に特定され、どんな状況にも適合するリーダーシップの唯一の型はないといえよう。また、優れたリーダーの資質や能力はあらゆる状況に万能というわけではないから、状況に応じて発揮される資質や能力の特性をよく見極めリーダーを選任することが大切である。さらに、リーダーには状況の変化を的確に見通して自身のリーダーシップを変化に応じて変えられる柔軟性が求められる。

きぬたさんは自分自身を振り返って、従業員との関係は良好だし、美味しいラーメンをつくる目標や手順はきちんと構造化しているという自信はあるが、どちらかといえば職場仲間と楽しく気持ちよくやっていきたいので、経営者としての権限を強く行使して指示したり命令したりすることはあまりなかった。これまで近くに他のラーメン店がなかったので、がむしゃらに課題達成を追求しなくても商売は成り立っていたが、今は他店と競合する状況になって売上を強く意識したリーダーシップを試みている。

人間関係を志向するきぬたさんのパーソナリティを変えることは容易ではないので、状況要因を構成する3つの状況好意性のうち、公式の権限の行使を見直して、他店との競合状況下にある現状を従業員に認識させ売上をさらに伸ばすようにはっきりと指示や命令をすることが当面の改善策といえよう。

❸ 職場の変革

仕事の状況が絶え間なく変化するなかで、リーダーは職場の人間関係を良好に維持することに加え、従業員の創造的な発想や職務の建設的な変革を促すように働きかけることも大切である。経営の環境が流動的で厳しくなると、**変革型リーダーシップ**（transformational leadership）が重視される。変革型リーダーシップは、従業員に環境の変化を気づかせ、考え方を刷新し新しい視点から目標を設定させ、その達成にむけての見通しを提示して実践するリーダーの行動である。

バス（B. M. Bass）は変革型リーダーシップの特性を4つにまとめた（Bass, 1998）。1つはカリスマ性（charismatic leadership）である。リーダーのようになりたいと従業員に思わせ、リーダーを模範とし尊敬や信頼や崇拝を抱かせ

るような特性である。また，難しい課題に積極的に挑戦し，自己の態度を一貫して保持することもカリスマ性を認識させる。

2つ目は，志気を高める動機づけ（inspirational motivation）であり，従業員みんなを元気づけ，やる気にさせるリーダーの働きかけである。未来への明るい見通しを示し，それを実現するため目標を明確に設定し協働して取り組む気持ちにさせる行動である。

3つ目は知的刺激（intellectual stimulation）であり，リーダーが従業員の視野を広げたり，考え方を変えたりする影響をさす。従業員の意見や主張を傾聴し，従来の慣行や前例などを批判的に見直して新しいアイディアを躊躇なく提案するように促す行動である。

4つ目の個別配慮性（individualized consideration）は，従業員一人ひとりの仕事や働くことへの欲求を理解し，必要に応じて支援したり助言したり世話をするリーダーの配慮行動である。従業員の諸欲求の個人差を受容し，成長や発達の機会を与えて潜在性を引き出すことはリーダーの役割である。

目標達成にむけた指示や命令，従業員への配慮や承認などは，リーダーの基本的な行動であるが，このような**交流型リーダーシップ**（transactional leadership）が十分に発揮されるとき，変革型リーダーシップは有効であるとバス（Bass, 1998）は示唆した。

新しい発想で仕事環境を変革することは，これまで慣れ親しんできた仕事の仕方を改めることになるので少なからず抵抗や反発が起こるかもしれない。変えることや変わることの必要性がよくわかっている人でも，実際にどうしたらよいのかわからないという迷いや不安を覚えるだろう。

仕事環境の変革は，これまでやったことがない取組みへの挑戦なので高いリスクをともなう。リーダーは，考えうるリスクを正確に予測して，変革がうまくいくことを信じ決断する勇気が求められる。しかし，変えることばかりに偏重した状況認識は，職場集団が発展するための変革という基本的な方針から外れたリーダーの不要な行動をひき起こすかもしれない。

変革型リーダーシップは，必要な変化や革新を職場集団に実現する積極的なリーダーシップであり，交流型リーダーシップは，職場集団の活動を安定して導くように，構成員との親密な交流を重視するリーダーシップである。状況の変化に対応して，交流型リーダーシップと変革型リーダーシップとを適切に使

い分けることが望ましい。

　この2つのリーダーシップと集団活動への効果性との関係を検討した結果，変革型リーダーシップと集団活動への効果性との相関は，交流型リーダーシップとその効果性との相関より高い。変革型リーダーシップのほうがより強く集団活動への効果性に影響する。しかし，変革した職場環境の生産性の変化など，変革の効果がどのくらい持続するかについてはさらに検討しなければならないだろう。変革直後の効果性と変革後しばらく経過した後の効果性とを比較し，変革の効果の持続性を確かめる必要がある。ともあれ，変革型リーダーシップが及ぼす影響の大きさを理解し，未来にむけた職場集団の発展を実現するための改革であることを忘れないようにしたい。

Ⅳ 管理

❶ ストレス状態の管理

　きぬたさんのラーメン店は定休日以外に店を閉めたことがない。毎日，きぬたさんや従業員はラーメンづくりに励んでいる。職場の仲間は少人数なので互いに親密ではあるが，些細なことで衝突することもあるし，体調が優れず仕事に集中できないこともある。きぬたさんは従業員一人ひとりの仕事ぶりを注意深く見守りながら，いつもと違う様子を察知したときは声をかけるように心がけている。

　仕事の成果を上げるには，従業員が心身ともによい状態で働けるように環境を整えることが管理の基本課題である。少人数の協働集団では，とりわけ人間関係にまつわる過度な緊張状態から心身の不調に陥り，その状態が改善されず長引くうち離職してしまう人がいる。きぬたさんも，最近の人手不足のなか従業員に辞められては困るので，異変に気づくと素早く対応するようにしている。

　熱心に働いていた人がしだいに元気をなくし，無断欠勤するようになると問題になる。いろいろな理由や原因が考えられるが，それらがストレス状態をもたらしたと推察できる。ストレスということばは日常用語になっているが，本来は工学の専門用語で歪みを意味する。生理学者のセリエ（H. Selye）は，何

らかの外圧，特に有害な刺激によってひき起こされた生体に歪みが生じた状態を総称する概念としてストレスを提唱した。

　物質に外圧が加わって形態に歪みが生じると，物質内に歪んだ部分を元どおりのかたちに戻そうとする内圧が発生する。たとえば，ボールを蹴ったり打ったりした瞬間，ボールは歪んだかたちになるが，内圧によってすぐに元の球形に復元する。同様に，人も嫌なことをいわれたり，腹立たしい扱いを受けたりしたとき，怒ったり，涙を流したり，落ち込んだりして不快な心理状態を経験するが，しばらく経つとふだんと同じような気持ちになっているだろう。

　外圧によって心身が歪んだ状態を**ストレス状態**，ストレス状態をひき起こす原因である外圧を**ストレッサー**（stressor）という。仕事や働くことにかかわる主なストレッサーは，①職場の照度や防音，空調などの物理的な要因，②割り当てられた仕事や地位などの個人的な役割や立場の要因，③上司や先輩，同僚との人間関係をめぐる職場集団の要因，④評価や人事など組織の仕組みや運用にかかわる管理運営の要因，⑤仕事や職場を離れた家族や日常生活の要因，⑥仕事や働くことの背景として，経済動向や雇用情勢などの社会経済の要因である。

　ストレッサーによる歪みを**ストレン**（strain）というが，主なものは，①仕事をする意欲が湧いてこなかったり，不自然に目立って活発な動きがみられたりするなどの心理的な不適応と適応過剰，②朝，寝床から起き上がれないほど異常な心身の疲労，③仕事をする意志はあるものの何らかのストレッサーが影響し出社できないことによる欠勤やその後の離・転職，④ストレッサーの悪影響を受け続けたことによる胃潰瘍や心臓疾患や過労死，⑤構成員の問題が組織全体の活動に影響したあげく生ずる組織の効率や生産性の低下である。

　このように，ストレッサーに影響されストレンが生じた状態をストレス状態という。特定水準のストレス状態にあっても，ストレンと目標達成との関係には個人差がみられる。同じ仕事の条件下で同じ難易度の課題を与えているのに，支障なく課題を達成する人がいる一方で，なかなか達成できず消耗し疲弊してしまう人もいる。仕事の適性や能力の差異とは別に，ストレッサーとしての課題を認知する個人差の問題が考えられる。

　ラザルス（R. S. Lazarus）は，ストレッサーや危うい人間関係に陥って，1人で負いきれないほどの負荷を認知した場合がその人のストレス状態とし，ス

トレスにまつわる個人差を説明した（Lazarus & Folkman, 1984）。個人差は，①感受性と②ストレス耐性の側面で論議される。

感受性は，ストレッサーの認知の方向やストレッサーへの反応の敏感さにかかわる個人差が問題とされる。たとえば，誰もが尻込みする困難な仕事を与えられたとき，それを自己の成長の機会と受けとめる人と，皆が嫌がる仕事を押しつけられたと憤る人との違いである。**ストレス耐性**（stress tolerance）はストレス状態に耐える強さを意味する用語で，健康や体力，仕事や働くことへの信念や価値観，状況への内的統制感，仕事の熟練度などの個人差と関係する。状況への**内的統制感**は，自己の行動の結果を自分自身の能力や努力によると考える傾向であり，他人や環境や運などによると見なす傾向を**外的統制感**という。

ストレス耐性の低い人が過度で持続的なストレス状態に長くおかれると，対処不能になり極度の身体疲労や感情の枯渇など，治療を要する症状がみられるようになる。これは**燃えつき症候群**（burnout syndrome）とよばれ，ヒューマン・サービス業に多いとされる。

また一般に，仕事熱心で仕事や組織に強く関与し，他の人に比べ明らかに活動的で，強い競争心から昇進や昇格を目指し，中級管理職者に典型的な多重思考で働く人は，組織の生産性に貢献する有能な人材と評価される。このような仕事人間の行動は**Ａ型行動**と命名され，ストレス状態への対応が上手ではなく，心身の許容限度を超え無理をして働くため，心臓疾患などの主に循環器系の病気を発症する確率が高い。

近年，ストレス耐性を重要視する企業は増えている。その背景には，精神障害など仕事にまつわる労働災害の請求件数や認定件数の増加傾向がある。労働安全衛生法の一部改正によりストレス・チェック制度が創設され，働く人の心理的な負担度を把握するため，医師や保健師などによるストレス・チェックの実施が義務づけられた。きぬたさんのラーメン店は50人未満の事業場なので，ストレス・チェックの実施は当面は努力義務となる。しかし，店主としてきぬたさんは，職場環境にどんなストレッサーがあるか，従業員はどんなことをストレッサーと感じるのか，一人ひとりのストレス耐性はどうかなどについて，もう一度よく考えてみようと思っている。

❷ キャリアの管理

　きぬたさんのラーメン店で働く3人の従業員と2人のアルバイト店員は，それぞれ将来について思い思いの夢や計画を抱いている。もう少しラーメンづくりの修行をして，やがて独立し自分自身の店をもちたいと考えている人や，飲食業とはまったく違う仕事に就くことを目指してお金を貯めている人など，仕事や働くことの見通しは，本人が自身のキャリアについてどのように考えているかで異なる。きぬたさんは，店主あるいは先輩として，美味しいラーメンのつくり方だけでなく，経営にかかわる知識や技能などを教えながら，従業員の適性や能力を開発し向上させようと熱心に指導している。

　人材の能力開発や育成は管理職者に求められる役割期待であるが，その際，管理職者が部下に望む能力や活躍して欲しい分野と，キャリア形成をめぐる本人の希望とを調和させ方向づけることが大切である。キャリア形成にかかわる希望は，現在の仕事内容や職場での位置づけを基準に，これまで習得し蓄積してきた仕事の経験知を棚卸して整理し，それらをこれから進みたい分野に結びつけることで発展するだろう。管理職者はその手助けをすることになる。

　キャリアへの関心は，人が加齢とともに変わっていく過程を動態的にとらえ，変化の機構や過程について可能な限り因果を解明しようという試みを共有しているといえるだろう。人の変化を測定し考えるということは，個人的な時間そのものを扱う難しさへの対応を迫られる。

　今では約80年の生涯の大半を仕事や働くことに費やした人の個人史は，たくさんの転機とそれを乗り越えて繋いできた生きざまの記録であり，その個人的な時間の軌跡を客観的に読み解くことがキャリア研究の本質と考えられる。大きな困難に直面し途方に暮れるような状況でも，問題を整理し冷静に判断することで切り抜けられるだろう。

　シュロスバーグ（N. K. Schlossberg）は，転機による変化を乗り越えるため，まず，①遭遇した転機は何かが起こることによるのか，それとも予期していたことが起こらないことによるのかを見定め，次に，②転機を乗り越えるために活用する資源として，状況（situation），自己（self），支援（support），戦略（strategies）を点検し強化した後，③具体的な行動計画を立てるように示唆している（Schlossberg, 1989）。転機を乗り越えるために重要なのは，い

ろいろな対処の方法を知っていること，自分自身を十分に理解していること，保有する諸資源を使いこなせることである。

また，所得や社会的な地位や名声は，キャリアの客観的な成功をあらわすが，本人が設定した個人的な成功の基準を析出し，それに準拠して働いた成果や職業生涯の生きざまを本人自身が評価した結果もキャリアの主観的な成功を示すので重要である（Hall, 1976）。

仕事の成功は次の課題を達成することへの意欲を喚起させるので，管理職者は従業員一人ひとりの適性・能力に見合った適切な難易度の課題を与え，課題を達成することで**成功感**を経験し新たな挑戦に挑むように働きかけることが求められる（**図表4-5**）。

立身出世の成功物語としてキャリアの社会的評価を捉える観点ではなく，華々しい履歴や職業歴はなくとも，地に足がついた仕事を静かに続けているふつうの人たちの重みを感じさせる存在感に焦点を合わせると，どんな仕事にも働くことのおもしろさが潜んでいることに気づかされる。気持ちよさそうに働いている人は，仕事を楽しくする独自の工夫を凝らしながら，家庭生活や自分自身の希望を実現するため，生活を整え均衡させることに努めているだろう。主観的なキャリアの成功を実現している人たちの創意工夫を知ることも，客観的なキャリアの成功と同じくらい重要である。

■■図表4-5　成功感モデル

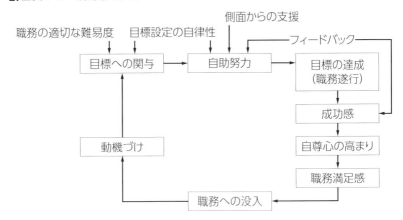

出所：Hall（1976, p.126）.

キャリアの大半は経営組織のなかで形成される。多くの人は組織の構成員として雇用され，そこで分担された仕事の役割を期待どおりに遂行して報酬を受け取る。一方，組織は人を資源として管理し，組織目標の達成に求められる人材の要件を常に満たすように構成員の能力を開発し育成する。組織内キャリア発達の問題は，人に焦点化するとキャリア形成・発達をめぐる論議となり，人的資源の管理については組織の視点から考えることになる。

　シャイン（E. H. Schein）は，この2つの視点を統合し**個人と組織との調和過程**という枠組みを提示した（Schein, 1978）。個人が組織に持ち込む諸欲求と，組織が構成員である個人に求める諸要求とを調和させることを経営の基本主題とした。シャインの考え方の眼目は，個人も組織も絶えず変化しているという認識を強調したことである。さらに，変化は，個人と組織の向上や成長を方向づける価値に基づいて考察される。

　たとえば，きぬたさんのラーメン店で二十歳代から働いていた従業員が，四十歳に差しかかる頃になって，「もっとやりがいのある仕事をしたい」「子どもが大きくなったので広い家に住みたいが，それにはお金がかかるので今のままでは叶わない」「そろそろ独立して自由にやりたい」と思いはじめるかもしれない。彼は四十歳という人生の半ばに辿り着いたとき，少し立ち止まって，これまでのキャリアを振り返りつつ，これからのキャリアを展望するうちに，自分自身が本当に望んでいるのは何かについて再考し確認したうえで，現職を続けてもその望みが叶えられないことに気づくだろう。

　それはキャリアの主観的な成功にかかわる従業員の直観による気づきであるが，一方で，店主であるきぬたさんは，気心知れた信頼できる職場仲間を1人失うかもしれないという危機に直面することになる。二十歳代や三十歳代とは異なる四十歳代に到達した従業員の心理状態の変化をきぬたさんが把握できていたかという疑問は，経営について，人や組織の発達という視点から考えてこなかった従来の議論では問題視されなかっただろう。管理職者は，人も組織も変わるというあたりまえを再認識する意義を理解し，変化を前提とした人と組織との調和という枠組みの重要性を知る必要がある。

　集団・組織は人の結合体である。したがって，経営の基盤は人と人とのかかわりともいえよう。人が感じたり考えたりしたことへの身近な好奇心は，経営にまつわる複雑な諸現象の理解に結びつくだろう。キャリアは経営を人の問題

として考える糸口になる概念だと考えられる。

V おわりに

　本章では，個人の視点から集団や組織の人間行動や対人関係にかかわる基本問題と主要な学説や概念を説明した。人の結合体である集団や組織は，最小の構成単位である個人どうしの足し算ではなく掛け算による独自の特性をもっている。人と人とのかかわりは，構成員の個性が相互作用して，化学反応を起こすような力動性を示す。その過程にみられる動態は，絶えず人への興味や関心を高めるだろう。

■ 参考文献 ■

松井賚夫（1982）『モチベーション』ダイヤモンド社。

三隅二不二（1984）『リーダーシップ行動の科学（改訂版）』有斐閣。

Bass, B. M. (1998) *Transformational leadership: Industry, military, and educational impact*, New Jersey: Lawrence Erlbaum Associates.

Fiedler, F. E. (1967) *A theory of leadership effectiveness*, New York: McGraw-Hill. （山田雄一監訳（1970）『新しい管理者像の探究』産業能率短期大学出版部。）

Hall, D. T. (1976) *Careers in organizations*, New York: Scott, Foresman and Company.

Herzberg, F. (1966) *Work and the nature of man*, Cleveland: World Publishing. （北野利信監訳（1968）『仕事と人間性—動機づけ—衛生理論の新展開—』東洋経済新報社。）

Lazarus, R. S. and S. Folkman (1984) *Stress, appraisal, and coping*, New York: Springer. （本明寛・春木豊・織田正美監訳（1991）『ストレスの心理学—認知的評価と対処の研究—』実務教育出版。）

Maslow, A. H. (1954) *Motivation and personality*, New York: Harper & Row. （小口忠彦訳（1987）『[改定新版] 人間性の心理学—モチベーションとパーソナリティー』産業能率大学出版部。）

Schein, E. H. (1978) *Career dynamics: Matching individual and organizational needs*, Reading, Massachusetts: Addison-Wesley. （二村敏子・三善勝代訳（1991）『キャリア・ダイナミクス』白桃書房。）

Schlossberg, N. K. (1989) *Overwhelmed: Coping with life's ups and downs*, Lexington, Massachusetts: Lexington Books. （武田圭太・立野了嗣監訳（2000）『「選職社会」転機を活かせ』日本マンパワー出版。）

Vroom, V. H. (1964) *Work and motivation*, New York: John Wiley & Sons. （坂下昭宣・榊原清則・小松陽一・城戸康彰訳（1982）『仕事とモティベーション』千倉書房。）

野中郁次郎・加護野忠男・小松陽一・奥村昭博・坂下昭宣（1978）『組織現象の理論と測定』千倉書房。

（本書は，統合的状況適合説にもとづいた理論構築の視点から，組織現象の測定のために開発された測定手段と関連する理論を検討し整理した成果である）

H. A. サイモン 著，二村敏子・桑田耕太郎・高尾義明・西脇暢子・高柳美香 訳（2009）『新版 経営行動—経営組織における意思決定過程の研究—』ダイヤモンド社。

（本書は，人の行動を行為に先行する意思決定ととらえて，組織の意思決定過程の視点から組織がどのように理解できるかを解明しようとした）

K. E. ワイク 著，遠田雄志 訳（1997）『組織化の社会心理学〔第2版〕』文眞堂。

（本書は，組織化という動態的な側面に着目し，組織の秩序は脆く壊れやすいため，組織は不断に再構築をくり返さなければならないとした）

第 5 章

企業の組織②
マクロ組織論

　本章でも，企業の組織的側面について焦点をあてる。ここで
は特に，より制度的な組織設計や組織間の関係に関する諸問題
をマクロ組織論とよぶこととし，組織のデザインや組織とそれ
を取り巻く環境との諸問題について検討を行う。本章では，組
織設計（分業），組織設計（ライン部門とスタッフ），組織構
造，経営環境と組織間関係，について説明していく。

I　はじめに

　ここまで，きぬたさんのラーメン店についてさまざまなかたちで議論されてきたが，ここからはマクロ組織論の観点から考えていこう。マクロ組織論で想定されているのは，組織構造の設計（組織設計）や組織間関係のマネジメントなどである。ミクロ組織論が心理的要因に焦点をあてているのに対して，マクロ組織論は人的要素から少し距離をおいて，組織を全体像のなかで理解していこうとする領域である。

　きぬたさんのラーメン店を例に考えてみても，当初は単一店舗で社長が現場のことをすべてとり仕切れる状況だったかもしれないが，店舗が拡大してくると，すべてを社長がみることができなくなってくる。社長がすべての管理をできなくなるような状況にまで企業が成長した場合，企業はシステムとして設計されなければならなくなる。マクロ組織論は，そうしたシステムとしての組織という側面を深めようとする学問領域なのである。

　それでは早速，マクロ組織論の中身に入っていくこととしよう。

II　組織設計の基礎：分業の仕組み

　組織の設計をするうえで考えるべき点として，仕事の進め方を設計することが重要な課題である。「仕事の進め方を設計する」，という表現自体はイメージしづらいかもしれないが，仕事の進め方について「分業」という観点から読み解いていこう。

　なぜ組織設計の基礎が分業の設計になるかというと，組織メンバーの専門性に根ざした分業体制をシステム化することが，生産性向上において重要だと考えられているからである。

　たとえば外食産業においては，調理や接客，管理などさまざまな業務が存在するが，それぞれの業務領域で求められる能力は異なるものである。あたりまえの話だが，接客の専門能力が高いからといって調理業務に生きてくるわけではないし，逆もまたしかりである。この現実を前提とすると，接客スキルと調理スキルの両方を求めてどちらも中途半端な能力を育成するくらいなら，それ

ぞれの業務に特化して能力を育成したほうが高い成果が期待できる，と考えるのである。そうした**専門分業**を通じて生産性を高めるために業務設計をしていく必要がある，というのが組織設計の大原則である[1]。

分業体制の設計をするために，分業のパターン分類について知っておく必要がある。分業のパターンとしては，「垂直分業」，「水平分業」，という2つの切り口が存在する。

垂直分業では，基本的に階層間の役割分担を前提とした分業のかたちである。これは，執行役員や取締役などのトップマネジメント層と現場などの階層で役割を分けて業務を推進していく，というものである。一般的な考え方としては，トップマネジメントが計画立案をして，現場が実行をする，という分業のあり方である。

この垂直分業に基づいて組織を設計するうえで重要になってくるのが，「**スパン・オブ・コントロール**（管理可能な範囲）」である。一般的に組織設計では階層（上司・部下関係）を設定していくのだが，一体どのような基準で階層を設定するのが望ましいのか。その判断基準となるのが，スパン・オブ・コントロールである。

スパン・オブ・コントロールは単純に考えると管理者が同時に管理できる範囲のことなので，実際には人数や業務範囲で区切ることができる。管理業務の負荷によって，5人〜10人と想定したり，A業務〜などのように業務領域で区切ることも可能である。

再び外食産業を例に考えてみよう。接客や調理業務自体はトップマネジメントではなく現場が担う業務分担の領域となるだろう。一方で，店舗の出店や撤退，和食から洋食への業態転換といった方針や計画策定は現場よりもトップマネジメントに近い階層の役割となるだろう。現場は現場の仕事，トップはトップの仕事，というかたちで階層間の分業を設計することが垂直分業である。

社長が一度に管理できる店舗の範囲はどの程度なのだろうか。社長が直接管理できないのであれば，エリアマネージャーなどの中間管理職（ミドル・マネジャー）をおいて管理業務を任せる必要がでてくるだろう。このように，スパ

1）　本章では詳しく扱わないが，この考え方は組織の設計思想である，「官僚制」の考え方の根幹を成すものである。

■| 図表5-1　垂直分業と水平分業のイメージ

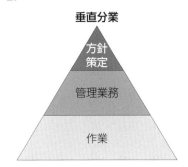

出所：筆者作成。

ン・オブ・コントロールの適切な範囲を超えた場合には中間で管理職を新たに設けてシステムのなかでマネジメントする必要が生じてくる。

　一方，水平分業は，「並行分業」と，「機能別分業」という2つに分かれる。並行分業は，単純に同じ業務を複数で分担するという単純な分業のかたちである。AさんとBさんが同じ業務を分担していくものであるため，理屈としては単純な分業である。

　機能別分業は，生産，販売，マーケティング，などといった組織の機能によって業務を分担するという分業のかたちである。この機能による分業は，組織メンバーの職務に基礎づけられており，専門分業の基礎を構成するものである。もう少し具体的に述べると，部品や材料の調達活動，生産活動，生産したものの流通，販売活動といったような分業の体制である。この機能別分業は，それぞれの活動に職務上の専門性が生じてくるため，専門分業という側面を色濃く写すものである（**図表5-1**）。

　ここまで分業の体制について説明を重ねてきた。次節以降では，分業をもとにした部門設計について具体的に踏み込んでいこう。

Ⅲ ライン部門とスタッフ部門

ここでは，ライン業務とスタッフ業務の違いから考える（**図表5-2**）。**ライン部門**は一般的に直接部門，**スタッフ部門**は間接部門というかたちでよばれることも多い。

ライン業務とは，ビジネスを成立させるうえで必要な材料や部品の調達や生産，販売などといった主活動を指すものである。これは，製造業であれサービス業であれ，欠かすことのできない活動によって構成されている活動の流れである。

一方，スタッフ業務とは，人事や経理，財務といった，直接にビジネスを成立させている主活動ではなく支援活動の業務を指すものである。たとえば，製造業において人事や経理の仕事は非常に重要な活動であることは間違いないのだが，極論すれば人事部門が少し止まっていたからといって，ビジネスがすぐに影響を受けるものではない。一方で，部品在庫がなくなると生産はできないし，生産ができないと販売ができなくなる。その意味で，ライン業務とスタッフ業務は性質が異なるものである。

ここまで説明したようなライン業務とスタッフ業務をそれぞれ部門化すると，ライン部門とスタッフ部門に分かれていく。会社が新しくつくられる時には，まずは（これがないとビジネスが成立しないので）ライン業務（部門）が立ち上がるが，組織の成熟度が高まるにつれて，ライン業務の生産性を高めるためにスタッフ部門が立ち上がってくるのが通常の組織の発展過程である。

▌図表5-2　ライン組織とライン＆スタッフ組織のイメージ

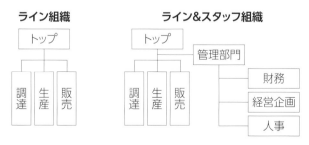

出所：筆者作成。

ライン業務とスタッフ業務は，第2節で紹介した分業のパターンで考えると，水平分業のなかの機能別分業のかたちをとっている。そのため，ライン部門やスタッフ部門が組み込まれた部門設計は，（製品別の組織に分かれていなければ）機能別組織とよばれるようになる。

IV 組織構造の型としての機能別（職能別）組織と事業部制組織

　ここでは，企業の組織構造の基本の型としての機能別組織と事業部制組織について理解を深めてもらうことにする。

❶ 機能別組織（職能別組織）

　まずは**機能別組織**から紹介していこう。機能別組織とは，組織にとって機能である，開発や生産，人事管理，といった機能ごとに部門を分けていく，というものである。この機能別組織は，別名で職能別組織やファンクショナル組織とよばれることもあるが，いずれも同じものを指している。いずれのよび方もかなりの頻度で登場するので，覚えておいてもらいたい。

　さて，機能別組織は機能別分業に基づいて各機能部門が部門化された組織形態である，ということを確認してもらえたら，そのメリットや課題などについて考えていこう。

　機能別組織のメリットとして考えられるものを以降で示していく。

(1) 機能別組織（職能別組織）のメリット1：組織メンバーの職務上の専門性を高めやすい

　組織を機能（≒職能）別の部門で分けていく，という組織のかたちは，一般的に仕事上の優先順位が各製品よりも機能部門の仕事（財務，生産，販売など）を重視するということにつながる。財務や販売といった機能別部門の職務が重視される組織構造は，製品や地域を優先する他の組織構造と比べると職務上の専門性が高まりやすい組織構造と考えられている。

　なぜ機能別組織がその他の組織構造より仕事の専門性を高めやすいかというと，それは組織にとっての機能には必ず個人でいうところの仕事／職務がひも

づいているからである。機能別の部門が優先される組織というのは，いい方をかえれば機能に関連づけられた職務が優先される組織でもある。製品や地域ごとの事情よりも一般的に機能／職務の優先順位が高い組織構造であり，組織メンバーも職務上の専門性を高めやすいと考えられている。

　機能別組織のもとでは，担当業務の上司は製品部門や地域部門の責任者よりも機能別部門の責任者になる。そのため，通常であれば製品ごとの事情や地域ごとの事情はもちろん考慮されるが，どうしても折り合いがつかない点に関しては機能／職務の状況が優先されやすい構造になっている。これが，一般的に専門性を高めやすいと考えられている理由である。

(2) 機能別組織（職能別組織）のメリット2：トップマネジメントが全体に関与する機会が多くなる——集権的な管理に適する

　図表5-3をみてもらうとわかりやすいかもしれないが，一般的な機能別組織には製品全体の管理を担う部門が通常は存在しないため，トップマネジメントが全体にかかわらざるをえなくなる。トップマネジメントがさまざまな機能別部門の業務プロセスにかかわっていくこと自体は一長一短が存在するが，トップマネジメントが製品全体に関与することを望む，もしくはトップがその製品分野に精通している場合にはメリットとしてみなすことができるだろう。

▋図表5-3　機能別組織のイメージ

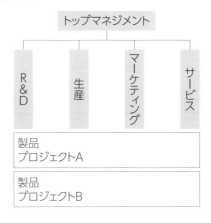

出所：筆者作成。

たとえば，Apple 社は機能別組織で運用している企業として非常に有名であるが，特に創業者の1人であるSteve Jobs氏が生きていた頃は，Jobs氏が個別製品の細部にまで指示を出していたことで知られている。Jobs氏はデジタル製品に精通していたため，PCやiPod，iPhoneといった製品群すべてに関与しやすい機能別組織での運用が適していたといえるのだろう。

(3) 機能別組織（職能別組織）のデメリット：機能別部門間の調整負荷が大きい――トップマネジメントの負荷が大きくなりやすい

　機能別組織のデメリットだが，基本的に機能別の部門間は利害関係が存在する。たとえば，製品開発のデザイン部門と製造部門は一般的に利害対立が起きやすい部署であるといわれている。デザイナーは通常，製品デザインを企画する際に「カッコいいデザイン」，「使いやすいデザイン」など，消費者にとって都合のよいデザインを設計することが多い。

　一方で，デザイン案を実際に大量生産する製造部門からすると，「つくりやすいデザイン」が望まれる。製造部門からすると，売れるデザインであるということは悪くはないが，そのデザインのせいで不良品率が悪化するなどの事態は絶対に避けたいところである。このような書き方をすると利己的に感じてしまうかもしれないが，現実的には不良品や生産コストの上昇は価格の上昇につながってしまうため，製造部門としてはコストの管理を通じて顧客が重視する価格に対する貢献を考えている，ともいえるだろう。

　いずれにしても，こうした利害関係の違いは魅力的な製品を開発したいという開発サイドの利益と，生産プロセスを安定させたいという製造部門の利益が相反するような状況を生み出す原因となる。そのため，一般的にデザインを抱える開発部門と生産部門は利益相反を生み出しやすいのである。

　このような利害関係を潜在的に抱えている機能別部門同士は，放っておくとどうしても各部門の結論が折り合わずに対立（コンフリクト）を生むことになる。そして，全体を調整するような役割がトップマネジメントに求められるようになりがちになる。そのため，機能別組織はトップマネジメントによる集権的なマネジメントになりやすいし，トップマネジメントによる部門間の調整負荷も大きくなりやすい。

　ここまでの説明のなかでも触れてきたが，機能別組織はその性質上，集権的

な組織となりやすい組織構造である。トップマネジメントによる機能別部門間の調整を必要とするためにトップマネジメントによる調整負荷が大きくなりやすいという課題はあるが，機能（≒職務）別の業務に対する優先順位が高い組織のなかで組織メンバーの専門性が高まりやすいと一般的にいわれている。そして，専門性の向上は組織全体の生産性の向上をもたらす，というのが機能別組織の特徴である。

❷ 事業部制組織

機能別組織を基本の型の1つだとすると，もう1つの型が製品別で部門を分けていく，**事業部制組織**である。事業部制組織は，売上が生まれる製品やサービスによって組織を分けていく組織構造のつくり方である。歴史的には，アメリカ自動車メーカーのGM社やアメリカを代表するコングロマリット企業として名高いGE社などが採用して成功を収めてきた手法である。日本国内では，松下電器（現パナソニック）が1933年に導入したのが最も早い事例とされている（加護野，1993）が，日本の大企業の間で普及したのは1960年代に入ってからである。

事業部制組織の特徴としては，「製品別に分けた事業部が機能別組織を抱える」という構造になる（**図表5-4**）。基本的な原則としては，それぞれの製品事業部が独立した企業であるかのように権限を与えられるという仕組みである。

▌図表5-4　事業部制組織のイメージ

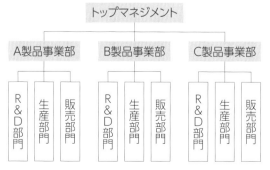

出所：筆者作成。

（1）事業部制組織のメリット1：製品ごとの事情に対して柔軟に対応できる

　機能別組織が組織の機能部門の業務を優先的に対処していく組織設計であるのに対して，事業部制組織では製品ごとの対応が優先されやすい。これは，機能別組織が機能別の部門責任者をトップマネジメントチームに取り込むことで企業内での優先度について機能部門の業務を製品よりも重視するという組織の設計であったのに対して，事業部制組織におけるトップマネジメント層のパワーバランスとして，製品領域の責任者のパワーが強くなりやすい，ということが影響している。

　また，事業部制組織では製品ごとの組織で独立性が高いために製品ごとの柔軟な対応を行いやすい。一般的な事業部制組織のもとでは，製品ごとの事業部はそれぞれ独自の機能別組織（主にライン組織）を製品事業部内に抱えている。そのため，個々の事業部は製品ごとに対応しやすくなるのである。

（2）事業部制組織のメリット2：利益責任を明確化しやすい

　もう1つの，そしてより重要な事業部制組織のメリットは，事業部制組織のほうが利益責任が明確化しやすい，という点にある。なぜ事業部制組織のほうが利益責任が明確化しやすいかというと，事業部制組織が製品ごとの組織構造になっているからである。基本的に企業の損益は，販売している製品・サービスごとに生み出されることになる。事業部制組織はその製品ごとに部門化しているため，どの製品事業部が利益を出していて，どの製品事業部が赤字を出しているか，といった責任が明確になりやすい。

　この点は，機能別組織と対比するとよりわかりやすくなるだろう。機能別組織のもとでは，各製品・サービスごとの損益の責任は製品ごとに組織が分かれていないため責任の所在を明確にすることが難しくなってくる。

　たとえば，同じ企業のなかで黒字を出している製品と赤字になっている製品があったとしよう。機能別組織の各部門は，黒字の製品も赤字の製品も扱っており，個別の製品の責任を部門が負うことは難しい。赤字製品の採算悪化の原因が販売不振にあった場合，直接的には販売部門で問題が生じていることになるのだが，本当に販売部門だけが悪いと言い切れるだろうか。販売部門からすれば，売れない製品を押し付けてきた開発部門に問題があると考えるかもしれないし，開発部門からすれば，生産コストを改善できず高い販売価格に押し上

げてしまった生産部門に問題があると考えるかもしれない。世の常としては，さまざまな部門が複合的に原因の一部になっているのかもしれないが，それを明らかにして，納得させていくことは簡単な作業ではない。いずれにしても，機能別組織のもとでは，各部門は個別の責任を部門単位で負うことは難しくなりやすいと考えられている。

その点，事業部制組織は製品単位で組織を分けているため，製品部門ごとに利益責任を明確にしやすい。この利益責任を明確にしやすいという利点は，組織の管理上，さまざまなメリットをもたらすことになる。

まず，事業部制組織では組織を分権的に管理しやすい。ここでいう分権的管理とは，細かい製品の仕様や施策については事業部長などの製品部門責任者に任せやすい，ということである。機能別組織では製品全体に責任をもてるのがトップ・マネジメントになりやすいという特徴があったが，事業部制組織では製品については事業部長に任せればよいことになる。それでは，トップ・マネジメントの役割はどうなるのか。それは，製品ごとに算出される損益状況の確認によって企業の現状を把握すればよいと考えられている。機能別組織と異なり事業部制組織では製品全体に責任をもてる役割がトップ以外に存在するため，トップは各製品の損益状況をみながら予算などの資源配分に意識をむけることが可能になるのである。

また，利益責任を明確化しやすいということは，誰が利益に貢献している（足を引っ張っている）のかを明らかにするため，良くも悪くも社内競争を促進しやすい環境となる。かつてパナソニックの創業者である松下幸之助は，この点を重視してパナソニックに事業部制を導入したとされている。

(3) 事業部制組織のデメリット：各事業部の独立性が高いため，機能別部門の連携が十分にとれず非効率になりやすい

この課題は，パナソニックなど事業部制を導入した企業が長年苦しんだ課題でもある。日本の電機業界は，2000年代以降に韓国企業の台頭などによって国際競争の激化に見舞われた際に，パナソニックは社内競争を緩和する必要に迫られた。事業部制は利益責任を明確化して社内で「誰が稼いでいるのか」を明確にすることで各事業部を鼓舞してきたのだが，国際競争が激化した当時には，すでに社内で競い合っている余裕などなかったのである。しかし，今まで

松下幸之助の方針で社内競争をしてきた事業部ごとが予算配分などの効率化を目指して協業する，という環境を築くのは当初は難しいことであったとされている。

　一般論ではあるが，たとえば，R&D（研究開発）の世界では，他の事業部が実験用に購入した機材を他の事業部も購入してしまう，というケースが存在する。他の事業部がそうした設備を保有していることを知らずに購入してしまうこともありえるが，知っていたとしても他部門との連携がスムーズでないために同じ設備を必要とすることもある。このような現象が実際に企業内で起きてくることは組織において望ましい状況とはいいがたいだろう。これは，社内競争が生み出す弊害とよべるものである。

(4) 日本における事業部制組織の実態

　ここまで概念上の話として事業部制を紹介してきたが，もう少し日本企業の実態の話に触れていこう。事業部制組織では，製品事業部を上位に立たせて各事業部が独自の機能別組織を編成するかたちをとる，と説明してきたが，これはあくまでアメリカの考え方・実態であり，日本に導入された際にはアメリカとは少し異なるかたちが採用されてきた。

　日本の事業部制組織はアメリカと比べると各事業部がもつ機能が制限されており，とりわけ人事，財務，会計などの重要なスタッフ部門は本社が抱えていることが多いとされている（加護野，1993）。また，一部の大企業では製造部門と販売部門を各製品事業部から独立させて全社的な組織にするなど，事業部制組織の運用はアメリカのものとは異なるものであった。

　そのため，1990年代に入るとソニーなどが，よりアメリカ型に近い事業部制（事業部が幅広い権限をもつ）に近づけるために，「カンパニー制」を提唱して本来の事業部制を積極的に展開してきた。しかし，現代ではこのカンパニー制は後述する持株会社制に移行していることが一般的である。

(5) 事業部制の現代的な運用：持株会社（ホールディングス）制

　事業部制組織は同じ会社内に独立性の高い製品事業部を構成していくかたちをとったが，現代社会では**持株会社**（ホールディングス）**制**を採用する企業が多くなっている。今では，さまざまな企業名のなかに「○○ホールディングス

（HD）」という表記をみる機会も多いことと思う。こうした名称の企業は，基本的に持株会社制で企業グループを運営しているということになる。

　持株会社制とは，グループの中核企業（持株会社）が各事業子会社の株式をもつことで親会社―子会社関係によって各製品事業部を管理していく，という仕組みである（**図表5-5**）。

　そのため持株会社制では，各製品事業部は事業子会社として別会社化されることになる。たとえば，セブン＆アイグループでは，グループの持株会社としてセブン＆アイ・ホールディングスがあり，この持株会社がセブン-イレブン・ジャパン（コンビニ）やイトーヨーカ堂（総合スーパー：GMS），そごう・西武（百貨店），といった各事業子会社を抱えている。こうした形態での運用が持株会社による事業子会社の展開である。

　この持株会社による運用には現代企業が関心を寄せる大きなメリットが存在する。それはM&A（合併・買収）や事業譲渡（売却）がスムーズになる，という点である。現代の企業社会では，「企業を買う」という発想が珍しいものではなくなっている。たとえば中小企業庁が紹介している（株）レコフのデータによると，1985年から2017年までにM&Aの年間件数は10倍以上に膨らんでいる。こうした現状を考えると，M&A（や事業譲渡）のために持株会社制が増えていく現状は理解できるものになるだろう。

　なぜ持株会社制がM&Aにむくかというと，事業部を株式で管理することで，事業部の譲渡を株式のやりとりで行うことができるからである。社内の製品事業部を他社に譲渡する際には膨大な事務作業が発生するが，株式のやりと

▌▌図表5-5　持株会社の仕組み

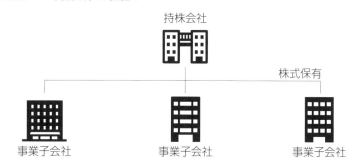

出所：筆者作成。

りだけであれば事務作業上は作業量は膨大なものにはならない。そのため，事業を譲渡（売却）する側からしても，買収する側からしても，互いにメリットが大きいのである。こうした背景から，現代の製品事業部の運用は事業部を別会社化して管理することが一般的になってきている。

❸ 機能別組織と事業部制組織のまとめ

ここまで，マクロ組織とよばれる経営組織論において重要な組織設計について説明してきた。根本には分業体系の考え方があり，どれもおおむね専門分業を上手く調整していくと生産性が向上する，という信念に基づいている。

そして，組織の基本的な構造としてライン部門とスタッフ部門の違いを紹介した。ライン部門はビジネスの根幹をなす主業務のことであり，製造業なら購買・調達部門や生産部門，販売部門などを指す。そして，組織が大きくなるとライン部門の業務をサポートするようにスタッフ部門が設置されるようになり，ライン＆スタッフ型の組織が成立する。

ここまでは組織の原型であるが，さらに民間企業の組織設計としては，機能別部門を優先する機能別組織と製品別の組織を優先する事業部制組織の2つの考え方に大きく分かれていく。

製品数や製品ラインの幅が拡大していなければ，トップ・マネジメントが全体を統括していく機能別組織の方が組織としての生産性は高まりやすいと考えられている。一方で，製品の数や幅が広がってくるとトップ・マネジメントが個別製品の状況を管理できなくなってくるため，製品ごとに組織化する事業部制組織を採用したほうがよいとされる。事業部制組織では，各事業部の利益責

図表5-6　機能別組織と事業部制組織のまとめ

	特徴	主なメリット	主な課題
機能別組織	• 集権的管理 • 専門性の重視	• 組織全体の効率性が高まりやすい	• トップマネジメント層の調整負荷が大きい
事業部制組織	• 分権的管理 • 利益責任の明確さ	• 製品ごとの対応をしやすい	• 社内で競わせるため事業部間連携や調整がしづらい

出所：筆者作成。

任を管理することによって分権型のマネジメントを推進することができるようになるからである。

Ⅴ 経営環境と組織間関係のマネジメント

組織は環境のなかで生きる存在である。そのため，経営学としては自社内の論理で完結することなく経営環境との向き合い方も伝えなくてはならない。

そのため，ここからはマクロ組織論が扱う領域としての経営環境について説明していこう。

❶ タスク環境と一般環境

経営環境の説明として，まず環境をタスク環境と一般環境に分けて理解をすることが一般的である（**図表5-7**）。**タスク環境**とは，企業が直接関係してくる環境のことで，取引先や金融機関，行政などといった対象によって構成されるものである。一方で，一般環境とは，景気動向や自然環境，国際政治，などといった日常で直接関係はしてこないが間接的に影響を受けている環境のことである。

▌図表5-7　タスク環境と一般環境

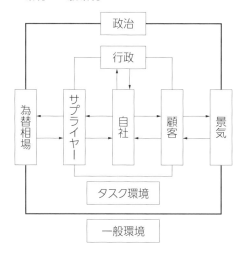

出所：筆者作成。

一般的な考え方としては，企業のなかで過ごしているかぎりは，タスク環境が直接かかわる経営環境であり，常に意識せざるをえない存在となる。それは，タスク環境が顧客や仕入先といった日常的にかかわる環境要因を指すからである。その意味で，真面目に経営しているかぎり，タスク環境の動向について読み違えることがあったとしても，タスク環境に対して無頓着であることはありえない。

　一方で，**一般環境**は間接的にかかわる環境である，という性質上，企業人としてはタスク環境と比較すると見落としがちである。たとえば，近年，労働者不足が社会問題化するようになってきたが，生産年齢人口は1990年代半ばをピークに，約20年で1000万人近く減少している。そして，10年後の日本人の生産年齢人口についても，現時点でほぼわかっていることである。しかし，人口動態の推移といった一般環境の動向は間接的な要因であるため，いざ問題が表面化してタスク環境にあらわれるまで対応が遅れがちである。

　もちろん，業界によってはすでに日本国内に製造工場が存在しなかったり，工場内の設備が自動化されていて労働者をあまり必要としなかったり，といった理由でタスク環境上は深刻な問題にならない可能性もある。いずれにせよ大事なのは，間接的な一般環境の動向が直接的なタスク環境にどのような影響を与えるのか，という点について考慮することが重要である。

❷ 環境のマネジメントとしての組織間関係のマネジメント

　ここまで述べてきたように，経営環境とは天候などの自然環境も含むが，多くは取引先や行政などといった実態のある組織である。そのため，経営環境と向き合うということは組織と組織の間の関係性をマネジメントする，という視点に立つことにもつながる。

　仮に経営環境の大半が天候などの自然環境であったなら，環境をマネジメントするというのはほとんど不可能になるだろう。しかし，顧客や仕入先といった人間によって構成される組織が相手になるのであれば，経営環境に対して働きかけていく，ということが可能になってくる。

　たとえば，自社のおかれている業界内で競争が激しくなり，価格競争がはじまってしまったとしよう。自社製品の価格が下落する一方であれば，当然，仕入先にも仕入れ価格を下げてもらうために交渉することになるだろう。ここで

仕入先に価格交渉をはじめたとするならば，これはタスク環境に対して自社に有利になるように働きかけた，と解釈することもできる。要するに，企業がおかれている環境というのは，天気のようにただ受け入れるしかないような環境ではなく，環境に対しても働きかけることができるような余地を残しているものなのである。

大事なポイントは，自然環境は変えることはできないが，「経営（社会）環境は変えられる可能性がある」ということである。この考えに基づくと，世間の状況に対して我慢して不平不満をいうことが経営者の仕事ではない。環境にどう適応するか，という発想と同じくらい，組織同士の関係性を通じて環境を変えることが経営者には求められるのである。

Ⅵ　おわりに

ここまでマクロ組織論について色々と紹介してきたが，マクロ組織論はミクロ組織論と異なり，あえて人に焦点をあてない組織論である。そのうえで，組織自体に焦点をあてる場合は組織構造と組織設計が中核的な話題となる。また，組織だけを議論の対象とするだけでなく，組織と経営環境，そして組織同士の関係性，という点にまで議論の幅が広がっていく。

組織設計についても組織間関係についても，そのすべてを説明できたわけではないが，マクロ組織論もミクロ組織と同様に学んでおくことで自分を含めた組織メンバーの働き方や企業同士の利害関係などといった大局的な視点に立ったマネジメントに役立てることが可能となるだろう。

当初は1つの店舗からラーメン店をはじめたきぬたさんも，店舗数が拡大してくるにつれて対人関係で組織を管理しきれなくなるため，システムとして組織を管理する必要になる。本章で紹介したようなマクロ組織論の観点は企業規模の拡大とともに重要性を増してくるだろう。

■ 参考文献 ■

加護野忠男（1993）「職能別事業部制と内部市場」『国民経済雑誌』第167巻第2号，35-52頁。

さらに理解を深めるために

ガルブレイス，ネサンソン（1989）『経営戦略と組織デザイン』白桃書房。
　　（戦略と組織構造の適切な関係について理解を深めるために）
ダフト（2002）『組織の経営学—戦略と意思決定を支える—』ダイヤモンド社。
　　（より深く組織理論を学ぶためのテキスト）

第**6**章

企業のガバナンス

本章では企業形態の代表例である株式会社について焦点をあてる。また株式会社は誰のものかという問題を扱うコーポレート・ガバナンスの議論，さらには企業の社会的責任の議論についても検討を行う。まずは，株式会社制度の詳細を説明したうえで，コーポレート・ガバナンスの議論と企業の社会的責任の議論を概観する。そしてそれぞれの日本における現状について説明していく。

I　はじめに

　きぬたさんのラーメン店は，「日本をはじめとする世界のお客さんに自分の
ラーメンを味わってもらいたい」というきぬたさんの夢を実現するために企業
成長を志向して，最終的に東京証券取引所市場一部上場企業になり，海外進出
を果たした。今や，きぬたさんのラーメン店は世田谷区にある小規模のチェー
ン店ではなく，日本を代表する会社になったので，お客さんに美味しいラーメ
ンを提供するだけでなく，コーポレート・ガバナンスや企業の社会的責任とい
う面での対応が必要になるのである。

II　きぬたさんのラーメン店が株式上場へ

　きぬたさんのラーメン店は**株式会社**である。ラーメン店を営む場合，株式会
社のような会社制度を採用することなく，個人で収入を上げて個人として納税
を行う**個人企業**で行うことも可能であり，現実に個人企業で営むラーメン店は
少なくない（企業とは利益を得ることを目的として事業活動を行う主体を指
し，会社とは会社法などの法律で定められた会社制度を採用した企業を指して
いる）。きぬたさんが株式会社を採用したのは，株式会社のメリットを生かす
ためである。株式会社のメリットの1つが資金調達の容易さである。株式会社
は，銀行からお金を借りる以外にも自社の株式を発行してお金を手に入れるこ
ともできる。

　きぬたさんは，「日本をはじめとする世界のお客さんに自分のラーメンを味
わってもらいたい」という夢のもとにラーメン店の店舗を増やしチェーン展開
を図ろうとした。その後，きぬたさんのラーメン店は順調に東京都内に店舗を
増やし，ラーメン・マニアのブログや飲食店検索サイトのレビューでも高評価
を得ることになった。そのことに気づいたベンチャー・キャピタルは，きぬた
さんに接近して東京証券取引所での株式上場を目指そうとささやきかける。株
式上場によって多額の資金を調達できることで自分の夢に一歩近づくと考えた
きぬたさんは，そのベンチャー・キャピタルと二人三脚で活動して東京証券取
引所の新興企業対象の株式市場であるマザーズに上場した。

きぬたさんのラーメン店は，株式市場から多額の資金を調達して，きぬたさんの夢であった海外展開を実現した。株式上場後も順調に売上高と利益を伸ばしていき，ついに代表的な日本企業が上場する東京証券取引所市場一部に昇格することになった。それと同時にきぬたさんのラーメン店は，街の小さなラーメン店ではなく日本を代表する会社となったため厳しい規律や社会への責任が要求されるようになった。

　さらに，きぬたさんは経営者の仕事を一区切りし，今後はラーメンの味の追求ときぬたさんを慕う後進に自分のラーメン作りを伝道したいと思うようになった。きぬたさんは，東証一部上場企業の飲食チェーン企業で経営者の経験をもつ，そしがやさんに代表取締役社長を譲ることにした。今後は，きぬたさんは経営者としてではなく大株主として経営に関与することになる。

　本章では，きぬたさんのラーメン店の事例を使いながら，まず代表的な企業制度である株式会社の特性を説明し，その後，株式会社のコーポレート・ガバナンスと企業の社会的責任を説明する。コーポレート・ガバナンスと企業の社会的責任については，それに関連する理論と日本の株式会社におけるコーポレート・ガバナンスと企業の社会的責任の取組みが示される。

Ⅲ　株式会社とは

❶ 株式

　会社法が定めている会社制度は，株式会社と，持分会社である合名会社，合資会社，合同会社の4つである。このなかで最も多く利用されているのが株式会社である。まずは株式会社の特徴について理解してもらいたい。

　株式会社において事業を営むための元手は，出資者から集めたお金である。出資者には出資したお金の大きさに応じて**株式**が発行される。その株式会社の株式の1株の価格が1000円なら100万円を出資した人は，1000株を受け取れることになる。出資者は株式を所有することで株主になる。株主とは株式会社の所有者である。1人の人がその株式会社が発行するすべての株式を保有することも可能であるが，多くの株式会社では，多くの人が株式を保有している。株式会社とは会社の所有を複数の人々でシェアしているものといえるだろう。

きぬたさんのラーメン店は，株式会社を採用して1000万円の資本金で事業をはじめた。資本金の内訳は，きぬたさんが500万円，きぬたさんの奥さんが200万円，きぬたさんの父親が150万円，奥さんの父親が150万円である。きぬたさんのラーメン店は出資金に応じて株式を発行した。株式は1000株発行されたので，きぬたさんが500株，奥さんが200株，きぬたさんの父親が150株，奥さんの父親が150株を保有する。これは，きぬたさんが会社の50％の所有者であることを意味する。以下，奥さんが20％，きぬたさんの父親が15％，奥さんの父親が15％の所有者である。

日本には200万社程度の株式会社があるが，その大半が中小企業である。多くの中小企業の株式は親族や知人で保有される。しかも，非公開会社である。**非公開会社**とは，会社のルールを定めた定款において株主総会の許可なく第三者に株券を売ることができないという譲渡制限を設けた会社のことである。それに対して株式の譲渡制限を排除して株主が株式を自由に売買できる会社を**公開会社**という。

さらに公開会社のなかでも証券取引所に認められて株式を株式市場で公開し，一般に流通させることができる会社もある。この会社を**上場企業**という。上場企業のメリットは株式市場からの資金調達である。親族や知人からの資金調達では，集められる資金に限界がある。上場企業であれば，その会社の将来性を感じた投資家から株式と引き換えに多額の資金を集めることができる。

日本には，現在，証券取引所が札幌，東京，名古屋，福岡の4箇所にあるが，その中核を担うのが東京証券取引所である。日本を代表する企業の多くが東京証券取引所の管轄下の東京証券取引所市場一部，その次の格をもつ東京証券取引所市場二部に株式を公開している。東京証券取引所の主な上場基準は，東証マザーズ（成長企業を中心とした株式市場）で時価総額が10億円以上，株主数が200人以上など，東証二部で時価総額が20億円以上，株主数が800人以上，純資産が10億円以上，直前期と2年前で利益が5億円以上など，東証一部で時価総額が250億円以上，上場時株主数が2200人以上，純資産が10億円以上，直前期と2年前で利益が5億円以上などである。

きぬたさんのラーメン店は上場企業になる直前において，会社の価値は20億円あり，発行株式総数は200万株であった。きぬたさんのラーメン店は，株式上場して追加で200万株発行することになった。上場して一株あたりの価格

は1500円だったので，30億円の資金を集めたことになる。これを元手にして，きぬたさんは自分の夢を実現するために事業を拡張していくことになる。

　上場企業には制約もある。大量の株式を発行して資金調達をすると既存株主の所有割合が低下する恐れがある。株式が一般に流通しているためにその会社に目をつけた投資家から株を買い占められて買収される可能性もある。さらに，上場企業になったことにより，証券取引所が要求するルールに従わなくてはならない。このルールについては後で述べることにする。

　きぬたさんのラーメン店において創業時のきぬたさんの持株比率は50％であったが，上場企業になり保険会社，銀行，投資ファンドが株式をもつようになった結果，きぬたさんの持株比率は10％にまで低下した。今のところ，きぬたさんのラーメン店に対して敵対的な投資家からの買収はないが，世界の投資家が日本の上場企業を買収案件として精査しているなかでいつその標的になるかわからないのである。

❷ 株主

　すでに述べたように株式会社の株主は，会社の所有者である。株主は，会社の持分を示す株式を所有することで恩恵を受けたり，株式の価値を高めるために会社の業績をよくしたいと考えるだろう。そのような要求に応えるために会社法は株主に対して2つの権利を認めている。自益権と共益権である。

(1) 自益権

　自益権とは，株主個人の利益にかかわる権利である。自益権に含まれるものには，①**剰余金配当請求権**，②**残余財産分配請求権**，③**株式買取請求権**，④**新株予約権**がある。

　剰余金配当請求権とは，会社の業績がよいときに株式数に応じて株主に配当を支払うことを会社に請求する権利である。業績がよいのに会社が配当を支払わなかったり，低く抑えたりするときに株主はこの権利を行使することができる。日本の上場企業の純利益に対する配当の割合である配当性向の平均は，約30％程度であり，この数字は欧米企業より低い傾向がある。株主の優遇を積極的に進める上場企業は，平均以上の配当性向で配当を支払ったり，自社の製品やサービスを提供する株主優待券を発行することで株主の要求に応えている。

残余財産分配請求権とは，会社が解散するときに株主が会社の財産を受け取る権利のことである（解散とは会社を消滅させることである。会社は赤字決算が続くなどの理由で事業活動をやめることを余儀なくされる倒産，あるいは後継者がいないなどの理由で自主的に事業活動をやめる廃業を決めた後で会社を解散することになる）。株主は会社の所有者であるが，会社の資産を所有しているわけではない。会社の資産を所有しているのは会社という法人である。ただし，会社が解散するときには会社という法人そのものがなくなるので株主間で資産を分け合うことになる。

　株式買取請求権とは，会社がM&Aをするなど会社の方針が大きく変わるときに株主が会社に対して株式の買取を請求する権利である。ほとんどの会社は上場していないので株式を譲渡する相手をみつけることは難しいし，上場企業でさえ，大株主は大量の株式を市場で売却することは簡単とはいえない。既存の株主は，この権利を行使することで株式を容易に売却することができる。

　新株予約権とは，会社から株式を特定の期間内に特定の価格で取得する権利である。会社は業績を高めるためのインセンティブとして，この権利を取締役や従業員に与えている。公開会社の場合，この権利の発行は，原則として取締役会の決議で決定できる（取締役会については❸経営者を参照）。会社は取締役や従業員だけでなく株主にもこの権利を与えることができるため，この権利は，株主の自益権の1つとして扱うことができる。

(2) 共益権

　共益権とは，株主全体の利益のために株主が会社の経営に参加する権利のことである。共益権には，①**株主総会での議決権**，②**株主代表訴訟権**，③**株主総会招集請求権**，④**株主提案権**が含まれる。

　株主総会とは会社の最高意思決定機関であり，会社にとってとても重要なことはこの機関での議決で決められる。株主は所有する株式数に応じた議決権を獲得する。政治の世界では，選挙のときに国民は誰でも一人一票で平等の権利をもつが，株式会社の世界では，株式を多く所有する人がそうでない人よりも影響力を発揮することになる。

　株主代表訴訟権とは，会社の経営者の過失によって会社の業績が低下して，会社の価値が損なわれるときに株主が経営者に対して訴訟を起こす権利であ

る。このとき訴訟に勝利して賠償金を得たとしても，その賠償金は株主で分け合うのではなく会社の資産として保有される。

株主総会招集請求権とは，株主が株主総会の開催を請求する権利である。会社は，期末の決算終了後3ヵ月以内に定例の株主総会を開催する義務があるが，株主は，株主総会招集請求権を行使することで定例の株主総会以外の臨時の株主総会の開催を請求することができる。

株主提案権とは，株主が株主総会で取り上げる議題を提案する権利のことである。株主提案権は，定例の株主総会と臨時の株主総会のどちらでも行使することができる。

(3) 株主の責任

会社法では，株式会社の株主の権利だけでなく責任についても言及している。株式会社の株主の責任は**有限責任**である。ここでの有限の意味は，株式を購入するために出資した金額を限度として，それ以上の支払いの義務を負わないことである。株主会社の株主には，追加の出資，新しい株式の引き受け，損失の支払いの義務はないのである。

すでに述べたが，株式上場後のきぬたさんのラーメン店では，きぬたさんの持株比率は10％であり，それ以外の株式を保険会社，銀行，投資ファンドが所有している。きぬたさんにかわって代表取締役社長になり経営者となった，そしがやさんは，会社の価値を向上するような経営を行って，株主に利益に見合う配当を支払わないと株主から株主総会の議決で解任されるおそれがある。またきぬたさんのラーメン店の株主は，そしがやさんの経営失敗によってラーメン店が倒産しても経営上の責任を負うことはないが，そしがやさんの経営に不手際がないかぎり，株式の価値の下落により自分の資産価値も下落したことに対して，きぬたさんに損害を請求することもできない。

❸ 経営者

経営者とは会社全体の経営を担う者であり，会社法では，**代表取締役**と**取締役**がそれに該当する。代表取締役とは，取締役のなかで会社を代表する人である。日本企業では通常，社長や会長の役職の人が代表取締役である（会長，社長，副社長，専務，常務は会社で一般的に経営者の役職として使われている

が，会社法で定められた役職ではない）。代表取締役と取締役は取締役会のメンバーである。取締役会とは，代表取締役と取締役が一人一票の議決権をもち，会社の経営において重要なことを決める会議である。

代表取締役と取締役の仕事である会社全体の経営とは，経営計画の決定，重要な投資案件の決定，代表取締役の選任と解任，新株発行の決定などがあげられ，これらは取締役会での議決で決められる。

きぬたさんのラーメン店は，代表取締役社長のそしがやさんのほかに8名の取締役がいて，取締役会のメンバーは全部で9名である。そしがやさん以外の8名の取締役は会社全体の経営を担うと同時にそれぞれ，経営企画部，商品開発部，営業部，世田谷工場（麺や餃子などを生産するセントラル・キッチンの工場で，ここから各店舗に麺や餃子などを配送する），システム管理部，人事部，経理部，宣伝部の最高責任者でもある。

きぬたさんのラーメン店は，国内では東京都，埼玉県，神奈川県，千葉県を中心に直営とフランチャイズで合計400店舗をもち，海外ではニューヨーク，ロンドンのほか，東南アジアのタイ，ベトナム，マレーシア，インドネシアに20店舗の直営店をもっていた。その売上高と利益は順調に伸びていて，株式市場もきぬたさんのラーメン店を評価して株価は上昇していた。そして，そしがやさんは，新たな海外進出先としてラーメンのルーツといえる中国に進出することを主張した。

中国に進出するか否かは取締役会で決める重要案件である。この案件について取締役会のメンバー9名のうち過半数の5名以上の賛成がないと否決されてしまう。代表取締役社長のそしがやさんが賛成の案件でも他の取締役のうち3名の支持しか得られなければ，多数決で否決されるのである。取締役のなかには，そしがやさんの考えに賛成する人も反対する人もいたが，取締役会で議論をするなかで大筋のところで取締役全員がそしがやさんの考えに合意することができた。

ただし，中国進出が失敗すれば，そしがやさんは取締役会さらには株主総会で窮地に立たされる可能性もある。経営者の仕事のうち一番重要なのは，成功するか失敗するかわからない不確実性の高い状況で，会社の将来にかかわる決断をできるかどうかである。

❹ 監査役

監査役とは，会社の業務や会計の監査を専門にする役員のことである。監査役は取締役と兼任することはできない。会社法では，大会社か否かによって監査役がおかれる条件が異なる。会社法がいう大会社とは，資本金5億円以上，負債200億円以上の会社を指す。大会社でなければ，監査役をおくことは義務づけられていない。大会社の場合，最低で3名の監査役（そのうち半数は社外の人物を任命する社外監査役）で構成される**監査役会**を設置しなければならない。

きぬたさんのラーメン店では，1名の社内監査役と2名の社外監査役がおかれて3名で監査役会を設置している。これらの監査役は，経営企画部，商品開発部，営業部，世田谷工場，システム管理部，人事部，経理部，宣伝部の業務が法律，定款，その他の社内ルールに従って適切に行われているかをチェックする。たとえば，きぬたさんのラーメン店は食品を扱っているのでその品質面で消費者からの信頼を失うことは，会社にとって大きなダメージになる。監査役によるこの点の業務の監査は特に重要になるだろう。

❺ 株式会社以外の会社制度

実は，出資者から集めたお金を使って事業を営む元手にしている会社制度は，株式会社だけではない。会社法では，株式会社以外に**持分会社**という制度を認めている（**図表6-1**）。持分会社には，**合名会社**，**合資会社**，**合同会社**の3種類がある。会社法の前身である旧商法においては有限会社が認められていたが，現在は，旧商法施行時に設立された有限会社のみ存続が認められている。

持分会社への出資者は**社員**とよばれる。持分会社の社員は株式会社の株主と経営者を兼ねたような存在である。社員のうち会社を代表する人を**代表社員**という。持分会社の社員は，業務を執行するときの議決権，会社の業績がよいとき出資額に応じて配当を受け取る権利などをもっている。

持分会社の社員は，**無限責任社員**と**有限責任社員**に分かれる。無限責任社員とは会社の事業にかかわることのすべてのことに責任を負わなければならない社員である。会社が多額の負債を返済しなければならないとき，あるいは会社が損害賠償の支払いをしなければならないとき，会社にその力がなければ，無

	株式会社	持分会社			相互会社
		合名会社	合資会社	合同会社	
準拠法	会社法	会社法	会社法	会社法	保険業法
対象事業	全ての事業	全ての事業	全ての事業	全ての事業	保険業
所有者	株主	無限責任社員	無限責任社員 有限責任社員	有限責任社員	有限責任社員
経営者	取締役	無限責任社員	無限責任社員 有限責任社員	有限責任社員	取締役
機関設計 の自由度	低い	高い	高い	高い	低い
定款の 自由度	低い	高い	高い	高い	低い
経営者の 任期	あり	なし	なし	なし	あり

出所：筆者作成。

限責任社員が私財を売却してでも支払う義務が発生する。それに対して有限責任社員は，自分が出資をした金額を限度として，それ以上に支払いの義務を負わない社員である。

　持分会社の合名会社，合資会社，合同会社の大きな違いは，それぞれの会社がどのタイプの社員で構成されるかにある。合名会社とは，無限責任社員だけで構成される会社である。合資会社とは，無限責任社員と有限責任社員で構成される会社である。合同会社とは，有限責任社員だけで構成される会社である。

　持分会社と株式会社の違いについていうと，株式会社は，会社法において定款の記載項目の多くが決められ，取締役会や監査役会などの機関設計の制約が多いうえ，取締役等の任期が決められているが，持分会社のほうは，株式会社よりは自由に定款を作成できるし，機関設計の制約が少ないし，経営者の任期がないというメリットがある。持分会社を利用する会社は，日本酒，焼酎，醬油，味噌など地域の伝統産業の会社，さらにIT系のベンチャー企業やスモール・ビジネスの企業がある。また近年では，西友，P&G，アマゾン・ジャパン，アップル・ジャパンが合同会社を採用するなど，大企業でも持分会社を利

用する企業があらわれた。

　さらに会社法で定められていない会社制度に相互会社がある。相互会社とは，保険会社のみに認められた会社制度で，相互会社では保険に加入した顧客が持分会社の社員の立場になる。**相互会社**は保険業法によって定められている。また，保険会社は相互会社ではなく株式会社を採用することもできる。たとえば，日本生命保険，明治安田生命保険，住友生命保険は相互会社であるが，大樹生命保険，第一生命保険は株式会社である。

　このように，企業は株式会社だけでなく持分会社を採用できる（保険会社の場合は相互会社も）。どの会社制度を採用するかは，自社の特性とそれぞれの会社制度のメリットとデメリットを勘案して決めることになるだろう。

Ⅳ コーポレート・ガバナンスと 企業の社会的責任に関連する理論

　コーポレート・ガバナンスとは，企業の経営者に規律を促し，その経営をコントロールすることを指す。近年，日本においてコーポレート・ガバナンスを強化する動きが政府と企業においてみられる。その1つが株式会社に，後で述べる新しい機関を設定することであり，その対象は大会社と公開会社である。大会社と公開会社は，そうでない会社よりも社会的な影響が大きいので厳しいチェックが必要になる。

　そして，**企業の社会的責任**（Corporate Social Responsibility: CSR）とは，企業が株主，従業員，顧客・消費者，取引先，債権者，地域社会などのステークホルダーとのかかわりのなかで事業活動している以上，企業の利益追求だけを目的として行動するのではなく，持続可能な社会を実現するためにステークホルダーに対する責任も果たしていかなければならないという考え方である（**図表6-2**）。

　まず本節において，コーポレート・ガバナンスと企業の社会的責任に関連する理論について理解したい。

❶ 所有と経営の分離

　株式会社も創業から年数もそれほど経たず，規模が小さいうちは，創業者の

出所：筆者作成。

代表取締役社長が会社の経営をして，同時に会社の株式の多くをもつ大株主であることが多い。その後，その会社の事業がうまくいき，会社が成長して株式を公開するような大企業になる。創業者が引退した後，創業者の子息が経営を継ぐことなく第三者の人物が代表取締役社長になり，企業の株主と経営者が異なり，所有と経営が分離している。

　このような**所有と経営の分離**という現象に注目してコーポレート・ガバナンスの議論をしたのが，バーリー（A. Berle）とミーンズ（G. Means）である。バーリーとミーンズは，会社の大規模化が所有と経営の分離に影響を及ぼしていることを指摘した。

　会社が成長して規模が大きくなるにつれて，会社は，多額の運営資金や設備投資資金を必要とするようになる。会社は，外部資金を調達するために株式を新たに発行するようになる。その結果，会社の発行株式数に対する創業者と創業家の株式の割合が減少して，次第に多数の株主に株式が分散して所有されるようになる。株式が分散して所有されると，誰も株主として決定的な力をもつ者がいなくなる。

　会社は成長して大規模化すると組織が複雑になってくる。このような複雑な組織を創業者および創業家の経営者がうまく経営できるかどうかはわからない。そこで創業者および創業家の経営者が企業を経営する能力が不足しているのであれば，社内から適切な人物に経営を任せたり，あるいは，外部の人材を

スカウトして経営者にすることもできる。このように会社が成長して大規模化し，組織が複雑になった結果，会社の経営に専門知識をもった専門経営者が必要となり，専門経営者が台頭してくる。これはチャンドラー（A. D. Chandler, Jr.）が指摘したことである。

　株式が分散して所有された結果，個々の株主の影響力が弱くなった状況で，専門経営者が株主の意見を取り入れずに自らの専門知識をもって会社の経営を行うという，専門経営者が会社を実質的に支配する状況が生まれるのである。専門経営者が株主の意見を取り入れて株主の利益を考えた経営をするインセンティブが失われることになる。

❷ エージェンシー理論

　専門経営者が企業の価値向上を目指して経営することが株主にとっての利益になるが，所有と経営の分離を背景として専門経営者が企業の価値向上よりも経営者自身の私益を目的として経営を行うこともある。専門経営者の決断ではじめた新規事業が失敗した場合，企業がこれ以上，損失を被らないように一刻も早く撤退したほうがいいにもかかわらず，専門経営者が自分の評価が下がるのを嫌がって撤退をしないこともある。さらに，専門経営者が取締役会のメンバーを選ぶときに，その能力にふさわしい人物よりも自分のいうことを聞く都合のいい人物をメンバーに選ぶということもある。

　このような現象に注目して，なぜこのような現象が起きるのかを説明したのがエージェンシー理論である。**エージェンシー理論**とは，株式会社におけるプリンシパル（依頼人）の株主とエージェント（代理人）の経営者の関係に注目して企業経営を説明する理論である。プリンシパルの株主とエージェントの経営者の間には，株主が企業の価値向上を目指す経営を行うことを経営者に依頼して，経営者が株主の代わりにそれを実行するという関係が成立している。

　経営者が所有と経営の分離を背景として企業の価値向上よりも私益のために経営をする余地が残されているので，株主は経営者の行動を監視しようと試みる。しかしながら，株主は経営者の行動を逐一チェックできるわけでなく，経営者がどのような行動をしているのかわからないという**情報の非対称性**が発生する。

　さらに株主と経営者の間で，経営者の私益を追求する経営を完全に排除する

契約を締結することも難しい。契約において経営という複雑な営みをすべてカバーした条文を作成することは現実的に可能ではないし，経営のあまりにも多くの状況を盛り込んだ契約を作成しても人間の情報処理能力の限界があるために十分に利用できるものにならない。したがって，契約は情報が完備されたものではない**不完備情報契約**にならざるをえないという特性がある。情報の非対称性と不完備情報契約は，経営者が私益を追求する経営を後押しする要因になるだろう。

　こうした経営者の私益を追求する経営を是正するには，社内の取締役だけで構成される取締役会に外部の取締役を導入したり，経営者に外部のステークホルダーに対して情報公開をさせる取組みが必要になるだろう。

❸ 企業の社会的責任（CSR）vs 共通価値の創出（CSV）

　エージェンシー理論は，株主と経営者の関係に焦点をあてていたが，経営者が考慮しなければならないステークホルダーは，株主だけでなく従業員，顧客・消費者，取引先，債権者，地域社会などが含まれる。さらに企業活動が国境を越えていれば，本国の株主，従業員，顧客・消費者，取引先，債権者，地域社会だけでなく進出先国の株主，従業員，顧客・消費者，取引先，債権者，地域社会まで含まれるだろう。CSR を実施するために経営者が企業の利益を上げるだけでなく，さまざまなステークホルダーに配慮した経営を行わなければならない。

　最近は，CSR という言葉が一人歩きして，企業を法律や規制で拘束してこれを実現するのが大切だという論調もみられるようになった。企業は利益を上げなければ存続できない。企業が利益を犠牲にして負担を強いられても CSR を優先するというのも問題がある。従来，企業が CSR の活動を実施するのにも多額のコストがかかり，それでいて CSR の活動は直接に利益を生みだすものではないために，CSR と利益追求はトレード・オフの関係にあるという考え方が大勢を占めていた。それに対して，ポーター（M. E. Porter）とクラマー（M. R. Kramer）は，CSR と企業の利益をともに実現するために**共通価値の創出**（Creating Shared Value: CSV）という理論を提唱し，CSR と利益追求がトレード・オフの関係を越える可能性を示唆した。

　ポーターとクラマーによれば，CSV は，①自社製品やサービスを社会的な

ニーズに適合すること，②企業の研究開発，生産，販売活動の過程を見直し，環境に不利益なことを改善すること，③企業が活動する地域社会をクラスターにすることで実現できるという。

自社製品やサービスを社会的なニーズに適合することとは，たとえば，自社製品やサービスを高齢化対策や健康，発展途上国・貧困地域への配慮などにむけることである。近年，食品メーカーは，健康によい機能性表示食品を提供したり，高齢者むけに高品質でボリュームが少ない食品を提供することに力を入れている。また，日用品メーカーのなかには，発展途上国で洗剤を販売する際に，消費者が先進国で販売されるサイズでの価格で購入できないのでサイズを小分けして販売するものもある。

企業の研究開発，生産，販売活動の過程を見直し，環境に不利益なことを改善することとは，たとえば，原材料にリサイクル品を使用することや生産の過程で再生可能エネルギーを使用したり，地球温暖化対策のために二酸化炭素（CO_2）を排出しないことである。容器製造メーカーは，コンビニの弁当の容器のように使い捨ての容器を生産する際にリサイクルの原料品を使用する。さらに，日本の自動車メーカーは，風力や太陽光などの再生可能エネルギーの使用や温暖化対策に力を入れている。近年は，環境への取組みが消費者から評価される動きがあるので，環境への取組みは企業にとって純粋なコストではなくなってきているし，長期的には低コストを実現できるようになる。

企業が活動する地域社会をクラスターにすることとは，たとえば，大学など地域の教育機関への貢献や地域の部品メーカーの育成などがあげられるだろう。**クラスター**とは，優秀な人材が豊富で，部品メーカーや関連企業が充実していて，高水準の消費者がいる，優れたライバル企業がいるなどの条件が揃っていて，企業に生産性の向上とイノベーションの創出を提供できる場のことである。企業がクラスターに貢献して，クラスターの水準が高まることで，クラスターはさらにその企業に恩恵を与えるという好循環が働くことになる。

Ⅴ　日本の株式会社のコーポレート・ガバナンス

近年，日本の株式会社においてコーポレート・ガバナンスへの関心が高まっている。本節では，日本の株式会社のコーポレート・ガバナンスの取組みにつ

いて説明する。

❶ 経営における決定・監督と執行の分離

近年，日本の上場企業において執行役員制度を導入する企業が増えてきている。この制度は，1998 年にソニーが導入し，他の企業にも普及していったといわれる。**執行役員制度**とは，特定の業務執行の責任者として執行役員を設置した制度である。従来，日本企業において取締役は，たとえば，「人事担当取締役」，「財務担当取締役」という名称で示されるように，決定と業務執行の責任とその監督をすべて行っていたが，この制度を導入することで，決定・監督と執行を分離して，取締役は会社全体の経営と業務執行の監督に専念することができるようになった。

執行役員制度が導入された背景の 1 つに，日本企業において取締役の人数が増大して意思決定のスピードが遅いことがあげられる。会社の将来にかかわる重要な方針や投資の決定を数十人の取締役が出席する取締役会においてさまざまな意見が飛び交うなか結論を導くのは容易なことではない。その結果，結論に至るまで時間がかかり，方針や投資をするタイミングを逸する可能性もある。そのため，取締役の人数を削減して取締役会のスリム化を図ったのである。

この制度が導入された他の背景として，取締役が決定・監督のみならず業務も行うことで取締役会の監督機能が弱くなる傾向がある。従来，日本企業はこの弱点を監査役や監査役会で補ってきたが，執行役員制度は，取締役の仕事から業務執行を取り除いて，決定・監督に限定することで，取締役会自体の監督機能を強化することになった。

❷ 社外取締役

日本企業の取締役というと，その会社に新卒で入社して主任，課長，部長の職位をこなした人物がさらに昇進して就任するというイメージがあったが，こうした考え方も変わりつつある。現在，従業員から取締役まで登りつめられる人の割合は昔よりも低いだろう。この点については，すでに取り上げた執行役員制度も関係するが，日本企業が近年，進めている社外取締役の設置も多いに関係がある。

社外取締役とは，その会社の取締役などの要職に10年以内に務めていないこと，その会社の関連会社の取締役などの要職を務めていないこと，その会社の取締役などの要職の親族でないことなどの条件を満たす取締役のことである。社外取締役は，執行役員制度に先鞭をつけたソニーで導入され，現在では，上場企業の多くの会社が設置している。なお，2019（令和元）年12月4日の改正会社法で，公開会社で大企業，そして上場企業には社外取締役を設置することが義務化された。

　社外取締役を設置する意図の1つは，取締役会のダイバーシティである。ダイバーシティとは，社会や組織が人種，性別，属性など多様な人々の意見を反映することで，よい社会や組織になるという考え方である。会社もさまざまなステークホルダーに囲まれている。取締役会のメンバーで，会社の経営者である取締役もその会社の内部昇進者だけで構成するのではなく，外部の人物でその会社の経営に意見を述べて貢献できる人物を取締役として登用して取締役会のダイバーシティを実現して，それらステークホルダーに対応するということになる。現在，社外取締役として，他の企業の現役経営者や経営経験者，弁護士，公認会計士，元官僚，大学教員などの人物が就任しているのが目立つ。そして，女性の役員および管理職比率を向上しようとしているなかで，社外取締役として女性が選ばれるケースもよくある。

❸ 指名委員会等設置会社と監査等委員会設置会社

（1）指名委員会等設置会社

　会社法では，コーポレート・ガバナンスを強化するための仕組みとして，指名委員会等設置会社を導入している（**図表6-3**）。**指名委員会等設置会社**とは，指名委員会，報酬委員会，監査委員会の3つの委員会を設置する会社のことである。それぞれの委員会のメンバーは取締役であり，それぞれの委員会には3名以上の取締役が必要であり，そのうちの過半数は社外取締役でなければならない。取締役会と（会計監査を業務とし公認会計士や監査法人が就任する）会計監査人をおく会社は，指名委員会等設置会社になることを定款に明記することで，指名委員会等設置会社になることができる。

①指名委員会

　取締役と（会社の役員として公認会計士や税理士が就任する）会計参与の選

	監査役会設置会社	監査等委員会設置会社	指名委員会等設置会社
機関	監査役会	監査等委員会	指名委員会・報酬委員会・監査委員会
機関のメンバー	監査役	取締役	取締役
メンバーの人数	3名以上 (その内, 半数は社外)	3名以上 (その内, 過半数は社外)	3名以上 (その内, 過半数は社外)
メンバーの任期	原則4年	原則2年	原則1年

出所：筆者作成。

任あるいは解任の議決は株主総会で行われるが，**指名委員会**は，株主総会に提出するための取締役と会計参与の選任あるいは解任の案を作成する。

②報酬委員会

　報酬委員会は，取締役と，業務の執行の権限をもつ執行役の報酬に関する方針を決定し，個々の取締役と執行役の報酬を決定する。

③監査委員会

　監査委員会は，取締役と執行役の業務が法律や定款に従って適正に行われているかどうかを監査し，適正でない場合，業務の差し止めを要求することができる。また，会計監査人の選任あるいは解任の議決は株主総会で行われるが，監査委員会は，株主総会に提出するための会計監査人の選任あるいは解任の案を作成する。監査委員会を設置すると監査役会と監査役は必要なくなる。

(2) 監査等委員会設置会社

　さらに，会社法では，指名委員会等設置会社のほかに監査等委員会設置会社を導入している。**監査等委員会設置会社**とは，指名委員会等設置会社の指名委員会，報酬委員会，監査委員会を集約した**監査等委員会**を設置した会社のことであり，指名委員会等設置会社を簡便化した機関といえるだろう。監査等委員会において，そのメンバーは3名以上の取締役で，そのうちの過半数は社外取締役でなければならない。取締役会と会計監査人をおく会社は，監査等委員会設置会社になることを定款に明記することで，監査等委員会設置会社になるこ

とができる。

❹ コーポレートガバナンス・コード

コーポレートガバナンス・コードとは，2015年に，会社法の範囲を超えて金融庁と東京証券取引所が上場企業に対して示したルールである。具体的には，株主の権利・平等性の確保，株主以外のステークホルダーとの適切な協働，適切な情報開示と透明性の確保，取締役会等の責務，株主との対話の5つの基本原則に対して，30の原則・38の補充原則を定めている。これらは，「**コンプライ・オア・エクスプレイン**」（Comply or Explain: 遵守せよ，それができなければ説明せよ）の規範に基づいた対応を東京証券取引所の上場企業に要求している。

株主の権利・平等性の確保については，従来，会社は取引先銀行などの大株主に配慮することが多かったが，少数株主や外国人株主に対する配慮を要求している。実際の取組みとしては，株主総会の議案内容について株主が十分に議論できるように株主総会の招集通知を早期に送ることや，遠隔地にいる株主に対して議決権を電子行使するためのプラットフォームを整備することが行われている。

株主以外のステークホルダーとは，従業員，顧客・消費者，取引先，債権者，地域社会などのステークホルダーを指し，これらステークホルダーとの適切な協働が要求されている。特に地域社会があげられているのは，企業がその地域社会で事業活動をして利益を上げる以上，地域社会の環境を破壊しないことは当然として，地域社会への貢献が求められている。

適切な情報開示と透明性の確保については，会社法をはじめとする法令に基づく情報，さらに，法令に基づく以外の情報の開示を求めている。ここでいう情報とは，会社の財務情報，さらに経営戦略，経営課題やリスク，コーポレート・ガバナンスに係る非財務情報までにわたる。会社にこうした情報開示を求めることで，投資家がそれらの情報に基づいて企業価値を判断することを助けているのである。

取締役会等の責務については，取締役会，さらには（指名委員会等設置会社の場合）指名委員会・報酬委員会・監査委員会，（監査等委員会設置会社の場合）監査等委員会，（監査役会設置会社の場合）監査役会が株主に対して企業

価値の向上を見据えた姿勢を示すことが要求されている。具体的には，企業戦略の方向性の提示，経営のリスク・テイクを支える環境整備，独立した客観的な立場からの経営者に対する監督の実施があげられる。

　株主との対話については，経営者が株主と対話する場として株主総会があるが，ここでは経営者が株主総会以外でも株主と対話をすることが要求されている。企業では株主総会以外の株主説明会を開催したり，証券会社主催の投資家むけIR（Investor Relations: 株主・投資家むけの広報活動）説明会に参加したりしている。

　株式上場後もきぬたさんのラーメン店では，代表取締役社長のそしがやさん以外の8名の取締役は，それぞれ経営企画部，商品開発部，営業部，世田谷工場，システム管理部，人事部，経理部，宣伝部の最高責任者も兼任していた。いわば，経営・監督と執行が未分離した状態である。代表取締役社長のそしがやさんは，執行役員制度を導入して，上記の8つの部門にそれぞれ執行役員を配置して各部門の最高責任者とした。8名の取締役は各部門の執行業務を離れて経営・監督に専念できるようになった。

　続いて，そしがやさんは，3名の取締役の任期が満了したときに，すでに世界展開している東証一部上場企業の居酒屋チェーンの代表取締役社長のこまえさん，いくつかの上場企業の法務を担当する弁護士事務所の弁護士のきたみさん，いくつかの上場企業の監査業務を担当する監査法人の公認会計士のせいじょうさんの3名を社外取締役として迎えた。そして，そしがやさんは指名委員会等設置会社の機関設計を選択して，社外取締役の3名を指名委員会，報酬委員会，監査委員会のすべての委員会のメンバーとし，それぞれの委員会に1名ずつ社内の取締役をメンバーとして加えた（それぞれの委員会のメンバー構成は，社内の取締役1名，社外取締役3名）。

　さらに，そしがやさんは，コーポレートガバナンス・コードに基づいて個人投資家や機関投資家にむけて自社のホームページでのIR活動を強化して，自社の戦略や財務情報のみならず経営ビジョンなどさまざまな情報を含むアニュアル・レポートを作成して公開している。さらに，そしがやさんは，株主総会以外にも株主説明会を四半期ごとに開催し，株式上場のときの主幹事証券会社であった，むこうがおか証券が主催するIR説明会に参加するなど株主との対話を推進した。

Ⅵ　日本の株式会社と企業の社会的責任 (CSR)

企業の社会的責任（CSR）とは，すでに述べたように，企業が株主，従業員，顧客・消費者，取引先，債権者，地域社会などのステークホルダーとのかかわりのなかで事業活動している以上，企業の利益追求だけを目的として行動するのではなく，持続可能な社会を実現するためにステークホルダーに対する責任も果たしていかなければならないという考え方である。コーポレートガバナンス・コードにおいて示された5つの原則の1つである株主以外のステークホルダーとの適切な協働とは企業の社会的責任に関する内容といえる。ここでは企業の社会的責任のなかでも特に，従業員，顧客・消費者，地域社会に対する責任について説明する。

まず，従業員に対しての責任では，企業は従業員がワーク・ライフ・バランスを実現できるような働きやすい環境づくりが求められる。法令に基づく労働時間を厳守すること，女性従業員だけでなく男性従業員も育児・介護休暇を取得できること，パワー・ハラスメントやセクシャル・ハラスメントのない職場にするための啓蒙活動などがあげられるだろう。さらに女性の活躍推進も従業員に対しての責任の1つである。2015年に，女性の職業生活における活躍の推進に関する法律（女性活躍推進法）が制定されて，政府も企業に女性活躍の場を提供するように示唆してきた。企業には，女性管理職の育成・登用はもちろん，さらに女性役員の育成・登用が求められることになる。

顧客・消費者に対しての責任では，企業は顧客が自社製品・サービスを利用するときに機能，品質，安全，環境面で十分に配慮することが求められる。その1つの基準になるのが国際標準化機構（International Organization for Standardization: ISO）が定める基準である。ISOが提示する製品の規格は，企業がこれをクリアして認証することで，機能，品質，安全，環境面において顧客・消費者が利用するに値する製品であることが示される。さらに，製品のパッケージにISOの認証が付されることで，顧客・消費者が機能，品質，安全，環境面においてよい製品であること確認することができるのである。

また，ビール会社のなかには，適正な飲酒を推進するため顧客・消費者に情報を提供して顧客・消費者が飲酒のプラス面とマイナス面を理解することを促

企業のガバナンス　第**6**章

したり，未成年者が未成年飲酒に巻き込まれないために未成年の本人とその家族にむけたパンフレットを作成するなど消費者教育に力を入れている企業もある。これらは顧客・消費者に対する責任に企業が対応している一例である。

地域社会に対しての責任では，企業は地域社会の外にいる存在ではなく地域社会の一員としての役割を果たさなければならない。たとえば工場で製品を生産するときは，生産の過程で発生する廃棄物による土壌汚染や海洋・河川の水質汚染に気をつけなければならない。

また，地球温暖化対策についても企業は工場から発生する廃棄ガスに対する配慮が必要になる。ISO は，製品の規格だけでなく，企業の品質や環境への組織的対応に関する規格も提示していて，企業がそれを取得したことで顧客・消費者に対しての責任を果たしていることを社会に示すことになり，企業にとっても有益なものになっている。

さらに，CSR は，日本など特定の先進国だけでなく世界レベルで推進していく動きがある。その代表的なものが2015年に国連で採択された「**持続可能な開発目標**」（Sustainable Development Goals: SDGs）である。SDGs では，貧困と飢餓の撲滅，健康と福祉の提供，質の高い教育の提供，ジェンダーの平等の実現，持続可能な環境の実現など17の目標と169のターゲットが掲げられている。海外で事業活動をする日本企業は，日本国内だけでなく，現地の地域社会においても SDGs への取組みが要求されてきている。近年の食品ロス，衣料品在庫処分を削減する取組みも SDGs の1つといえる。

きぬたさんのラーメン店でも企業の社会的責任を果たすための取組みをはじめている。従業員に対しての責任の面では，きぬたさんのラーメン店は，労働時間への配慮と女性活用の推進に積極的である。従来，ラーメン店のなかには従業員が朝から晩まで働いているところもあったが，きぬたさんのラーメン店では従業員のワーク・ライフ・バランスを考えて，業務を見直して効率化を進めたり，短時間アルバイトを活用して，従業員の残業時間をゼロすることができた。そして，きぬたさんのラーメン店では，女性客が男性客より相当に少ないという課題があり，女性客を増やすために女性の感性を店舗設計に取り入れることにした。きぬたさんのラーメン店では，このような対応を進めていく女性リーダーを育成するために女性管理職比率と女性役員比率を高めることをした。

次に，顧客・消費者に対する責任の面では，きぬたさんのラーメン店は，顧客が安心してラーメンを食べることができるように，店舗にはラーメンの原材料の産地を示したり，小さい子供を連れてくる顧客に対しては子供用の席を用意したり，高齢者や障碍者の顧客に対しては，テーブルだけでなくトイレに至るまでバリア・フリーの対応をしている。

さらに，地域社会に対する責任の面では，きぬたさんのラーメン店は，国内の店舗がある地域の大学と連携をして，大学の学生をインターンシップ生として受け入れて，大学におけるアクティブ・ラーニングの教育に貢献をしている。さらに，アジア地域でも事業をしているきぬたさんのラーメン店は，日本語を勉強したいが学費の支払いが困難なアジアの人々に対して，安価な学費で日本語を学べる語学学校をタイのバンコク，ベトナムのホーチミン・シティー，マレーシアのクアラルンプール，インドネシアのジャカルタ，中国の上海の5拠点で設立した。アジア地域では日本語に対する学習意欲が高いのでニーズがあり，現地の人々に歓迎されている。

Ⅶ　きぬたさんのラーメン店のその後

きぬたさんのラーメン店は，代表取締役社長のそしがやさんのリーダーシップのもとで，アジア地域を中心に積極的に海外展開を進めてきた。その結果，きぬたさんのラーメン店は，事業活動において日本のみならず中国，タイ，ベトナム，マレーシア，インドネシアの制度や規制への対応が要求されるようになった。さらに，海外展開を進めたことにより外国人従業員比率が高まり，現地子会社の管理職と取締役に外国人が就任するだけでなく，本社の管理職と取締役にも外国人が就任するようになった。また，機関投資家の株主もかつては国内の機関投資家が中心であったが，現在では，海外の機関投資家の割合が増えてきてさまざまな要求をするようになった。こうした状況下で，きぬたさんのラーメン店の経営は多様化し複雑さを増してきたといえる。

近年，機関投資家は，企業への投資を検討する際に，その企業の財務情報や事業の将来性だけでなく，その企業がコーポレート・ガバナンスとCSRにどのように対応していくかを見極めるようになってきた。この種の投資は，環境（Environment），社会（Social），コーポレート・ガバナンス（Governance）の

3つを重視する **ESG 投資**ともよばれている。この投資は，2006 年に国連主導で提唱された**責任投資原則**（Principles for Responsible Investment: PRI）に基づくものである。投資のパフォーマンスを考える機関投資家がコーポレート・ガバナンスと企業の社会的責任に注目するのは，これらの点が今日の企業のパフォーマンスに大きな影響を与えるからであろう。きぬたさんのラーメン店も東証一部上場企業として，コーポレートガバナンス・コードに積極的に対応しているし，国際企業として SDGs の目標にも積極的に向き合っているので機関投資家の格づけ評価にも耐えうるだろう。

VIII おわりに

きぬたさんのラーメン店をはじめとして，国際化した日本の上場企業は，今後，多様化して複雑さを増していく世界の事業環境において自社の企業価値を高めていかなければ生き残ることができない。ここで企業の経営者に問われているのは，株主，従業員，顧客・消費者，取引先，債権者，地域社会などさまざまなステークホルダーと自社の存在意義の関係についてどのような企業哲学を構築するのか，そして，その企業哲学をどのようにして社会に発信していくのか，ではないかと考えられる。

■■ **参考文献** ■■

江川雅子（2018）『現代コーポレート・ガバナンス―戦略・制度・市場―』日本経済新聞社。

岡村俊一郎（2013）「実証的エージェンシー理論の構造」『関西学院商学研究』第67号，77-99 頁。

神田秀樹（2015）『会社法入門（新版）』岩波書店。

小山嚴也・出見世信之・谷口勇仁（2018）『問いからはじめる現代企業』有斐閣。

高橋英治編（2015）『入門会社法』中央経済社。

花崎正晴（2014）『コーポレート・ガバナンス』岩波書店。

堀江貞之（2015）『コーポレートガバナンス・コード』日本経済新聞社。

葭田英人（2020）『会社法入門（第 6 版）』同文舘出版。

Berle, A. and G. Means（1932）*The Modern Corporation and Private Property*, The Macmillan Company.（北島忠男訳（1958）『近代株式会社と私有財産』文雅堂書店。）

Chandler, Jr. A. D.（1977）*The Visible Hand*, The Belknap Press of Harvard University Press.（鳥羽欽一郎ほか訳（1979）『経営者の時代―アメリカ産業

における近代企業の成立（上・下）—』東洋経済新報社。）

Milgrom, P. and J. Roberts（1992）*Economics, Organization & Management*, Prentice Hall, Inc.（奥野正寛ほか訳（1997）『組織の経済学』NTT 出版。）

Porter, M. E. and M. R. Kramer（2011）Creating Shared Value, *Harvard Business Review*, vol.89, No.1/2, pp.62-77.（DIAMOND ハーバード・ビジネス・レビュー編集部訳（2011）「共通価値の戦略」『DIAMOND ハーバード・ビジネス・レビュー』6 月号，8-31 頁。）

👑さらに理解を深めるために

伊丹敬之他編（2005）『日本の企業システム—企業とガバナンス—』有斐閣。
　（企業とコーポレート・ガバナンスについて興味深い論文を集めた論文集である）
岩田雅雄（2012）『ゼミナール会社法入門（第 7 版）』日本経済新聞社。
　（約 500 ページの分厚い本だが平易な解説によって会社法の基礎が身につく）
加護野忠男・砂川伸幸・吉村典久（2010）『コーポレート・ガバナンスの経営学』有斐閣。
　（コーポレート・ガバナンスについての根本的な議論が充実している）

企業のガバナンス　第6章

経営学の
現代的トピック

企業は何を
目標としているのか？

1 はじめに

　企業は何を目指して事業を行っているのか？　「利益」か？　それとも他の何かか？　本トピックでは，企業の「目標（目的）」に関するさまざまな見解を紹介し，企業が「何を目指しているのか」を考えていく。

　2019年8月，Amazonやアメリカン航空，JPモルガン・チェースなど，アメリカ巨大企業の経営者が所属する経済団体「ビジネスラウンドテーブル」が，「企業の目標」について注目すべき声明を発表した。元来，アメリカでは「企業は株主のもの」という意識が強く，よって企業の目標は「株主の利益を追求すること」という見解を支持する人も多かったが，しかし，近年ESG (Environment, Social, Governance) 投資やSDGs (Sustainable Development Goals) のような，企業の社会性や公共性を意識した議論が隆盛するなかで，企業は株主の利益追求のみではなく，社会的責任も追求しなければならないという声明を出したのである[1]。声明においては，従業員への公正な給与の支払いや地域社会への支援，サプライヤーに対する倫理的な態度の必要性などが謳われているが，これは裏を返せば，それまでアメリカにおいては株主以外のさまざまな**ステークホルダー**の利害がそれほど考慮されてこなかった，ということをあらわしているのである。

　「企業は何を目標としているのか」。この問いに関しては，これまで「企業目標論」という分野において議論がなされてきた。ここではさまざまな議論が展開されてきたが，大きく分けると，企業の目標を，企業自身の「利益（利潤）」に求める考え方と，社会性や倫理性，ステークホルダーの利益など，企業自身の利益以外に求める考え方に分けられる。

2 企業の目標を「利益（利潤）」に求める考え方

　まず，企業の目標を「利益（利潤）」に求める考え方をみてみよう。この時，企業の「利益」とは何か。まず思い浮かぶのが，財やサービスを売って得られる「売上」から，財やサービスを生み出すために必要な費用やその他のさまざ

まな費用を差し引いて，最後に残ったものを「利益」とするという考え方である。企業の目標を「利益」に求める考え方のうち，最も単純な考え方が，この最後に残る「利益を最大化する」という考え方である。

「**利潤最大化**」ともよばれるこの考え方は，ドイツの経営経済学者グーテンベルク（E. Gutenberg）も主張するように，資本主義体制においては企業活動の前提となっている事実であり（「**体制関連的事実**」），一見すると正当なように思えるかもしれない。この利潤最大化という考え方は，企業の所有者とみなされる株主に分配される配当と同一視されると，株主利益の最大化と同義にもなる。冒頭のように，アメリカで株主利益が重視されているのは，企業の目標は利潤最大化と考えられているのだともいえる。

しかし現実の企業を観察すると，企業は確かに利益を追求しているが，必ずしも単純に利益の最大化を目指しているわけではないとする意見もある。

たとえばボーモル（W. J. Baumol）は，企業は単純な利潤最大化ではなく，「**売上高**」を最大化しようとするという「**売上高極大化仮説**」を提唱したし，売上高という指標以外にも，「**総資本付加価値率**」，あるいはディーン（J. Dean）のように「**適正利益**」といった指標をあげているものもある。

これらの考え方は，たしかに企業は「利益」を追求しているが，経験的な事実に照らせば，単純な「利潤最大化」を追求しているわけではなく，いわば「抑制的な」「穏健な」形で利益追求を果たしているのではないか，と主張しているのである。その理由は，たとえば「**所有と経営の分離**」の進展により，経営者の権力が増大し，経営者自身の利害に寄与する目標を追求するようになった，あるいはさまざまな「**ステークホルダー**」の存在を前に，無制限の飽くなき利益追求は不可能であり，たとえば従業員の労働条件を維持することで従業員の不満を抑えたり，顧客の良好なイメージを維持するために無制限の利益追求を抑えたりする必要が生じた，ということである。また，近年の **CSR** や**企業倫理**の議論における「長期的な利益」という概念も，多分に曖昧さを残した概念とはいえ，基本的には，単純な利潤最大化をすべきではないという意味で，このカテゴリーに属すると考えられる。

また，たとえばドイツの経営経済学者シュマーレンバッハ（E. Schmalenbach）のように，利益ではなく「**生産性**」あるいは「**経済性**」に焦点をおく議論もある。彼は自身の考察を，利潤を生み出すための装置としての

「企業」ではなく，生産を行う技術単位に基づく「経営」においたため，企業の指導理念を「**収益性**」ではなく「**生産性**」と考え，効率的な生産を企業経営の本質と理解したのである。これもまた，企業が単純な利益最大化を目指しているわけではなく，効率的な生産を通じて自らの利益を追求していることを示しているのだが，ただしシュマーレンバッハは，経済学者からの「経営学は金儲け論ではないか」という批判を意識した，「**共同経済的生産性**」なる概念も提示している。これは，個別企業の生産性追求が経済全体の利益にもつながることを示した概念であるが，現実の経営のあり方というより，規範的な理想として提示されている。

3 企業の目標を利益以外に求める考え方

　他方，企業の目標を「利益」以外に求める見解も根強い。

　有名なのがドラッカー（P. F. Drucker）の主張である。彼は，企業が利潤最大化を目指すことは「害」だとさえいう。彼によれば，リスク回避などのために当然必要最小限の利益は必要だが，しかしそれは最終目標ではなく，むしろ企業の目標は「**顧客の創造**」であり，そしてそれによる企業自身の「**存続と成長**」である。ドラッカーは，企業の社会性や「**社会的責任**」を重視し，そこから企業の目標を，企業自身の利害である「利潤最大化」におくのではなく，社会全体の視点に立って，企業がいかに社会に有用な存在となりえるのかを，「顧客の創造」という独特な概念によって説明したのである。経営学者ではなく「社会生態学者」を自称するドラッカーからみれば，企業の目標を企業自身の利害だけから考えることはありえなかったのである。

　またドイツの経営経済学者ニックリッシュ（H. Nicklisch）は，規範主義の立場から，経営経済学の指導原理を「**人間性**」とした。彼によれば，企業は，「精神（Geist）」であり「良心（Gewissen）」をもつ人間から構成される「**経営共同体**」であり，共同体にかかわる人々に対しては公正な成果分配がなされなければならない。よって，たとえば従業員に分配されるべきものをあえて減らして，他のメンバーへの成果分配を増やすことは，彼の経営共同体の原理に反することになる。よってニックリッシュの考えに従えば，企業が利潤最大化を求めることはありえないのである。

　コーエン（M. D. Cohen）・マーチ（J. G. March）・オルセン（J. P. Olsen）

が提唱した「**ゴミ箱モデル**」，あるいは社会学者ルーマン（N. Luhmann）の「社会システム論」に代表されるように，そもそも目的や目標を行動に先行させる「目的の先与性」を厳しく批判する考え方もある。組織行動のプロセスは，目的や目標が常に先行して規定されているわけではなく，むしろ後づけ的に目標が規定されることもある。とりわけ現代の大企業は，多様な価値観をもつメンバーが集まった「多義的な」集団であり，1つの固定的な目標の下に動いているという想定は現実の企業のあり方にそぐわないのである。

実務家でいえば，たとえばアメリカ自動車最大手フォードの創業者であるヘンリー・フォード（Henry Ford）は，企業は利益ではなく，「財やサービスの生産によって大衆に奉仕（service）すること」を目標とした。フォードは有名な「**低価格高賃金の原則**（principle of low price and high wages)」を提示したが，これは彼が，消費者に低価格で高品質な商品を提供すること，そして労働者には高賃金を支払うことこそが「**大衆へのサービス**」だと考えていたことをあらわしているだろう。彼にとっては，企業の利益がそれに優先されることはありえないのである。

4 現代の企業経営における「目標」

以上，企業の目標に関してさまざまな主張をみてきた。企業が何を目標としているのかという問題は，他の経営問題と同様，明確な解答があるわけではない。たとえば，企業の行動を外側から観察・分析・探求する経営学者の視点に立てば，「企業は利潤最大化する」という「ものの見方」は，理論的な「説明」の枠組みとして上手く機能するかもしれない。たとえば，多発する企業不祥事を前に，企業がなぜ不祥事を起こしたのかを問う場合，「企業は利潤最大化する」という前提を立てれば，不祥事の発生理由を「企業の過度な利潤追求」というかたちで「説明」することは容易であろう。

しかしながら，たとえば実際の経営者に「あなたの会社の目標は何ですか」と問いかけた時に，「わが社の目標は自社の利潤の最大化です」と答える経営者がどれくらいいるだろうか。たとえ本心でそう思っていたとしても，公共の場でそう答える経営者はほとんどいないだろう。とりわけ大企業の経営者ともなれば，株主だけでなく，それ以外の多数のステークホルダーの利害も考慮せざるをえないのが事実である。まさに「企業をとりまくさまざまなステークホ

ルダーの利害調整」が経営者の重要な役割となるのである。このように，企業目標の「理論的説明」を重視するのではなく，より企業の実態に即して企業目標を考えるならば，「利潤最大化」を前面に押し出すことは難しくなる。

さらに，冒頭で述べたとおり，ここ十数年のCSRや企業倫理の議論の隆盛，さらに近年のESG投資やSDGsの動きなどを鑑みれば，企業目標を自己利益のみにみる考え方は，「説明」の枠組みとして以外の役割を与えることは難しいだろう。とりわけ経営学が実学を標榜するのであれば，企業の実態に合わない目標は意味がないだろうし，さらにまた，経営学が単なる事象の説明からさらに踏みこんで，企業経営の「あるべき」姿を示そうとするのなら，企業の社会性を考慮しない目標を提示することはできないだろう。

5 おわりに

企業の目標はさまざまな角度から議論することができる。誰がどのような立場に立つのかによって，さまざまな見解が登場することになる。いずれの立場に立つにしても，大事なことは，企業が社会に有用な存在となりえなければならない，ということである。何人もこれを否定することはできないだろう。もし純粋な「利潤最大化」という目標が社会全体に資するのなら，それを押し進めることを否定することはできないだろう。しかし，もしそれが社会に害を与えているのであれば，その考え方は改めなければならないだろう。「企業の目標」を考えるということは，企業の存在意義を考えることでもあるのだ。

▶**注**

1) https://opportunity.businessroundtable.org/ourcommitment/ （最終閲覧日2019年10月31日）

▶**参考文献**

高田馨 (1978)『経営目的論』千倉書房。

武村勇 (1989)『企業目的と組織行動（改訂版）』森山書店。

深山明 (2015)「企業目標」深山明・海道ノブチカ編著『基本経営学（改訂版）』同文舘出版，40-58頁。

⚠さらに理解を深めるために

M. フリードマン著，児玉聡訳（2005）「ビジネスの社会的責任とはその利潤を増やすことである」トム・L・ビーチャム，ノーマン・E・ボウイ著，加藤尚武監訳『企業倫理学Ⅰ 倫理的原理と企業の社会的責任』晃洋書房，83-91 頁。

（「企業の社会的責任は企業の利益を最大化することである」と説く，ノーベル経済学賞受賞者 M. フリードマンの論説）

P. F. ドラッカー著，上田淳生訳（2001）『【エッセンシャル版】マネジメント―基本と原則―』ダイヤモンド社。

（ドラッカーの代表作。「マネジメント」について深く掘り下げた本で，企業の目標や目的に関する叙述もある）

企業のイノベーション

1 はじめに

多くの企業は現在，20世紀に栄えた大量生産・大量消費型のビジネスに決別し新たなビジネスを探索していかなければならない。しかし，コストダウン，アウトソーシング，オフショアリング，人員合理化などの経営手段によりただ単純に効率的に製品・サービスを開発・生産して顧客に提供していくだけでは企業はもはや利益を生み出せない構造となっている。一方で，ICT（Information & Communication Technology：情報通信技術）の進展とグローバル化という状況のなかで企業は持続的な競争優位獲得にむけて新たなチャレンジが求められている。このために企業は独創的かつ競争力のある製品・サービス・ビジネスモデルを継続的に生み出し，イノベーションと経営効率化を両立させ，規模の経済，範囲の経済，スピードの経済を同時追求していく必要がある。

2 イノベーション活動の重要性

1 ■ ラジカルイノベーション

企業の成長と新陳代謝は，企業が長期にわたって存続するための基盤である。このために新たな製品・サービスさらには斬新なビジネスモデルを継続的に創出していくことは，企業が長期に渡り持続的競争優位性の獲得と成長を維持していくうえで重要となる。特に従来の製品・サービスの抜本的刷新や既存のビジネスルールを変革する新たなビジネスモデルの創造と実行は伝統的大企業の歴史の流れに大きな戦略転換を誘発する。たとえば携帯電話ビジネスに大きな変革を引き起こしたNTT DoCoMoによる「iモード」，ソニーや任天堂によるゲームビジネス，さらにアップルによるアメリカ発の音楽配信ビジネスなどは ICT 産業に新たなバリューチェーンを形成した。

特にラジカルイノベーションは市場に対して，そして企業に対しても，今までにない新たな恩恵をもたらす可能性がある。従来，ラジカルイノベーションとは，新たなアプリケーション分野の出現のように，過去に存在しなかった機

能の出現や特定の機能の著しい改良（例：5〜10倍），あるいは，コストの著しい削減（例:50%）をもたらす包括的なイノベーションと定義されてきた。新たに発見されたか，独自の組み合わせによるものかを問わず，技術によってイノベーションが実現されるのが一般的であり，技術が競争優位の基盤であるという認識が高い。

　ラジカルイノベーションは，既存の市場や業界を一変させるか，新たな市場や業界をつくりだす。ラジカルイノベーションによって，業界における既存の力関係が破壊され，必然的にバリューチェーンが再構築される場合がある。ラジカルイノベーションにかかわる企業は，平均以上の利益を享受する。そのため，イノベーションを競争優位の主な源泉と見なす既存企業にとって，ラジカルイノベーションは魅力的な目標となる。

　しかし，既存企業に蓄えられた力が，ラジカルイノベーションの成功を妨げる場合がある。企業は**コア・コンピタンス**の分野で，規模と範囲の効率性を獲得することによって成長するが，コア・コンピタンスは最終的に，**コア・リジリティ**（硬直性）またはコア・インコンピタンスに変化する。

　たとえば，過去，PC市場，デジタル写真，ディスクドライブ，半導体露光装置，時計などいくつかのハイテク産業において，環境変化にうまく対応できず自社の業績や存続に大きな影響を与えた伝統的大企業の事例が報告されている。このことは企業が経路依存的である特定のコア・コンピタンスを活用したルーチン（日常業務）に強く依存することと深く関係している。企業が規模と範囲の拡大という経済活動を推進するために，効率的なビジネス活動を追求すればするほど前述した既存のコア・コンピタンスがコア・リジリティや**コンピタンシー・トラップ**に陥り大きな環境変化に迅速に対応できなくなる。企業活動の効率化の推進は業務の多様性を抑制し，従業員の自立的な創造性を誘発する行動を削減することにつながるからである。

2 ■ 2つのイノベーションプロセスの両立——戦略的イノベーション

　過去，伝統的大企業は経路依存の能力を活用し，既存市場に対して，既存商品の漸進的改良（インクリメンタルイノベーション）によりバージョンアップ商品を投入し，利益を獲得していくことが大きな競争力の源泉でもあった。一方，ラジカルイノベーションは新市場・新技術という新たなパラダイム転換で

あり，製品機能の大幅な拡大，既存市場の抜本的変革，新市場創造，さらにはコストの大幅な削減などを生じさせる。このような新たなブレイクスルーとなるラジカルイノベーションは，過去に企業が行っていた経路依存によるルーチンの改良・改善によるインクリメンタルイノベーションとは実質的に異なるものである。

　しかし，ラジカルイノベーションには高度な不確実性が付きまとう。なぜなら，このように飛躍的なパフォーマンスの向上を達成するには，新興の顧客市場や新しい技術的能力を取り入れるか，つくりだすために，企業が拡大する必要があるからである。どちらにしても，新たな知識が要求され，既存のスキル，馴染み深い慣行や関係からの脱却が必要となる。その結果，市場や技術に不確実性があるだけでなく，企業が有する資源や組織にも不確実性が生じる。

　現実的に，ラジカルイノベーションを担う企業，さらには個々のプロジェクトは，市場，技術，組織，資源といった不確実性や不連続性に直面し，企業内のあるプロジェクトはこれを乗り切ることは可能であるものの，多くのプロジェクトが途中で失速し失敗するリスクがきわめて高い。企業がラジカルイノベーションにむけた能力獲得のためには過去のインクリメンタルイノベーションで養われた経営（実践）とは異なる能力（戦略，組織，資源，技術，プロセスおよびリーダーシップからの要素）が要求される。言い換えると，ラジカルイノベーション実現のためには既存のスキルやノウハウとは異なる新しい知識が企業にとって必要となる。

　しかし，企業の持続的成長のための基盤はラジカルイノベーションへの集中だけに留まらない。1つは企業が環境変化に素早く適応していくためには，自社の既存のコア・コンピタンスを継続的に磨き主力事業の強化を図っていく必要がある。このためには日々の継続的な改良・改善活動の積み重ねを通じた組織能力の進化によるインクリメンタルイノベーションが重要となる。一方，新たな環境（市場）創造にむけた事業開発を推進するための組織能力の獲得には，異なる知識の融合により従来にはない新たなコア・コンピタンスの獲得というラジカルイノベーションが必要である。これら「インクリメンタル（活用活動）」と「ラジカル（探索活動）」という2つのイノベーションプロセスは，前者は企業の既存事業（あるいは主力事業）の知識の効率性を追求し，後者は企業の未来の事業開拓という知識の創造性を追求していく。しかし企業はこれ

ら相異なる２つのイノベーションプロセスを同時にマネージし，企業戦略の中核に組み込んでいく必要がある。

　つまり，主力事業としてのコアビジネス強化によるコア・コンピタンスの蓄積・進化と同時に，新たな市場創造にむけたビジネス開拓のための新たな視点が，企業リーダーやマネジャーにとって必要となる。これら相異なる２種類のイノベーションプロセスを同時に実行し両立させていく「**戦略的イノベーション**」を実践していくことは，独自性の高い新たな戦略的ポジションを追求し開拓していくことであり，持続的競争優位を達成していくことにも帰着する優れた企業戦略となる。

３ 近年のイノベーション活動の事例 ──高度ICT時代とコンバージェンス

　IoT・AI・ビッグデータ・ロボットは従来のインターネット技術をさらに進化させている。このような高度ICTという技術革新は，従来にないスピードとインパクトで進展している。IoTは実社会のあらゆる情報をインターネットを通じて双方向なやりとりを可能とし，ビッグデータ技術は集まった大量のデータ（たとえば，IoT/M2Mデータ，クラウドコンピューティング情報，SNSデータ，リアル＆バーチャルでのコマース情報，位置情報など）を分析し，新たな価値を生む形として提供される。さらにAIの急速な成長を促すディープラーニングによりAIが自ら学習し人間を超える高度な判断と実行を可能とする。また各種ロボット技術は多様かつ複雑な作業を自動化し，ビジネスの効率化だけでなくこれまで実現不可能と思われていた社会の実現も可能としてくれる。

　このような技術革新は産業構造や就業構造を劇的に変化させる可能性を秘めており，従来の大量生産で画一的なサービスから，個々のユーザニーズに合わせたカスタマイズ製品の提供やリアルタイムでのデータ共有による**サプライチェーン**全体の効率性と生産性の飛躍的向上を可能とする。今後，高度ICTはすべての産業における技術革新のための共通**プラットフォーム**（基盤技術）として，さまざまな異なる分野におけるコア技術やビジネスモデルと結びつくことで，新たな市場を生み出していく。たとえば，高度ICTが各種バイオデータを取り込みゲノム編集技術との融合により新規創薬，新種作物，バイオエネ

図表1　技術コンバージェンスによるイノベーション

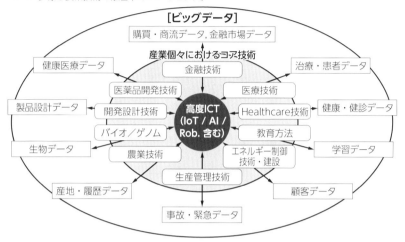

出所：児玉（2017）を参考に作成。

ルギー等を生み出していく（**図表1**）。

　このような高度ICTと異なる専門分野間での技術コンバージェンスは，技術・イノベーションマネジメント（Technology and Innovation Management: TIM）分野においてきわめて重要な経営課題（研究面および実践面）であり，まったく新たな市場を創造するというラジカルイノベーションを生み出す大きな要素ともなる。特に，ICTという文脈のなかでは，技術**コンバージェンス**は明確に区別できた専門分野間にわたる技術知識の混合ともよばれている。

　技術コンバージェンスは，異種の専門分野の知識が組み合わされるという「**知識融合プロセス**」が異なる専門分野にまたがるレベルで生じる。したがって，技術コンバージェンスを成功させるためには異なる専門分野にまたがる知識の融合こそが最も重要な経営要素となる。現在，世界のハイテク企業は激しい競争環境のなかで，このような高度ICTを中心とした新たな融合ビジネスの創造にむけたラジカルイノベーション活動に集中している。

4　おわりに

　企業はイノベーション活動を企業戦略の中核要素として取り込み，主力事業

である強力なコア・コンピタンスの有効活用と継続的進化という「インクリメンタルイノベーション」とコア事業とシナジーを発揮できる周辺事業や異分野ビジネスの開拓という「ラジカルイノベーション」を同時に実行し持続的な競争優位を達成していく必要がある。このために，企業はコア・コンピタンスの高度化にむけて企業内のさまざまな境界を横断した知識を総動員すると同時に，自社のコア・コンピタンスの周辺領域や異分野ビジネスの開拓のために企業内外の知識をダイナミックに融合・統合するマネジメントを実行していく必要がある。

▶参考文献

大薗恵美・児玉充・谷地弘安・野中郁次郎（2006）『イノベーションの実践理論』白桃書房。

児玉充（2009）「大企業の戦略的イノベーション―NTTの戦略転換からのレッスン―」『研究技術計画』第24巻1号，35-53頁。

児玉充（2010）『バウンダリーチーム・イノベーション―境界を超えた知識創造の実践―』翔泳社。

児玉充（2012）『知識創造のリーダーシップ』中央経済社。

児玉充（2017）「ICT革新と企業戦略」『研究技術計画』第32巻2号, 161-175頁。

Kodama, M.（2009）Boundaries Innovation and Knowledge Integration in the Japanese Firm, *Long Range Planning*, Vol.42, No.4, pp.463-494.

Kodama, M.（2014）*Winning Through Boundaries Innovation –Communities of Boundaries Generate Convergence*, U.K.: Peter Lang.

Kodama, M.（Ed.）（2015）*Collaborative Innovation: Developing Health Support Ecosystems*（Vol. 39）, UK: Routledge.

Kodama, M.（2018）*Sustainable Growth Through Strategic Innovation: Driving Congruence In Capabilities*, UK: Edward Elgar Publishing.

Leonard-Barton, D.（1992）Core capabilities and core rigidities: a paradox in managing new product development, *Strategic Management Journal*, Vol.13, No.2, pp.111-125.

March J.（1991）Exploration and Exploitation in Organizational Learning, *Organization Science*, Vol.2, No.1, pp.71-87.

Nelson, R and S. Winter（1982）*An Evolutionary Theory of Economic Change*. US: Belknap Press.

❗さらに理解を深めるために

野中郁次郎・竹内弘高著，梅本勝博訳（1996）『知識創造企業』東洋経済新報社。
　　（世界のアカデミクスに認知されている日本初の経営理論が学べる）

A. ガワー＆M. A. クスマノ著, 小林敏男訳（2005）『プラットフォーム・リーダー

シップ―イノベーションを導く新しい経営戦略―』有斐閣。

　（インテル，マイクロソフト，NTT ドコモなどのリーダー企業がいかに「プラットフォーム」を提供し，戦略的にマネジメントしてきたかを学ぶ）

C. M. クリステンセン著，玉田俊平太監修，伊豆原弓訳（2001）『イノベーションのジレンマ―技術革新が巨大企業を滅ぼすとき―』翔泳社。

　（伝統的大企業が新興企業の進出に自社の力を失う理由を説明した企業経営の理論が学べる）

C. M. クリステンセン & M. レイナー著，玉田俊平太，櫻井祐子訳（2003）『イノベーションへの解―利益ある成長に向けて―』翔泳社。

　（環境変化に対応して新たな技術革新により競争優位性を獲得するための実践的フレームワークが学習できる）

C. マルキデス著，有賀裕子訳（2000）『戦略の原理―独創的なポジショニングが競争優位を生む―』ダイヤモンド社。

　（持続的イノベーションとラジカルイノベーションを戦略的に両立していくマネジメントを学ぶ）

D. レオナルドバートン著，阿部孝太郎，田畑暁生訳（2001）『知識の源泉―イノベーションの構築と持続―』ダイヤモンド社。

　（戦略上の強みであるコア・ケイパビリティが環境変化に対応して不適合となると，組織の硬直性（リジリティ）を生み，コア・ケイパビリティが自社の弱みへと一変するマネジメント上の罠が学べる）

H. チェスブロウ著，諏訪暁彦，栗原潔訳（2007）『オープンビジネスモデル―知財競争時代のイノベーション―』翔泳社。

　（イノベーションを持続させ，共創を生み出し，自前主義を乗り越えるための新たなビジネスモデルが学べる）

M. アッターバック著，大津正和，小川進訳（1998）『イノベーション・ダイナミクス―事例から学ぶ技術戦略―』有斐閣。

　（ドミナント・デザインという概念から産業進化のプロセスが学べる）

M. L. タッシュマン & C. A. オーライリー著，平野和子訳（1997）『競争優位のイノベーション―組織変革と再生への実践ガイド―』ダイヤモンド社。

　（米国流「両利きの組織」の理論と実践例が学べる）

T. タビラ，M. エプスタイン & R. シェルトン著，スカイライトコンサルティング訳（2007）『イノベーション・マネジメント―成功を持続させる組織の構築―（ウォートン経営戦略シリーズ）』英治出版。

　（新たなアイディアや価値を生み出し，そこから成果を得るための，戦略，組織体制，プロセス，評価，報奨，学習，企業文化など個々の経営管理手法が学習できる）

V. ゴビンダラジャン & C. トリンブル著，酒井泰介訳（2006）『戦略的イノベーション―新事業成功への条件―』ランダムハウス講談社。

　（戦略的にイノベーションを生み出し，競争優位性を生み出す企業経営のマネジメントが学べる）

人的資源管理論

1 はじめに

　1人ではできないことでも2人以上の人々が協力しあう時に，大きな目的を達成できたという体験をしたことはないだろうか。たとえば，ラグビー・ワールドカップ2015の南アフリカ戦での勝利やオリンピック2016の陸上競技男子4×100mリレーでの銀メダル獲得は記憶に新しい。いずれも，日本チームを構成する一人ひとりの選手は世界トップ選手と比較して決して突出した人材ではなかったが，共通の目的にむかって練習を積み重ね，大切な試合において勝利を目指してチームが一丸となって力を出しきった結果，大きな成果を手に入れた[1]。ここには，選手の選抜，特性を勘案しながらの能力開発，チーム内における役割分担（異動・配置），大会にむけての選手のコンディション等を適宜評価しながら選手の入れ替えを行い，そして報酬の決定（たとえば，年俸契約等々）や戦力外通告（解雇）したりする一連の組織マネジメントが実践されている。

2 人的資源管理論が対象とする経営資源としての人

　「組織は人なり」という言葉は，時代的・地理的背景にかかわらず広く妥当性を有している。コンピュータにOS（Operating System）が備わっていなければ，それは単なる物体に化してしまうように，どんなにモノやカネがあったとしても，そこにヒトが存在しなければ，それは宝の持ち腐れといえるだろう（経営資源であることを示すためにヒト，モノ，カネとカタカナ表記する）。しかし，ヒトは，自ら考え，感情をもち，意思をもって行動したりする特性ゆえ，他の経営資源とは決定的に異なっている。このことが，ヒトの管理を非常に難しいものにしている。なぜなら，必ずしも「1＋1＝2」にならず，時にはマイナスになったり，時には予測を大きく上回るような結果を生んだりすることだって起こらないとも限らないからだ。このような経営資源としてのヒト（以下，人的資源）には，少なくとも以下のような留意点がある。

　まず第一に，組織の目的や戦略の達成という視点を外すわけにはいかない。

ここが，哲学や心理学等が対象とする人と大きく異なる点である。たとえばチームスポーツにおいて，高校インターハイ・レベルを目指すのか，世界選手権レベルを目指すのかによって求められる選手の候補（海外まで範囲をひろげるべきか等）は大きく異なる。組織が求めるハイスペックな人的資源を適正に保有できている組織ほど，**持続的な競争優位**[2)]を形成する可能性が高くなるといわれている。しかし，このような人的資源を組織が保有するには，大きな固定的コストがかかってしまう。ゆえに，組織は，どのような人的資源を獲得・育成・活用していく必要があるのかを，長期的展望のもと計画的に意思決定していく必要がある。ここに，組織の目的や戦略の達成からの視点が重要となる理由がある（守島，2004）。

　第二に，成長する可能性をもった資源であり，その価値が変化していくということだ。つまり，スキルやナレッジは時間とともにプラスにもマイナス（陳腐化）にも変化しうる。

　第三に，継続的に人的資源の価値を高めていくために組織と個人が共同で投資（時間や資金等）していく存在であるということ。ここにやる気（**モチベーション**）や組織が好きになること（**組織コミットメント**）や個々人の人生設計・生き方（**キャリア**）を管理する必要性が出てくるのである。このことは，人的資源が，スタティック（静態的）な資源としてではなく，**ダイナミック（動態的）な資源**として把握される必要性があるということを示している。

3　人的資源管理論で何を学ぶの?

1 ■ 人的資源管理論という用語の意味

　人的資源管理論[3)4)]とは，組織におけるヒト，モノ，カネ，そしてこれらに付随する情報のうちで，特にヒトのマネジメントを取り扱う経営学の一領域である（上林，2016）。具体的には，人的資源の**採用**，**配置**，**能力開発**，**評価**，**報酬**，**退職管理**等の実践を通じて，経営目的[5)]の達成に貢献する組織マネジメント活動のことをいう。さらに，組織と人的資源との関係性に影響を及ぼす経営の意思決定や行動のすべてを統括することにも関係している（Beer et al.，1984）。

2 ■ 人的資源管理の諸機能

　組織が目指す目標や戦略を**効率的**（efficiency）かつ**効果的**（effectiveness）に達成するためには，有能な（成長可能性のある）人材を採用することが重要である。そのためには，魅力のある組織になりたいと考えるだろう。しかし，求職者にとってはいくら和気あいあいであっても放漫経営で倒産寸前の組織に就職するわけにはいかない（財務業績）。また，いくら給与が高くても過労死やパワーハラスメントが常態化しているような組織は避けたい（**ワークライフバランス**等）。人的資源管理では，このような問題に整合性をもって採用から退職までのすべてのプロセスを管理することが求められている。

　一般に人件費を支払うための原資には制約があるため，たとえば入職希望の新卒学生の皆さんが魅力的な初任給（基本給）と思えるような水準を，組織が設定したいと舵をとればとるほど，すでに在職している従業員給与（基本給および手当等）に影響を及ぼすことになる。過去の高度経済成長期のような収益上昇モデルは想定すべきでないのである。つまり，有能な人材を採用するためには，組織の全構成員に影響を及ぼす賃金の体系が長期的展望のもと構築されていなければ，短絡的な引き上げは**持続可能な**（sustainable）施策とはいえないのである。また採用に際して，組織の目標や戦略を実行し得る人材像を明確にしておくことも必要であり，そのためには経営理念やミッション，ビジョン等の組織が大切にしている価値観と整合性のある人材を獲得することが求められる。このように，採用の一場面だけを想定しても，全社的な視点からのさまざまな検討が要求される。

　人的資源管理では，上記以外にも，採用した人材を配置したり，能力を開発したり，評価したり，異動させたり，報酬を与えたり，労使関係の調整や福利厚生への配慮をしたり，キャリア形成を支援したり，退職管理をするなど，人的資源への多種多様な管理を**整合性**をもって組織業績に連結するような実践が求められている。

4 おわりに

　わが国が，現在直面している少子高齢化（高齢化率増加と生産年齢人口縮小の同時進行）という社会現象は，働き方そのものを抜本から見直す必要性を私たちにつきつけている。かつて団塊世代（1947年～1949年出生）が駆動因

となって高度経済成長を成し遂げた成功モデル（終身雇用を前提としたＳ字カーブ賃金体系[6]と心理的契約等）では，これからの若い世代の方々に十分に報いるしくみの再構築は困難であろう。科学技術による社会変革（第４次産業革命，Society5.0等）に期待しつつ，一方でますます高度化・巨大化・複雑化する組織において，相対的に小さくなりつつある一人ひとりの労働の価値を大切にしていくマネジメントが求められるだろう。取り残される人間の存在を見過ごさず，人と人との絆を大切にし，組織で働く人間が笑顔になれる人的資源管理の実現を目指したいものである。

▶注

1) これを経営学においては，**協働体系**（cooperative system）とよんでいる。本トピックでは協働体系の分析視座として組織を「二人以上の人々の意識的に調整された活動や諸力の体系」（Barnard, 1938）として定義する。組織論の初学者むけテキストとして，桑田・田尾（2010）を薦めたい。

2) バーニー（J. B. Barney）のリソース・ベイスト・ビューでは，組織が保有する経営資源が他の組織の経営資源と比較して，価値（value）があり，稀少性（rareness）があり，不完全模倣性（imperfect imitability）を有し，代用可能性（substitutability）が低いとき，その経営資源は，当該組織にとって持続的競争優位の源泉となりうる（Barney, 1991）。

3) 人的資源管理論（**Human Resource Management**）と伝統的な人事管理論（**Personnel Management**）や労使関係管理論（**Industrial Relations**）等との相違に関する議論は，研究者により多様な視座を有しつつ現在に至っている（岩出，2002; Bratton and Gold, 2007など）。さらに，戦略的人的資源管理論（**Strategic Human Resource Management**）や国際人的資源管理論（**International Human Resource Management**）といった多様な展開への考慮も必要であろう。

4) 人的資源管理論は，固有の学問領域を有していない（「**学**」ではなく「**論**」）ので，経営学，社会学，産業心理学等々の多様な方法論からの学的アプローチが可能となる（八代，2009）。

5) 営利企業の場合は，市場経済における最大利潤の獲得が一般的となるが，近江商人の「三方よし」や法令遵守を掲げる企業があってもよいだろう。また，行政体や非営利組織等のように利潤原理で動かない組織体もある。さらに深耕したい場合は，経営学の対象に関する視点も重要となろう（高田，1987）。

6) 年齢が低い時には低賃金で，ある一定の年齢を超えると傾きが大きくなることにより，生涯賃金の調整を行うしくみ。これは，基本的には，組織の人口構成がピラミッド型では有効性が高いが，逆ピラミッド型では運用困難となる。わが国における賃金に関しては，少し専門的になるが楠田（1972）を薦めたい。

▶参考文献

岩出博（2002）『戦略的人的資源管理論の実相―アメリカ SHRM 論研究ノート―』泉文堂。

上林憲雄編著（2016）『人的資源管理（ベーシックプラス）』中央経済社。

楠田丘（1972）『労使のための賃金入門 賃金テキスト（改訂９版）』経営書院。

桑田耕太郎・田尾雅夫（2010）『組織論（補訂版）』有斐閣。

高田馨（1987）『経営学の対象と方法』千倉書房。

守島基博（2004）『人材マネジメント入門』日本経済新聞社。

八代充史（2009）『人的資源管理論―理論と制度―』中央経済社。

Banard, C. I.（1938）*The Functions of the Executive*, Harvard University Press.
（山本安二郎・田杉競・飯野春樹訳（1968）『新訳 経営者の役割』ダイヤモンド社。）

Barney, J. B.（1991）Firm Resources and Sustained CoAdvantage, *Journal of Management*, Vol.17, No.1, pp.99-120.

Beer, M., B. Spector, P. R. Lawrence, D. Quin Mills and R. E. Walton（1984）*Managing Human Assets*：*The Groundbreaking Harverd Business School Program*, New York: Free Press.（梅津祐良・水谷榮二訳（1990）『ハーバードで教える人材戦略』日本生産性本部。）

Bratton, J. and J. Gold（2007）*Human Resource Management, 4th edition: Theory and Practice*, Palgrave Macmillan.

⚂さらに理解を深めるために

河合忠彦（2012）『ダイナミック競争戦略論・入門―ポーター理論の 7 つの謎を解いて学ぶ―』有斐閣。

（実践的にダイナミックな競争戦略構築を学べる基本書である）

五味川純平（2005）『人間の条件〈上〉〈中〉〈下〉』岩波書店。

（戦争という極限状態にあって，人と協働するとは何か。生きるとは何か。勤勉に働く組織人間の苦悶を通じて，マネジメント，リーダーシップの本当の難しさを感じて欲しいノンフィクション小説である）

高橋和巳（2017）『我が心は石にあらず』河出書房新社。

（戦後の高度経済成長期のエリート組合リーダーの一局面を学べる文学的傑作である）

ピーター・キャペリ著，若山由美訳（2001）『雇用の未来』日本経済新聞社。

（アメリカにおける労働市場の台頭が経営慣行をどのように変化させてきたのかを学べる良書である）

三戸公（2002）『管理とは何か管理とは何か―テイラー，フォレット，バーナード，ドラッカーを超えて―』文眞堂。

（アメリカにおける科学的管理からはじまる米国管理学の本流から管理の本質を学びたい人に進めたい力作である）

鷲田清一（2011）『だれのための仕事―労働 vs 余暇を超えて―』講談社。

（わが国の労働者は前のめりになって生活していないか。今一度立ち止まって人間にとって大切なことを考えたい人にぜひ読んでいただきたい書籍である）

ドーバー洋酒貿易株式会社
軽井沢ブルワリー株式会社

代表取締役会長 和田 泰治
(S.36 年商業学科卒業)

会 社 組 織

【会社概要】
[ドーバー洋酒貿易株式会社]
設立：1969（昭和 44）年 10 月，資本金：1 億円（2019 年 12 月末現在）
本社：東京都渋谷区
[ドーバー酒造株式会社]
設立：1978（昭和 53）年 12 月，資本金：4 千万円（2019 年 12 月末現在）
本社：東京都渋谷区
[軽井沢ブルワリー株式会社]
設立：2011（平成 23）年 5 月，資本金：9 千万円（2019 年 12 月末現在）
本社：長野県軽井沢町

【事業内容】
[ドーバー洋酒貿易株式会社]
ドーバーブランドの洋酒および直輸入洋酒の販売
ドーバーの洋酒：約 200 種類，輸入洋酒種類：約 200 種類　計：約 400 種類
[ドーバー酒造株式会社]
ドーバーブランドの洋酒および直輸入ボトリング洋酒の製造
[軽井沢ブルワリー株式会社]
THE 軽井沢ビールの製造および販売

経営状況と今後の経営展望

　ドーバー洋酒貿易は輸入洋酒と製造部門であるドーバー酒造（神戸三田工場・厚木工場）で製造した洋酒と合わせて 400 種類以上に達する品揃えで洋菓子をはじめとする食の多様なニーズにお応えしています。市場はニッチですが，経営は安定しています。ケーキにとって洋酒は隠し味の原料ですから，使用量は 1滴，2 滴のごく少量です。それでも，全国にある洋菓子店がシャッターを開けてくれるかぎり，必ず使用していただけるのです。求められる商品を世界から探

し，または自ら製造をします。その商品力と独自に築いた営業の提案力は他には負けないでしょう。最近はコンビニでも洋菓子店の味に負けない美味しいケーキがたくさん売られています。そのなかにも当社の洋酒は使用されています。ドーバーの名前は知らなくても，洋菓子などの食品から当社の製品を誰もが1度は食しているでしょう。

代表取締役会長・和田泰治氏

　また，ドーバーは製菓業界の発展のために貢献することも大事な役割と考えます。当社では，関東と関西に4カ所の講習会場を完備して，パティシエに技術向上・情報発信の場を提供しています。パティシエの立場にたって求められるものを提供していくという理念のもと，製菓業界とともにこれからも歩み続けていきます。

　軽井沢ブルワリーは，ドーバーの洋酒とは異なり，消費者より直接評価をいただけるビールを製造しています。自社製品の味を消費者から評価いただけることは嬉しいことです。軽井沢よりお届けする芸術と美味しい味を探求したプレミアムなビール，永く愛される製品づくりを目指しています。

　私もクラフトビールを随分研究してきましたが，どれも値段が高く個性的で癖があります。日本人は食事とともにビールを楽しむことが多く，西洋人のようにビールだけで何杯も飲むことはほとんどありません。癖が強すぎると食事の美味しさを奪ってしまいます。当社で一番売れるビールはベーシックなラガービールの「クリア」です。軽井沢ブルワリーでは喉越し爽やかな何杯でも美味しく飲める味わいを追求しています。

　ビールのラベルには世界的に有名な日本画家・千住博画伯の名画を使わせていただいています。長野放送が取材にきた際に，千住先生に「和田会長と千住先生とはどういう関係ですか」という質問がありました。千住先生は，「和田会長は美味しいビールをつくる。私は美しい絵を描く。美しいに味をつけると美味しいになる。和田会長とはベクトルが一緒なんです」とおっしゃられました。同じ志のもと名画の製品化が実現でき，品格と芸術性のあるビールが誕生しました。「清涼飛泉プレミアム」として製品化したビールのラベルで使用している先生の代表作「ウォーターフォール」の原画は，軽井沢工場に飾られています。

販売については，特にギフトに力を入れています。全国の百貨店でお取り扱いいただいているクラフトビールは他にはないでしょう。また北陸新幹線，東海道新幹線，全日空などでも採用いただきました。小売販売店に捕らわれずに販路拡大ができるのは，芸術性と品質を重視したブランド力だと思います。今後も，広告費を投じて販売する大量市場での勝負ではなく，手間暇を惜しまずに優品にこだわるビールづくりを行い，最後まで残る日本一のクラフトビールメーカーを目指します。

経営者個人への質問

1. 創業の歴史・経緯

日本大学商学部を卒業後，東証二部上場の酒造メーカーに就職しました。時は高度成長期で会社の業務も多忙を極め，昼夜問わず働き続けましたが，その会社はあえなく倒産してしまいました。勤めた会社で営業をしていた時に，洋酒を使用した洋菓子講習会に顔を出す機会がありました。そのなかで若い洋菓子職人との出会いがありました。今風にいえばパティシエですが，彼らはいつも夜遅くまで残って頑張り，厳しい講師にも一生懸命食らいついていました。そんな彼らの真剣なまなざしに感動し，洋菓子に必要とされる洋酒をつくり彼らの情熱に応えたいという夢をもちました。父の経営している会社を継ぐという選択，他の企業からのスカウトを受けサラリーマンを続けるという選択もありましたが，どちらも選びませんでした。若い洋菓子職人の姿勢が眩しく，とにかくそれに応えたかったのです。

そして，製菓用洋酒を輸入販売する会社として創業しましたが，ゼロからのスタートで厳しい状況が続きました。コンビニで気軽にケーキが買える今では信じられないかもしれませんが，当時はパティシエとかスイーツとかいう言葉もありませんでした。洋酒が洋菓子の味の決め手となる素材であることも認知されていませんでした。洋菓子店で洋酒を紹介すれば，「和田さん，うちは居酒屋じゃないよ」と言われることもありました。そんなことが2〜3年続き，業界を知る酒造メーカー関係者

ドーバーの製品

からは，隠し味程度にしか洋酒を使わない製菓業界だけで商売していくのは無謀だと散々揶揄されました。それでも決心は揺らぐことはなく，製菓業界へ貢献するという強い思いをもち続けました。

　現在，ドーバーは国内製造洋酒200種・輸入洋酒200種を取り扱い，国内製菓用洋酒のリーディングカンパニーへと成長しました。この成功は日本だからこそかもしれません。日本人はお菓子が美味しいのはあたりまえで，さらに美味しくできないかと際限なく考えます。当社では，天然素材にこだわり，添加物を極力排した本物志向の酒づくりを行ってきました。洋菓子をはじめとする食品に生かされる洋酒をはじめ，和菓子むけに開発した「和酒シリーズ」，濃縮果汁などのノンアルコール製品も含め，それぞれの用途に合わせて多くのラインナップを揃えることで細かなニーズに応えています。ニッチな市場に多品種の品揃えができるのは当社の強みです。当時のサントリー社長の佐治さんが「なんでうちの会社でこういう酒を出せないんだ」と怒っていたらしいです（笑）。多額の宣伝費をかけて大量販売を行う大手のビジネスでは，難しいラインナップです。

　こうして当初の夢は叶ったのですが，最終消費者に直接評価される市場で勝負したいというもう1つの夢を抱き，ビール事業をはじめました。ビールこそ，多額の宣伝費がものをいうビジネスですが，宣伝費を使わない代わりに，原料コストや手間暇を惜しまない大手にはないビールづくりを目指しました。ビールづくりは装置産業です。その為に，クラフトビールでは最大規模の生産量と最新鋭の醸造装置を有する工場をつくりました。設備は大手ビールにもまったく劣りません。さらに，ビールづくりに深い造詣を持つ力が不可欠であり，アサヒ・サントリー・キリンからベテラン技術者を招聘しました。ヘッドハンティングではなく，各社の役員に人材を紹介してもらいました。良い意味で3人が競合していますから，当社のビールはまずいはずがありません。品質第一のドーバーの理念を引き継ぎ，軽井沢よりプレミアムなビールを全国へお届けしています。

2. 経営者として心がけていること

　新事業を興すときに，まず自分が進む攻略先の市場を徹底的に研究します。それはマーケティングといえるかもしれません。軽井沢ビール発売時は，地元の市場をつくることからスタートしました。軽井沢へ行って何が楽しいかというと，グルメです。その次にゴルフ，スキー，それから旅館やホテルがあります。社員と共に足で稼いで努力した結果，軽井沢エリアのレストラン，小売店のほとんど

に当社のビールを扱っていただいています。工場は費用をかければいくらでも立派なものはできますが，市場がなければすべてが無駄になります。経営者としてまず行うのは市場づくりです。そのためには目的をつくり，行先を見据え徹底的に努力をする姿勢を自らが示します。ドーバーグループ・軽井沢ブルワリーの創業者として，新市場の開拓に情熱を注いできました。

3. 学生時代を振り返って

　私の在学時，商学部は三崎町にありました。また，最初の教養課程を受講するために下高井戸（教養部，現在の文理学部）に通っていました。いつも京王線に乗って明大前を通ると「この野郎」と思っていましたね。なぜかというと，「明大前」駅は，明治大学があるから「明大前」。だったら下高井戸は「日大前」となるはずだ，と。思いついてすぐに下高井戸の駅長のところへ行って，「日大前」にしてくれといいました。あのときは教養課程のために全員が通っていましたから，駅はまさに「日大前」のような状況でした。商店街には日大前と書いてあるのに，駅名が下高井戸なのか，と2回ほどいいました。駅長は「ああ，そうですか」と，まったく心に響いていない。学生1人がいったところで無理ですよ（笑）。変わりものかもしれませんが，学生時代から思ったことは即行動に移していました。

4. 学生へのメッセージ

　学生の皆さんに，「感謝」あるいはもっと大きいことでいうと「恩」を大事にすることだけは忘れないでほしいです。感謝できない人は恩も感じません。人間は，感謝と恩を忘れて恩知らずになっては絶対にだめです。

　これから進む道では周囲から反対に合うこともあるでしょう。多少の反対はあるものだと思えばよいです。ただ怖さを知らずに，反対を押し切って突っ走っては失敗をします。反対する人の意見も参考にし，危機管理をもちながら用心深く先のことまでよく考え臨機応変に尽くすことです。自分が信じることがあるならば，少々のことは強い精神で立ち向かえば必ず先は開きます。

　これからの人生少しくらい失敗をしても諦めず頑張ってください。無名の会社の頑張りが，皆さんの心に何か響いてもらえればと願います。

キャリアの形成

1 はじめに

　みなさんは，大学を卒業し社会に参加していく。多くの場合は，会社員，あるいは公務員等として，企業・団体といった組織に属しながら仕事をとおして，社会とかかわりを形成し，また自分自身も成長を続けていく。ベンチャー企業を創設していくとしても，創立者として，組織の成長にともない，組織の経営理念・経営方針と自己の生き方のビジョンとの統合を考えていかなければならない。

　みなさん1人ひとりは，どのように，自分らしさを育てながら，自立・自律を思い，今までと今と，そしてこれからの社会参加の様子をイメージし，考え，望んでいるのであろうか。

　主に仕事との関連で，自分自身の生き方をつくっていくことを「**キャリア**」という。「キャリア」の視点から，自己の未来にむけてのあり方を感じ，考えるヒントを紹介したい。

2 キャリアとは

　「キャリア」について，もう少し詳しく述べよう。ホール（D. T. Hall）は「個人の生涯を通じて，仕事に関わる諸経験や諸活動に関連した態度や行動の，個人的に知覚された連鎖（sequence）」としている（Hall, 1976）。私たち，1人ひとりは，人生を形づくるなかで，仕事との関連で，多くの経験をし，多くの活動をしていく。その経験や活動について，本人自身がいろいろな気持ちや考えを抱き（態度），いくつかの役割や立場につく（行動）。それらのことについて，本人は時間経過のつながりとともに，さまざまな意味を感じ考える。

　したがって「キャリア」には，仕事経験や活動に対する気持ちと考えなどの主観的な側面と，どのような組織に所属して，どのような仕事につき，どのような責任の立場であったかという客観的な側面とがある。自分が所属している会社名，部署名，役職名等は，客観的側面である。そのような社会的な立場をどのように感じ考えるのかは主観的側面である。有名な会社で働いていたとし

ても，その会社に馴染むことができないで，担当する仕事にも充実感を感じないこともある。一方，さほど有名な会社ではないが，活躍できる機会を得て，イキイキと仕事に生きがいを感じていく場合もある。そして，そのような経験を積み重ねていく自己の生きてきた道筋をどのように意義深いこととして感じ考えるのかである。

さて，職業紹介等でよくいわれている，キャリア・アップという言葉は，より有名な組織，より肩書の高い立場，給与額の多い仕事に就くことを表現する場合が多い。しかしそのことが，自分自身にとって心理的に well-being（安寧）をもたらすかは考えなくてはならない。仕事には成功もあれば失敗もある。また，立場も変化する。さらに，人生の出来事には思うようになることもあれば，思うようにならないことも多くある。キャリアの客観的側面に強くこだわっていると，かえって自らを見失うこともある。世間一般的な客観的側面の価値観に，自分自身が縛られていると，自己のこころからの声を感じることができなくなってしまうかもしれない。「キャリアにはアップもダウンもない」という言葉がある。これは自分自身のこころが納得する自己の可能性と価値への実感，自己の生き方，自分にとってかけがいのない well-being とは何かを問いかけていることである。

3 キャリアの選択と見通し

キャリアを考える場合には，2つの視点をあげることができる。

1つは，自己の特性と仕事・組織の特性との**適合**（適性，マッチング，フィット）の視点である。これは，自分にあった仕事や組織を考えて，そのために必要な，能力・スキル・価値観・行動傾向等を計画的に身につけていくという立場である。「自分の適性は何かな？　どのような仕事，会社がむくのかな？　そのための準備は？」と考えることとなる。従来は，この適合という立場が多かった。自分の適性を，できるだけ早期にみつけて，自分に合った就きたい仕事を目標として，着々と準備を重ねていくのが望ましいと考える。

もう1つは，社会の変化，仕事の変化に対応して，自己の仕事への能力・スキル・行動等をつくっていくとする視点である。最近の社会の変化は激しく，仕事の種類や内容も変化が早い。今ある仕事や組織が，近い将来にはなくなってしまうかもしれない。このような状況を踏まえて，この立場では「出会った

仕事，その環境に，日々誠実に取り組んでいくことで，新たな自分を発見し，つくっていく。その経験からの**自己効力感**（self-efficacy）に基づいて，変化の機会を自己の可能性を育んでいくチャンスとする」と考えていくこととなる。

　クランボルツ（J. D. Krumboltz）は，自己効力感をもとにしたキャリア発達論を論じている（Krumboltz, 1979; 2009）。私たちは，多くの経験から学んでいくことによって，自分自身へのイメージと仕事へのイメージを形づくっていく。それによって，キャリア選択，キャリア形成がなされていく。さまざまな経験と，本人を取り巻く人々との相互影響の結果から，いろいろな事柄に対する問題解決行動を経て，自分が行動することによって目標を達成することができる（結果予期），また，その行動自体を実践していくことができる（効力予期）という自己効力感が育成されていく。この自己効力感が，さらに多くの経験から学んでいくエンジンとなるのである。したがって，どのような経験をして，そこから何を学んでいったのかが重要なこととなる。

　クランボルツはキャリア形成の重要な要件を3つあげている。「信念」「スキル」「行動」である。特にキャリア形成に重要なことが，**信念**（Belief）である。この信念には，ⅰ）自分は何ができると思っているかという自分自身へのステレオタイプ（固定的な思い込み）なイメージがある。自分の仕事への興味・関心・価値観はどのようなものと思っているのか。次は，ⅱ）職業に対するイメージである。今までの経験から形成されている，この職業はこのようなものだというステレオタイプである。

　したがって，これらの自分自身へのイメージと職業に対するイメージは，1人ひとりのそれまでの社会生活での**学習経験**によって形成される。多くの出来事を経験して，そこから学んできたという学習経験が多ければ多いほど，自分自身と職業について正確な理解になる。

　これらのことを前提として，キャリアの形成は社会の変化に応じて，個々人が対処していかなくてはならないと考える。この視点では，ⅰ）すでにある（と自分自身で思っている）特性・適性に基づいた意思決定ではなく，自分の能力や興味を経験によって広げていく必要がある。ⅱ）職業が安定したものと思い込むのではなく，変化し続ける仕事に対して準備を積み重ねておくこと。ⅲ）現在の適性に基づいて適している，適していないと判断を下されるのではなく，多くの新しい経験に挑戦して，そこからの学習を可能とするための行動

を起こすように勇気づけられる必要がある。すなわち，「マッチング」から「新しい学習経験を促す」ことが重要であると考える。

　キャリアの形成の問題として，新たなキャリアを育む時には，今までのスキル，興味を超えているという課題がある。今までの行動では，その問題の解決はできないことが多いのである。その仕事は自分にはできない，むいてない，興味がない，と思っているのは，今までの自分と仕事に対する（狭い）経験からの固定的なステレオタイプ（思い込み）なのである。したがって，自分自身の可能性を自ら狭めていることによる，新しい学習経験の妨げとなっている「信念（Belief）」へのアプローチが大切である。価値観，パーソナリティも，学習経験によって，変容可能である。新しい学習経験により可能性が獲得できる。今まで経験したことがないからといって，それができないということにはならないのである。

　自分自身について，得意なこと，不得意なこと。興味のあること，興味の少ないこと。なぜ，そのように思うのか，経験と理由を考えてみよう。また，関心のある仕事，関心の薄い仕事，についても考えてみよう。その理由と経験は何か。わずかな情報や経験から思い込んでいないのかを考えてみよう。周囲の人と機会をつくって，話し合ってみよう。

　さて，今までは，「未決定を減らすこと」「個人の特性と職業の特性の間の一致を増やすこと」が望ましいと考えられてきた。しかし，「未決定」として多くの可能性を考えることは「新しい学習が促進される」むしろ「オープンマインド」となる。また，「一致」を強調することは「同一職業内においてもさまざまな特性をもつ人が成功しうること。職業自体も変化し続けることを見過ごすこと，につながる」という課題を見逃すことになる。

　クランボルツは以上のような視点を「**計画化された偶発性**」（planned happenstance）と表現した。この考えでは「予期せぬ出来事がキャリアの機会にむすびつく」とする。そこで重視されることはⅰ）偶発的な出来事を自らの主体性や努力によってキャリアに最大限に生かしていく。ⅱ）結果がわからない時でも，行動を起こして新しいチャンスを切り開くこと。ⅲ）キャリアにおいて予想外の出来事が起き，本物のチャンスに変わる時には，その人自身が重要な役割を果たしている。これらの姿勢を大切な事柄としている。

4 大学におけるキャリア形成の準備

「適合」にとどまらないで「計画化された偶発性」の視点が大切であると考えると，どこか偶然のチャンス頼りと思ってしまうかもしれない。それは誤解である。ある時点での自己の特性への思い込み，職業への思い込み，にこだわったままで固定的に考えてしまうことなく，変化することを前提としながらも，現在の仕事に真摯に取り組むことで，主体的・自律的に経験から学び，将来のチャンスに生かしていく努力を積み重ねていくことである。

したがって，自己のキャリアを形づくっていくことを計画的に考えておく必要がある。**キャリア・デザイン**とは，「将来の見通し（時間的展望）に基づいて，社会参加のあり方（主に職業生活）との関連で，主体的に自己を考え（自己の深化と統合）ながら，生き方をつくっていくこと」である。大学生活を意義深い充実した時間としていくことは，社会参加のかたち・職業選択に大きな影響を与え，永い生涯のキャリア形成の基礎となる。

無論，大学生活は，就職のためにのみあるわけではない。自分なりのさまざまな生き方が可能である。可能なかぎり，自分らしく多くの経験を広げ，深めてほしい。そして，いずれ社会に出て，自立・自律していこうと思うならば，その経験から学び活かして，準備をしておく必要がある。充実した大学生活を自らがつくることによって，多くの経験をとおして，自己を理解して，また，出会うことのできた他者との交流，信頼関係を構築し，深めることは大切である。適切な生活習慣，基礎学力，専門知識，問題解決行動の力（自分自身でも，チームとしても）等，意識的に学修していくことが重要である（社会人基礎力について調べてみよう）。これらが，社会に出てからの仕事に取り組み，信頼を得ていく基本となる。

5 おわりに

シャイン（E. H. Schein）によれば，組織内でのキャリアの形成は「探索」「仕事世界参入」「初期キャリア」「中期キャリア」「中期キャリアの危機」「後期キャリア」「下降」「退職」と年齢の節目ごとに整理されている（Schein, 1978）。大学を巣立ち社会に参入するみなさんは，まず「初期キャリア」の課題に対処する必要がある。特に「**リアリティ・ショック**」への対処である。実

際に働いてみると「こんなはずではなかった」と驚き，落胆することが起きる。まさに，新たな経験からの学習を必要とすることとなる。培ってきている自己効力感を生かし，他者との信頼関係を深めて，自律的に問題解決に取り組んでほしい。ただし，困難なことは1人だけで抱え込まないこと。周囲に相談し支援を得ることが大切である。しかし，労働条件が劣悪な場合には転職も検討するとよい。その時も，信頼できる人との早期の相談が重要である。

▶参考文献

Hall. D.T. (1976) *Careers in organizations*. Santa Monica, California: Goodyear.

Krumboltz, J.D. (1979) A Social learning theory of career decision making. In A.M. Mitchell, G.B. Jones, and J.D. Krumboltz (Eds.), *Social and career decision making*. Cranston, RI: Carroll Press.

Krumboltz, J.D. (2009) The happenstance learning theory. *Journal of Career Assessment*, Vol.17, No.2, pp.135-154.

Schein, E.H. (1978) *Career dynamics: Matching individual and organizational needs*. Reading, Massachusetts: Addison-Wesley.（二村敏子・三善勝代訳 (1991)『キャリア・ダイナミクス―キャリアとは，生涯を通しての人間の生き方・表現である。―』白桃書房。）

❗さらに理解を深めるために

井上孝代（2005）『あの人と和解する―仲直りの心理学―』集英社新書。
　　（人と人との信頼関係を維持して深めることは，キャリアの形成に重要となる。カウンセリング心理学の視点から相互の理解について考えることができる）

大久保幸夫（2016）『キャリアデザイン入門［Ⅰ］基礎力編（第2版）』日経文庫。

大久保幸夫（2016）『キャリアデザイン入門［Ⅱ］専門力編（第2版）』日経文庫。
　　（キャリアを知ることに必要な視点や知識をとてもわかりやすく，具体的に解説している）

金井壽宏（2014）『「このままでいいのか」と迷う君の　明日を変える働き方』　日本実業出版社。
　　（キャリアの考え方と理論をわかりやすく述べている。参考となるケースの紹介があり，キャリアを実際的にイメージして考えることができる）

渡辺三枝子編著（2018）『新版キャリアの心理学（第2版）』ナカニシヤ出版。
　　（キャリアを説明する代表的な理論が適切に紹介されている。キャリアについて学修する際の必読の書籍である）

渡辺三枝子・平田史昭（2006）『メンタリング入門』日経文庫。
　　（キャリアの形成には，頼りになる人生の先輩（メンター）からの支援が重要となる。このメンターの役割について理解が深まる）

企業と人間

1 はじめに──会社で働くこと

　日本理化学工業という会社を知っていますか。学校などで使うチョークを生産する従業員84名の中小企業である。そのうち70%が，知的障害をもっているという。日本理化学工業は，障害をもつ方たちの雇用に積極的に取り組んでいることから，坂本光司著『日本でいちばん大切にしたい会社』（あさ出版）にも取り上げられている。その理由をみてみよう。

　障害者の雇用は，生産性などの点からすれば企業には負担になることも多い。そのため政府は，民間企業に対し障害者の雇用を義務づけ，それが達成されない場合，障害者雇用納付金を徴収している。法律の定める障害者の雇用水準を達成した企業の比率は50%を超えてはいるものの，企業の多くは雇用ではなく，納付金を納めているのだ。

　障害者の雇用は，日本理化学工業でもさまざまな職場での軋轢をもたらした。日本理化学工業が，障害者の雇用を重視するようになるのは，人間の幸せはお金ではなく，働くことで「人の役に立っている，必要とされていることを実感できる」（大山，2009，57頁）ことにあるという僧侶からのアドバイスだった。実際，製造ラインを任された障害者の1人は，障害のためにさまざまなトラブルを引き起こしたものの，職場の先輩から自分の役割を知らされ，「僕が行かないと，ラインができなくなる」（同，137頁）と仕事を通じて社会とのつながりを実感するようになった。

　たしかに生活するには，働いて収入を得なければならない。だが，働くことを通じて他人から認められ，社会とつながりをもつこともまた重要なことだろう。だが，現実はそう甘くない。企業に雇われて働くようになると，自分の自由な時間は減り，会社で働かなければならない。しかも会社の決めた仕事を，会社の決めたやり方でこなさなければない。そのため従業員たちは，仕事に対する「やる気」をなくしてしまう可能性があるのだ。そのため会社を経営していくには，どんな人材を採用し，採用した人たちにどう働いてもらうかが重要になってくる。**人的資源管理**にかかわる問題である。

　みなさんは「モダンタイムス」という映画をご覧になったことはあるだろうか。「モダンタイムス」は，喜劇王とよばれるチャップリンが，近代文明を皮肉った作品である。この映画で近代文明の象徴とされたのが，ベルトコンベアに基づく**大量生産方式**であった。

　私たちが暮らす市民社会は，封建的・身分的な関係から解放された個人の市場での自由な経済活動を基礎としている。個人の解放は，ドラッカーが指摘しているように，伝統的な職人社会とその社会的な秩序を解体させ，企業への従業員の雇用を促していく。こうして市民社会の生成とともに，従業員の**勤労意欲**という問題が生まれてくる。この従業員の勤労意欲問題を決定的にしたのが，「モダンタイムス」で取り上げられた大量生産方式の導入なのである。

　映画「モダンタイムス」のなかで，工場労働者を演じるチャップリンは，コンベアのもとで，半製品についているネジを締めるという単純な作業を，何度も繰り返して，しかもベルトコンベアのスピードに合わせて時間強制的に行っていた。「モダンタイムス」にみられるように大量生産のもとでは，これまで職人が行ってきた職種（Trade）は解体され，単純化，標準化された多くの**職務**（Job）が生みだされてくる。企業に採用される従業員たちは，**科学的管理**に象徴されるような単純化され，専門化された職務を担うことになる。もちろんこうした職務は，大量生産方式をもとに他の職務と統合され，組織化されていく。

　伝統的な職人の社会では，仕事を担当する従業員の技能は職業別の**労働組合**による徒弟制を通じて形成され，担当する仕事の賃金や労働条件は，労働組合の参加のもとで，ある程度社会的に標準化されていた。けれども大量生産方式のもとで単純化された職務を担当するのは，熟練をもたない従業員であり，彼らは**昇進制**と結びついて企業内で育成され，多様な職務に配置されるのである。しかも職種の解体とともに多数の職務が生みだされ，これまで社会的に決定されていた職種別の賃金や労働条件は，職務ごとに決定する必要が生まれてきた。こうした人事に関する職能を担ったのが，**人事部**であった。

3 大量生産と人事職能

　このように**人事職能**は，大量生産方式の導入による職種の解体とともに必要となってきた。もちろん大量生産方式の導入が生産に必要とされる職務の内容を決定するわけではない。大量生産の効率的な運営に必要とされる多様な職務の内容を明らかにするとともに，他の職務との関連，つまり大量生産方式に基づく組織体制の構築が求められる。そのためには個々の職務がどのような内容なのかを明らかにするだけでなく，職務の遂行にかかわる権限などを解明しなければならない。そうした技法が，**職務分析**や職務調査などである。

　職務分析は，職務の内容を明らかにするだけではない。個々の職務を担当する従業員の要件も明らかにしなければならない。職務内容をあらわしたものが職務記述書であり，職務担当者の要件を明らかにしたのが職務明細書である。「管理はヒトの管理」であると指摘されるように，職務や組織が構築されても，それを担う人材がいなければ組織は動かない。そのために企業は，職務を担う人材を採用し，教育訓練などにより企業内部から確保することになる。さらに職務を担ってもらうには，賃金をはじめとする労働条件を決めることが必要になる。

　このように人的資源管理は，大量生産方式の導入とともに，職務の設計や配置，さらに労働条件などを決定する手法として登場してきた。当時は**人事管理**とよばれていた。職務への人材の適応という視点から産業心理学が重要や役割を果たしてきた。実際，産業心理学の知見をもとに「経営者は，従業員の分類，異動，昇進，職務分析，雇入れのさいの面接，配置，訓練などの人事管理上の技術を急速に発展」（笛木，1969，55頁）させることができた。

　人事管理論は，科学的管理に代表される**機械的人間観**とは異なり，「人間性」の科学に基づく管理研究として登場してきた。実際，生成期の人事管理論では，コミュニケーションの機関として従業員の代表が会社の福利厚生施設の運営などに参加する従業員代表制といった組織が考えられていた。けれども従業員代表制のある企業の多くでは，労働組合が承認されておらず，そのため従業員代表制は，労使の対立を緩和し，従業員の経営者的態度を高める機関として組織されていたといえる。人事管理論では「人間性」が強調されていたとはいえ，その人間観は細分化された職務の担い手として人間が把握されるという点

で機械的人間観の延長とも理解されている。

4 仕事と人間性

1972年, アメリカのゼネラル・モーターズのローズタウン工場で大規模なストライキが起こった。この工場では, 以前からコンベアに対する不満が高まっており, 新車のシートが切り裂かれるなどの抵抗が生じていた。こうしたなか大量生産の非人間的な状況に反抗して, 職場放棄, つまりストライキが起こったのである。

大量生産は効率的な生産方法だとしても, さまざまな問題をはらんでいる。すでにみたように市民社会は, 市場での個人の自由な活動を基盤としている。大量生産を基盤とする組織社会では, 個人は組織のメンバーとしてのみ存在できる。そのため個人の人間的な欲求を組織目的に対し意味づけることが重要になる。だが従業員の担う職務は, 極度に専門化されており, 人間的な欲求を反映する単位として編成されていない。そのため人間的な資質を内面化する職務の再構築が必要となる。こうした課題を担ったのが, マズロー (A. H. Maslow) の欲求段階説に代表される**欲求理論**であった。

アメリカでは, 厳格な労使協定を背景に経済効率の追求は, もっぱら機械化により達成されてきた。だが1980年代以降, 日本企業の国際競争力の高まりとともに, 貴重な経済的資源として人的資源への関心が高まり, 従業員の育成や人間性を重視した従業員の活用が進められた。こうした活動の理論的な背景となったのが人的資源管理論であり, そこでは人間は古典的な**機械的人間**ではなく, 欲求の実現を求める**自己実現人**と理解されてきたのである。

だが, 東欧や中国などの転換を背景とする経済のグローバル化の進展とともに, 人材の管理も経営戦略との結びつきが重視されるようになる。戦略的人的資源管理論の登場である。戦略的人的資源管理論には, ソフトとハードなアプローチがあるという。ソフトアプローチでは, 戦略目的の実現における従業員の内的な動機づけが重視されるのに対し, ハードアプローチでは, 「戦略目標の達成は従業員の職務遂行努力を最大限に引き出す適切なHRM制度」(岩出, 2014, 164頁) にかかっていると把握される。前者では人間の欲求を重視する欲求理論を基礎にしているのに対し, 後者では, 戦略実現のための資源理論が重視され, 人間は戦略実現のツールとしてみられているという批判もある。

5 おわりに

　人材の管理に関する研究は，大量生産の導入とともに人事管理論として生成してきた。ここでは職務を担う人材という観点から人間は把握されていた。低成長への移行とともに人材の管理は，人的資源を重視する人的資源管理論へと展開してきた。だが，グローバルな競争の進展とともに人的資源の効率性が重視されてきた。人的資源管理論は，今後とも競争の展開とともに効率と人間性の間で揺れ続けていくことになるだろう。

▶参考文献

　岩出博（2002）『戦略的人的資源管理論の実相』泉文堂。
　大山康弘（2009）『働く幸せ』WAVE出版。
　澤田幹・守屋貴司・平澤克彦編著（2009）『明日を生きる人的資源管理』ミネルヴァ書房。
　竹信三恵子（2012）『しあわせに働ける社会へ』岩波ジュニア新書。
　立石康則（2006）『働くこと，生きること』草思社。
　中西寅雄・鍋島達編（1965）『現代における経営の理念と特質』日本生産性本部。
　笛木正治（1969）『労務管理発展史論』同文館。

❗さらに理解を深めるために

　伊藤健市（2008）『資源ベースのヒューマン・リソース・マネジメント』中央経済社。
　　　（人的資源管理論の基盤とされる基礎理論を学説的に扱ったテキスト，人的資源管理論の変遷を知るには最適）
　岩出博（2014）『従業員満足指向人的資源管理論』泉文堂。
　　　（従業員の満足という視点から人的資源管理論を扱っている。人的資源管理論における人間性と効率という問題を知るには貴重な労作）
　副田満輝・原田実編著（1981）『経営労務論』ミネルヴァ書房。
　　　（雇用関係や生産技術など「人的資源管理」を規定する労働経済の基礎理論から，人事・労務管理まで基礎理論を扱ったテキスト）

コーポレート・ファイナンス

1 はじめに

コーポレート・ファイナンスは，企業の資金調達と投資について取り扱う分野である。企業ファイナンス，企業金融，企業財務あるいは経営財務とも称される。主要な経営資源として，一般に，ヒト，モノ，カネ，および情報がこれに該当し，このうち，コーポレート・ファイナンスの守備範囲は，カネである。カネは，文字どおり資金を意味し，企業活動を行ううえで必要なものである。

たとえば，製造業の企業を例にとってみよう。まず，ある製品を製造するために工場用地を購入し，その土地に工場を建設し，工場内に機械等の設備投資をし，工場を運営するための人材を採用・育成し，ようやく工場を稼働させて製品を製造することができる。このすべてのプロセスにおカネがかかる。このとき，この事業を行うためのおカネを調達することが資金調達であり，事業を行うことを**事業投資**という。

事業投資は見方を変えると，どの実物資産へ投資をするかという意思決定問題に帰着される（**図表1**）。ここで，実物資産とは，土地，建物，機械など有形資産のほか，技術上の専門知識や商標，特許，またアニメーションなどのコンテンツといった無形資産もある。共通していえることは，それ自体価値があるという点である。

一方，事業投資を行うための資金調達手段には，自己資金と外部資金があり，自己資金で必要な金額を賄えない場合，外部資金は金融機関あるいは投資家から調達することになる。すなわち，銀行等金融機関からの借入れや株式・債券といった有価証券の新規発行が該当する。

有価証券の発行には社債と株式があり，それぞれさまざまな種類が存在する。ここで，わが国事業会社の資金調達形態で最も多い形態は銀行借入れであり，金融負債残高比約43.8%，企業間・貿易信用と合わせると約64%に達し（「日本銀行資金循環統計」2019年6月末現在，※以下同），株式・債券に約70%と大きく依存するアメリカとは対照的である（Nonfinancial Corporate Business，2018年3月末現在）。

図表1　事業会社のバランスシート

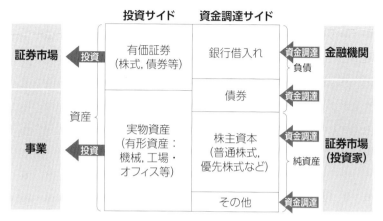

出所：筆者作成。

　見方を変えると，社債や株式などの証券を発行して直接市場で投資家から資金調達する形態を**直接金融**といい，預金者が預金などの形で銀行に預け入れたおカネを銀行から借り入れる形態を**間接金融**という。ここで，株式（エクイティ）の発行をともなう直接金融とは新株の発行をともなう証券発行形態のことであり，**エクイティファイナンス**という。該当する証券発行には，新株発行のほか，新株予約権付社債（ワラント債）や転換社債型新株予約券付社債の発行も，株主資本の増加をもたらすため含まれる。一方，社債発行と銀行借入れは，負債（デット）による資金調達であるため，**デットファイナンス**という。

　また，投資信託や不動産投資信託（REIT），証券化，シンジケートローン，あるいはリースなどの資金調達手段がある。投資信託や証券化などは，直接金融と間接金融の中間の性格を有するため，**市場型間接金融**という。この形態は，市場から直接資金を調達する直接金融と銀行など第三者を介した取引である間接金融の中間的な資金調達形態である。

2　株式の発行

　株式発行による資金調達は，株主資本の調達を意味する。株主資本は，返済の義務がなく，企業は安定的な投資資金として利用することが可能である。わが国の事業会社が株式で資金調達する割合（金融負債に占める残高構成比）

図表2　議決権行使書見本

出所：トヨタ自動車株式会社。

は，17.5%である（「日本銀行資金循環統計」）。

　発行される株式の太宗は普通株式であり，株主に与えられる権利は限定されており，最も一般的な株式である。株式を保有する株主は，株主総会における議決権を有することで経営に参加したり，配当を受け取ったりする権利など，保有する株数に応じた権利を有する。

　図表2は，議決権行使書の見本である。議決権行使書とは株主が株主総会に提出される各種議案について議決権を行使するために使用される。行使可能な議決権の数が明記されており（**図表2**では削除），議案ごとに賛否を投じる形式となっている。現在では，スマートフォンやウェブサイトでも議決権を行使できる企業が増えつつある。

3 社債の発行

　社債は，企業が債券市場で投資家に発行する有価証券であり，負債による資金調達手段の1つである。わが国の事業会社が社債で資金調達する割合（金融負債に占める残高構成比）は，7.2%である（「日本銀行資金循環統計」）。投資家は，購入代金を払い込んで社債を購入し，当該企業の債権者となる。企業は，定期的に投資家に利息相当のクーポンを支払い，満期時には償還金を返還する。株式に満期がないのとは対照的である。

社債は事業債ともよばれ，普通社債と新株予約権のついた新株予約権付社債がある。新株予約権付社債は，新株予約権付社債（ワラント債）や転換社債型新株予約券付社債とからなる。発行主体によって，電信電話債券，電力債，銀行債，および一般事業会社が発行する一般事業債などに分類することができる。

わが国では，社債の発行は歴史的に制限されてきた。以前は，適債基準という，発行時に一定の信用力を有する優良企業だけが広く投資家を募る公募で発行することができた。現在では，この基準が撤廃されており，基本的にどのような企業でも発行することが可能となっている。

4 銀行借入れ

わが国では，企業の大半は銀行借入れによる資金調達を行う。わが国の事業会社が銀行借入れで資金調達する割合（金融負債に占める残高構成比）は43.8％であり，最も有力な資金調達手段となっている（「日本銀行資金循環統計」）。

株式の発行は株式会社に制限され，また，社債の発行は，事実上中小企業は困難であるのに比べ，企業の信用力に応じて，一部の企業を除き，銀行借入れが可能となっている。ここで，一部の企業とは，ベンチャー企業のなかでも，特に立ち上げ時や起業間もない企業であり，信用実績が乏しい企業である。

銀行借入れの形態には下記の4つの種類があり，各形態のメリット，デメリットを考え，使い分けることができる。

●証書貸付

金銭消費貸借契約書という契約書を銀行に差し出して借り入れる方法で，主に長期の返済期間での借入れで使われる。

●手形貸付

借入れ用の手形を銀行に差し入れ，借り入れる方法で，主に短期の返済期間での借入れで使われる。

●手形割引

売上代金を手形で回収した場合，その手形を銀行が買い取ることによって資金を受け取る方法をいう。

●当座貸越

借入れの極度額を設定し，その極度額までは自由に借入れたり，返済したり

できるという借入れ方法をいう。

　銀行から借り入れる場合，金利が重要な要素となる。金利は企業が銀行等から資金を借り入れた場合に支払う利息またはその割合を意味し，借入れ企業の信用力，資金使途，担保・保証の有無，取引関係の親密度などを考慮して個別に決定される。金利は，1年未満の短期の借入れに使われる金利と，1年以上の長期の借入れに使われる金利の体系は異なり，日本銀行の金利政策等の影響を受けて，金利水準が変動する。

5 おわりに

　資金調達と投資は車の両輪のようなもので，両者のバランスがうまく取れないと，企業経営はうまくいかない。本書は，経営学の初学者を対象としており，紙面も限られていることから，資金調達手段に絞り，極力わかりやすさを心掛け，解説した。企業の投資面やコーポレート・ファイナンスを全体的に学びたい場合は，「さらに理解を深めるために」の書籍等を参考にしてもらいたい。

▶**参考文献**
　菅野正泰（2017a）『実践コーポレート・ファイナンス』創成社。
　菅野正泰（2017b）『発展コーポレート・ファイナンス』創成社。

！さらに理解を深めるために
　菅野正泰（2017a）『実践コーポレート・ファイナンス』創成社。
　　（現在価値に基づく DCF 法などについて，計算例を交えて解説した著書）
　菅野正泰（2017b）『発展コーポレート・ファイナンス』創成社。
　　（資金調達と投資に関する各種発展的項目をわかりやすく解説した著書）
　小宮一慶（2015）『「ROEって何？」という人のための経営指標の教科書』PHP 研究所。
　　（企業の収益性指標として最近注目を集める ROE について解説した著書）
　武内浩二編著（2012）『債券取引の知識＜第3版＞』（日経文庫）日本経済新聞出版社。
　　（債券取引の基礎知識をまとめたバイブル的著書）
　日本証券業協会，髙橋文郎編（2012）『新・証券市場 2012』中央経済社。
　　（証券（株式，債券および投資信託）市場の基礎知識についてまとめた著書）

経営学の現代的トピック

第Ⅱ部

セントラルスポーツ株式会社

代表取締役会長 後藤 忠治
(S.39 年 商業学科卒業)

会 社 組 織

[会社概要]
設立：1970（昭和 45）年 5 月 13 日　本社：東京都中央区新川 1-21-2
資本金：22 億 6117 万円　売上高：542 億円（2019 年 3 月末現在）

東証一部上場 ISO9001 認証 健康経営優良法人 2020（ホワイト 500）
[事業内容]
スポーツクラブ（フィットネス・水泳・体操・テニス等のスポーツ施設）の運営・指導／スポーツ施設の設計アドバイス及び管理・運営／企業フィットネスの推進／マリーンレジャー企画・運営／介護予防事業／旅行業／野外活動（サマースクール・スキースクール等）の運営・指導／社会体育指導員の養成・資格認定及び派遣／エステティック事業／スポーツ機器・用品仕入／施設の営繕工事／バス運行管理業務／警備業
店舗数：全国約 240 店舗（2019 年 3 月末現在）

[創業・歴史]
オリンピックメダリストの小野喬らと共同で，スポーツを通じた「青少年の健康づくり・体力づくり，情操教育」を目的にスポーツクラブを設立，日本ではじめてスイミングクラブをビジネス化。「0 歳から一生涯の健康づくりに貢献する」を経営理念とし，全国各地にスイミングクラブやフィットネスクラブを展開。民間初のスポーツ研究所を設立した後に，競泳の鈴木大地選手や体操の冨田洋之選手等，多数のメダリストを輩出し，スポーツ選手の育成にも多大なる貢献を果たしている。

経営状況と今後の経営展望

　「0 歳から一生涯の健康づくりに貢献する」という経営理念は創業時より変わっていませんが，現在の社会環境は当時と大きく変わっています。少子高齢化，健康寿命の延伸，医療費増加率の軽減といったさまざまな社会問題に対し，「元気で長生き 100 歳時代」にむけて社会に貢献しなければならないという思いがあります。スポーツクラブに通っている人達の平均年齢は，2000 年頃は 40 歳でしたが，今は 54 歳です。スポーツクラブの平均年齢にも高齢化現象がはっ

きりと数字にあらわれています。

　医療費は60歳を過ぎると急激に上がります。運動をしている人としていない人を比べると医療費の差は明らかです。これからはそのような分野に貢献していく時代ではないか，私たちスポーツクラブ運営というスポーツ分野から健康産業という分野へと変化していく必要があると捉えています。

　他社との差別化という点では，どのようなニーズがあるかを捉えることが大事です。たとえば日本でスポーツクラブに通っている人は全人口の約4%ですが，アメリカでは約14%といわれています。この大きな差は両国の健康保険制度の違いにありますが，将来日本でも医療費の自己負担率がさらに上がれば，それだけスポーツ活動のニーズも高まると思います。

　さらにそのなかにどのようなニーズがあるのかを考えてみます。たとえば高齢の人は，自分で運動のプログラムをつくって自ら運動をすることがなかなか難しいです。そこに差別化があると思っています。最近24時間営業で夜はスタッフがいないチェーン店も増えていますが，単なる場所貸しではなく，スタッフとのコミュニケーションや会員同士のコミュニケーションなども重視して，コミュニケーションを図る場として差別化していくということです。

　もうひとつは，創業時の目的のひとつでもある子供たちの育成です。弊社のクラブは4割が子供で，彼らの育成を重視しているというのが他社との違いになります。

　マタニティーやベビーの頃から高齢の方まで合わせて，全年齢を対象にしています。会員のすべてのニーズを受け入れるためにも，安全を第一に考えたうえで，対策を練りあらゆる対応をしています。これがいま私たちが進めていることです。

経営者個人への質問

1. 現在の役職に就いた経緯

　1964年の東京オリンピックに出場させてもらいましたが，100m自由形は敗退，400mフリーリレーは4位で，メダルはとれませんでした。惨敗したので，やはり自分自身がもっと努力をすべきだったという気持ちがありました。

　「切り替えて社会人としてやっていく」と自分では決めていたのですが，その一方で恩師の村上勝芳さん（当時の日本大学水泳部監督）は，日本が惨敗したこ

とを憂えて，自費で代々木のプールに行って子供たちに無償で指導をしていました。保護者の皆さんが村上さんにお礼を渡しはじめたため，一定の金額にし，スイミングクラブになったということでした。

代表取締役会長・後藤忠治氏

　私は，スイミングクラブになった後にその話を聞き，すでに水泳から離れていましたが，恩師が50歳を過ぎてもなお教えている姿をみて，自分が果たせなかった夢を自分こそがやらなければいけない，という強い思いに駆られたのが動機です。メダルをとっていたら多分この事業はやっていなかったでしょう。

　一緒に事業を立ち上げたオリンピックメダリストの小野喬・清子夫妻や遠藤幸雄さん（当時 日本大学教授）たちと，どうやったらオリンピック選手を輩出することができるのかと議論をしてクラブをつくりました。創業の際，恩師の村上さんからは「スポーツクラブの運営は経済的にとても厳しいので，まず自分たちの生活ができるようにすることが第一だ。その次に余力ができたら選手作りだ。だから最初からオリンピック選手を育てるという発表はするな」という助言をもらいました。

　その後，念願の自社施設所有のため，銀行から多額のお金を借りなければなりませんでした。当時の社会常識では無理な条件でしたが，根気よく最後まで諦めずに依頼をして，創業7年目に自社施設1号店出店を実現することができました。その時は夢中ですし若かったので全然苦労だと思いませんでした。まさに日本大学の「自主創造」の精神で，創業時の目的である「スポーツを通じた健康づくり・体力づくり，情操教育」の実現のために頑張りました。

2. 経営者としての視点

　経営理念が重要だと思います。何が目的でこの事業を行うのか，と考えた時に，社会とともに，社会に貢献する仕事であることが大切です。

　実際の会社の旗振り役は社長です。だからこそ会社の方向性が決まっていなければなりません。時代が変わっていくなかで，それを敏感に感じて方向転換もしていかなければいけません。

私はそのためには「広く社会をみる」ということが一番大切だと思っています。「広く社会をみる」ということは，日本だけではなく世界もみるということです。日本の常識は世界の常識にあらずといいますから，海外へ行っていろいろな勉強をしておくことは，どんな職業に就くにしても大切だと思います。何の勉強をするかという前に，社会をみてから勉強を絞っていくほうがいいのではないでしょうか。

　1962 年，インドネシアで開かれたアジア大会に参加した時に，改めて世界の中の日本を実感しました。それがきっかけで，小さい時から国際感覚を育てなくてはいけないと感じ，47 年にわたり毎年会員の子供たちをハワイへホームステイに連れて行き，多くの社員達もアメリカに研修に行かせています。子供たちは 1 回に 20〜30 人ぐらい行っているので，すでに 1,200 人以上は行っていることになります。そのなかには鈴木大地君（現スポーツ庁長官）もいます。

　私は，人は環境によってつくられる部分もあるけれど，環境は人がつくるものであると思います。ですから，毎年子供たちをハワイに連れて行っています。

3. 経営者として心がけていること

　間違いなく経営は 1 人ではできません。自分が水泳の指導をはじめたときに 1 回に教えることができる人数は最大でも 20 人ぐらいでしたが，今は会員が約 44 万人います。みんなに協力してもらわないと実現できません。そのためには，従業員の働きやすい環境をつくることが一番大切ではないでしょうか。

　また，会社の仕事が社会に貢献できるか，役に立つのかという視点をもち人を巻き込んで世の中の役に立つことをやっていくことも大切です。そのために従業員をどうやって守れるかを考え，そこで働いている人たちが幸せであること，働くことが幸せだと思えるような環境づくりが必要ではないかと思います。

　最初からなかなかそこまで行き着きませんし，100％満足してもらえるわけはないのですが，会社が一定のところまで大きくなったら，そのような職場環境が維持できる働きがいのある職場づくりを常に志すことが必要なのではないかと思います。業種的にも環境

スイミングスクールの様子

的にもそこまでいくには時間もかかりますが，これが目標です。

4. 学生時代を振り返って

　オリンピックの合宿があったので，ほとんど授業には出られませんでした。そのため，卒業して社会人になった時にはものすごく苦労しました。株式会社大丸に入って研修を何日間か受けた時に，研修の際に使われる言葉に対応するのも大変でした。仕事をはじめるときは知識がゼロでしたから，それこそ詰め込みです。社会人になってからは毎日満員電車のなかで新聞を社説から読んで，わからない字がいっぱい出てくるので，線を引いて後で読めるようにするなど，そういう苦労がありました。

　ただ，大学時代の経験は，間違いなく社会人になって役に立っていると思います。水泳部の練習はそれは大変でした。1年生で入部し，寮生活のなかで先輩の布団を畳んだり，朝のご飯をつくったり，掃除をしたり，身の回りのことをすべてやりました。とても厳しい規律のなかで過ごし，さらに動けなくなるほどの厳しい練習をこなしていました。今，後輩には勉強をしっかりするように，文武両道といっています。

5. 学生へのメッセージ

　何でもいいですから，是非夢のある目標をもってください。目標を定めたら，あきらめず最後まで頑張る。頑張る間に，いろいろな経験があり，そのことが人生の財産になると思います。

　目標を達成させるためには努力があり，後から振り返ればよい経験となって，物をみる時の尺度にもなります。一日は24時間しかないので，その24時間をどうやって使ったか。努力をしたら努力をした分だけ結果がついてきます。目標は必ず達成する。諦めない。諦めないで頑張る。

　「努力は無限だ!!」

TOPIC 7 中小企業経営論

1 はじめに

　この章では，中小企業の定義や経営上の特徴を理解することを目的とする。また，中小企業の抱える問題性とともに発展の可能性について考察する。さらに，中小企業が日本の経済や社会に対して果たしている役割についても紹介する。

2 中小企業とは

　みなさんは，「中小企業」と聞いて，どのような企業を思い浮かべるだろうか。ある人は小さな町工場を思い浮かべ，ある人は商店街に軒を連ねる小売業やサービス業のお店のことを思い浮かべるかもしれない。あるいは，最先端の技術開発に取り組む，少数精鋭のベンチャー企業を思い浮かべる人もいるのではないだろうか。中小企業の定義は後ほど紹介するが，これらはいずれも中小企業といっても差し支えないであろう。

　中小企業は，多様な業種に存在しているばかりか，企業の形態や立地する地域も多様性に富んでいる。また，従業員数や資本金額，売上高といった事業規模についても，かなりのバラツキがみられる。こうしたことから，中小企業は，「異質多元な存在」であると称されてきた。

　このように，中小企業は，捉えどころのない存在のように思われるかもしれない。しかし，相対的に中小規模の企業を1つの層として捉えた場合，それらの企業は，共通する特徴や問題を抱えていたり，発展の可能性を秘めていたりもする。そのため，企業全般ではなく，あえて中小企業を対象とした政策が実施されたり，研究の対象として取り上げられたりしてきたのである。

3 中小企業の定義と中小企業数

　日本では，「中小企業基本法」（1963（昭和38）年）によって，中小企業が定義づけられている。**図表1**に示したように，業種ごとに「資本金」と「常時使用する従業員数」によって範囲が定められている。また，中小企業のうち，

「常時使用する従業員数」が20人以下（卸売業，サービス業，小売業は5人以下）の企業は，小規模企業者と定義づけられている。

中小企業基本法の定義に基づいて，国内の中小企業数を示すと，2016年時点では357万8,176企業となっている。非一次産業の全企業数に占める中小企業の割合は，99.7％である。また，小規模企業者に限ると304万8,390企業であり，同じく全企業に占める割合は84.9％となる。

次に，中小企業に働く従業者数は，3,220万1,032人となっており，非一次産業の全従業者数の68.8％を占めている。また，小規模企業に限ると1,043万7,271人となり，同じく全従業者に占める割合は22.3％となっている。

中小企業は，企業数や従業者数の割合からみると，日本の産業において大きな位置を占めていることがわかる。また，多くの人々が中小企業に従事しており，その人たちの生活を支えていることも理解されるであろう。

図表1　中小企業の定義

業　種	中小企業者		うち，小規模企業者
	資本金または常時使用する従業員数		常時使用する従業員数
製造業，建設業，運輸業その他	3億円以下	300人以下	20人以下
卸売業	1億円以下	100人以下	5人以下
サービス業	5000万円以下	100人以下	5人以下
小売業	5000万円以下	50人以下	5人以下

出所：筆者作成。

4 中小企業経営の特徴

中小企業は，大企業と比較するとヒト・モノ・カネ・情報などの**経営資源**が限られている。このように，中小企業は，大企業とは異なる経営上の特徴を備えている。それらの特徴は，中小企業ならではの強みとして発揮される場合もあれば，経営の不安定化をもたらす弱点としてあらわれる場合もある。そのた

め，中小企業は，発展性と問題性の両面を備えた存在であるといえる。本節では，その両面に注目して中小企業の特徴を述べていきたい。

1 ■ 迅速な意思決定

　大企業は，従業員数が多く，組織も階層化されている。そのため，意思決定を図るためには，社内の各部署での意見調整が必要とされる。それに対して中小企業は，従業員数が少なく，組織もあまり階層化されていないことから，社内での意見調整も比較的に容易である。そうしたことから，中小企業は，意思決定が迅速に行われるといった特徴がみられる。

　特に企業を取り巻く環境が激しく変化している時には，意思決定のスピードが経営を大きく左右することになる。たとえば，新たなビジネスチャンスが到来した際に，迅速な意思決定により，ライバル企業に先行して事業を展開すれば，新規の市場において利益を独占的に獲得することも可能になる。

　このように，迅速な意思決定を図りやすい中小企業は，ビジネスチャンスを摑み，成長していく可能性を秘めている。ただし，組織的な意思決定のプロセスを経ずに，経営者個人の独断的な意思決定に依存する場合には，合理性を欠く決定が行われ，経営にマイナスの影響をもたらすこともある。

2 ■ 事業分野の専門特化

　中小企業は，特定の製品や特定の技術の分野に専門特化する傾向がみられる。中小企業は，限られた経営資源を分散するのではなく，特定の分野に集中することで，その分野での競争力を高めようとしているのである。

　たとえば，小売業であれば，百貨店や大手スーパーなどの大規模な商店には多様な商品が幅広く取り揃えられているが，小規模な商店には特定の種類の商品が重点的に取り揃えられている。大規模な商店は，買い物をするのに便利ではあるが，消費者の求める商品がすべて取り揃えられているわけではない。一方，小規模な商店は，消費者の個別の要求に応えた商品の取り寄せや，アフターサービスに対応しているところも少なくない。また，製造業に目をむけると，特定の分野においてオンリーワンの技術をもった中小企業も数多く存在している。東京都大田区には，機械・金属加工に特化した中小企業が集積しているが，そのなかには他社の追随を許さない高度な加工技術を有しており，国内

のみならず海外からも注文が舞い込んでいる企業もみられる。

このように，経営資源の制約があるなかでも，中小企業は，専門店ならではの品揃えや消費者への対応，あるいは特定の加工技術に磨きをかけることなどで存立を図っている。もちろん，専門特化しているために，必ずしも大きな需要が見込めないという面もあることに留意する必要がある。

3 ■ 下請取引

中小企業のなかには，自社より規模の大きい企業等から製造や修理の委託を受ける，いわゆる**下請取引**にかかわっている企業も少なくない。しかし，下請取引や**下請企業**に対して，マイナスのイメージをもつ人もおり，こうした用語の使用そのものを避けようとする風潮もみられる。

確かに，下請取引には，マイナスのイメージを抱かせるような事態が生じているのも事実である。具体的には，親企業が下請企業への支払代金を合意なしに切り下げたり，注文していた製品の受け取りを拒否したりするなどの問題が起こっている。こうした親企業による優越的地位の濫用は，独占禁止法により違法行為とされる。ただし，下請取引そのものが違法というわけではなく，下請取引において違法行為が行われていることが問題なのである。

また，中小企業は，下請から脱却しなければならないという主張もしばしば聞かれるところである。下請取引に依存する中小企業は，親企業の経営状況や発注方針に影響を受けやすく，自律的な経営を難しくしている側面がある。ただし，下請取引をすることで，ある程度の期間にわたり受注を確保できることや，親企業との関係によっては技術的な支援を受けて技術力を高めることができたり，金融機関などに対して信用を高めたりする場合もある。

このように，下請取引や下請企業の実態を一面的に捉えるのではなく，多様な側面から評価・分析する必要があるといえよう。

5 中小企業の社会的役割

かつて，中小企業は，前近代的な遅れた存在であり，発展を阻害された存在であるため支援すべき対象であると捉えられていた。現在も中小企業は経済活動において不利な状況におかれている場合もあり，それを是正するためにさまざまな政策が実施されていることも事実である。しかし，近年は，中小企業が

果たしている役割が積極的に評価されるようになっている。その背景には，地域経済の衰退や人口減少，地域コミュニティの崩壊の危機などが意識されるようになったことがあげられる。

特に1990年代以降，製造業の大企業が生産の拠点を次々に海外に移転していくなかで，地域経済の衰退や地方の人口減少が叫ばれるようになった。こうした状況のもとで，地域に雇用の場を提供し，地域経済を支える中小企業の役割に期待が高まっていったのである。また，これらとほぼ同時期に大手のチェーン店の展開により，商店街など身近な買い物の場の衰退が進んでいった。こうした事態のなかで，改めて商店街は単なる買い物の場ではなく，地域の人々の交流の場でもあることが認識されるようになった。こうしたことから，各地で商店街を再生させようという動きも起こっている。

このように，中小企業が地域の経済や社会に対して果たしている役割が積極的に評価されるようになっている。それに応えるように，中小企業の経営者も自社の経営に専念するだけではなく，事業活動を通して経済や社会に貢献するという認識が広がりつつある。

6 おわりに

中小企業は，1つひとつを取り上げると小さいながらも，中小企業を総体として捉えた場合，日本の経済や社会において果たしている役割は決して小さなものではない。むしろ，その役割は，いちだんと高まっている。

しかし，近年，経営者の高齢化が進む一方で，後継者がみつからずに廃業せざるを得ない中小企業が増加している。このなかには，他社では代替することができない独自の加工技術やノウハウを備えた中小企業もある。こうした中小企業が姿を消すと，取引先の企業が部品を確保できなくなるなどの影響をもたらすことになる。また，中小企業の廃業が増えることで雇用の場が失われることも懸念されている。このようなことから，中小企業の後継者の確保や円滑な事業承継を図ることが重要な課題となっている。

▶参考文献
関智宏・中山健編著（2017）『21世紀中小企業のネットワーク組織』同友館。
長山宗広編著（2020）『先進事例で学ぶ地域経済論×中小企業論』ミネルヴァ書房。

渡辺幸男・小川正博・黒瀬直宏・向山雅夫（2013）『21世紀中小企業論—多様性と可能性を考える—（第3版)』有斐閣。

さらに理解を深めるために

植田浩史・桑原武志・本多哲夫・義永忠一・関智宏・田中幹大・林幸治（2014）『中小企業・ベンチャー企業論—グローバルと地域のはざまで—（新版)』有斐閣。
（「中小企業論」や「ベンチャー企業論」の基礎的なテキストとして適している）

黒瀬直宏（2018）『複眼的中小企業論—中小企業は発展性と問題性の統一物—（改訂版)』同友館。
（中小企業をどのような存在として捉えるべきか理論的な考察が紹介されている）

佐竹隆幸（2008）『中小企業存立条件論—経営の課題と政策の行方—』ミネルヴァ書房。
（中小企業の存立条件など中小企業研究における本質論が展開されている）

関智宏編著（2020）『よくわかる中小企業』ミネルヴァ書房。
（中小企業に関する用語や概念が解説されており「中小企業論」を学ぶ際に助けとなる）

長山宗広編著（2020）『先進事例で学ぶ地域経済論×中小企業論』ミネルヴァ書房。
（各地の集積や産地の事例を通して，地域経済論や中小企業論の概念を学ぶことができる）

ベンチャー経営

1 はじめに――ベンチャー企業とは?

　経営学の授業では，トヨタ自動車やキヤノン，富士フイルムや東レといった大企業が取り上げられることが多いだろう。このため，**ベンチャー企業**にはあまり馴染みがない人がいるかもしれない。しかし，現在，日本ではベンチャー企業に対して大きな期待が寄せられている。そこで，本トピックではベンチャー企業の概要と役割，経営の工夫などについて論じていく。

　ベンチャー企業とは，画期的な製品（サービスを含む）やビジネスモデルを生みだして大きな成長を目指す誕生して日の浅い企業である。個人間売買を仲介する㈱メルカリや車の自動運転技術を開発する㈱ZMPはその代表例である。なお，画期的な製品やビジネスモデルの創造をはじめ，経済社会を大きく進歩させる革新は**イノベーション**とよばれる。イノベーションは，私たちの生活を豊かにし，経済を活性化させる。

　日本でベンチャー企業が注目されるようになったのは，高度成長期の終盤，1970年頃である。それまで，新しいビジネスをはじめる人（起業家）の多くはよい職がみつからない人たちであり，やむなく起業していると考えられていた。しかし，自らの経験や知識，技術などを生かして革新的なビジネス，つまりベンチャーをはじめる若い起業家たちの存在がいくつかの調査を通じて次第に明らかになってきた。これを機に起業に対する消極的なイメージが積極的なものに大きく変わり，ベンチャー企業に対する関心も高まったのである。

2 イノベーションの担い手

　現在，日本政府は多くのベンチャー企業の輩出を重要な政策課題と位置づけている。ベンチャー企業が果たす経済的に重要な役割が広く認識されているためである。そうした役割としては，従来からビジネスを行っている「既存企業」に挑戦し競争を活発にすることや，成長を遂げるなかで大きな雇用を創出することなどがあげられる。

　なかでも重要なのはイノベーションを生みだすことである。もちろん，既存

企業もイノベーションの重要な担い手だが，ベンチャー企業には３つの強みがあると考えられる。

　第１に，ベンチャー企業はビジネスの関係者（取引先や従業員など）とのしがらみに縛られにくい。たとえば，インターネットによる消費者への直接販売というイノベーションが生まれつつあった1990年代，これに積極的に取り組まなかった既存企業は少なくなかった。その理由は，従来から取引のある流通業者の猛反対が予想されたためといわれる。これに対して，ベンチャー企業には古くからのしがらみが少ない。その分新たな試みであるイノベーションを大胆に進めやすい。第２に，イノベーションによって置き換えられるビジネスを有していない。既存企業が，たとえば画期的な新製品を販売しはじめると，旧製品が売れなくなる結果，全体の利益がそれほど増えない可能性がある。このため，従来からのビジネスが成功しているほど，うまくいくかどうかわからないイノベーションの創出に消極的になりやすい。一方，これからビジネスをはじめるベンチャー企業ではこうしたことは起こらない。第３に，既存企業，特に大企業よりも，ベンチャー企業の報酬は一般に業績に強く連動している。優れたイノベーションを生み出せば業績は向上するだろう。このため，イノベーション創出にむけたモチベーションが高くなりがちである。

　半面，人材や資金など経営資源の不足という深刻な弱みもベンチャー企業は抱えている。他の企業との連携などによって弱みを克服しつつ，より多くのイノベーションを創出することがベンチャー企業には期待されている。

3 成長にむけた2つのハードル

　画期的な製品の開発・販売を通じて成長を目指す場合，ベンチャー企業は少なくとも２つのハードルを越えなければならない。第１のハードルは画期的な製品に対するニーズの把握である。

　画期的な製品は，当然ながら世の中にまだ存在していない。このためニーズが存在するかどうかの見極めが難しい。まだみていないものを使ってみたいかと尋ねられても多くの人は「わからない」としか答えられないからである。ニーズが把握できなければ，どのような製品を開発すればよいのか決められない。

　では起業家はどうするのか。「みられるようにすればよい」というのが１つ

図表1　2つのハードル

画期的な製品に対する
ニーズの把握

製品を好意的に
評価する
顧客の発見・獲得

出所：筆者作成。

の答えである。つまり，最低限の機能を備えた製品をとにかくつくってみる。そして実際にみせて，使ってみたいか，使ってみたくない理由は何か，改善点は何かなどを尋ねる。こうして得られた意見をもとにニーズに合うように製品を改善していくのである。これを繰り返し行い最終的な製品に仕上げていく手法は**リーン・スタートアップ**，最低限の機能を備えた製品は MVP（Minimum Viable Product）とよばれる（Ries, 2011）。

リーン・スタートアップによって生まれた画期的な製品の代表例はアメリカの Dropbox 社のドロップボックスである。ドロップボックスはオンライン上の保管システムである。保管されたデータやファイルは複数の人が共有できるため作業が効率化される。さらに，個人のパソコン以外の場所にバックアップが自動的に作成されることからデータ消失のおそれも少ない。

しかし，Dropbox 社は当初この製品を本当に使ってもらえるのか確信がもてなかった。そこで同社は，システム開発をはじめる前に，使い方を説明したデモ動画を作成することとした。この動画（つまり MVP）をみせて意見を得て，製品を改良，製品開発を進めていった（Ries, 2011）。こうして Dropbox 社はニーズを捉えた製品の開発に成功，現在では世界で5億もの人たちがこの製品を利用しているといわれる。

画期的な製品の開発に成功したとしても，次のハードルを乗り越えなければならない。それは顧客をみつけることである。

ベンチャー企業は一般に無名であり信用に乏しい。このため，どれほど優れた製品であってもベンチャー企業がつくったというだけで敬遠されることもある。こうした傾向がアメリカなどと比べて日本では強いといわれる。

このためベンチャー企業は自社の製品を好意的に評価してくれる顧客を必死に探し求める。具体的には，新しいものに飛びつく人たちや，自分にとって役立つものかどうかを判断する能力を有し正当に評価してくれる人たちである。前者は**革新的採用者**，後者は**初期少数採用者**とよばれる（Rogers, 2003）。ベンチャー企業は限られた資金や人材を重点的に投入し，革新的採用者や初期少数採用者に売り込む。これらの人たちが購入すると，口コミなどで評判が広まり，より多くの人たちが使ってくれる可能性が高まる。

2つの高いハードルを乗り越えるのは容易ではない。乗り越えたベンチャー企業のみが成長を遂げることができる。

4 おわりに──ベンチャー経営を学ぶ意義

起業活動に関する国際調査「グローバル・アントレプレナーシップ・モニター」によると，現在の日本では起業家が少なく，人口に占める割合は英米の半分程度である。その理由の1つは，新卒で入社した会社に定年まで働き続ける長期（終身）雇用慣行があるためといわれる。安定した仕事を捨ててリスクをとってまで起業するのは合理的ではないというわけである。しかし，近年このような慣行が揺らぎ，雇用の流動化が進みつつある。このため，転職はもちろん起業に踏み切る人も今後増えていく可能性は高い。

実際，起業という選択肢の魅力は少なくない。イノベーションを世に送り出すことによって人々の生活や仕事の進め方を大きく変えていく「わくわく感」を味わえることはその1つである。上司からの指示を受けず自分の思いどおりに仕事することもできる。成功すれば億単位のお金が得られることもある。

すべての人が起業する必要はない。しかし，将来起業したいと思うのか，先のことは誰にもわからない。ベンチャー経営を知れば，起業という選択肢がより現実的なものとなるだろう。備えておくことは大切である。起業など今はまったく考えていない学生を含めベンチャー経営を学ぶ大きな意義はここにある。

▶**参考文献**
鈴木正明（2013）「日本の起業活動の特徴は何か－グローバル・アントレプレナーシップ・モニターに基づく分析」『日本政策金融公庫論集』第19号，17-33頁。

Ries, Eric（2011）*The Lean Startup: How Today's Entrepreneurs Use Continuous Innovation to Create Radically Successful Businesses*, Currency.（井口耕二訳（2012）『リーン・スタートアップ－ムダのない起業プロセスでイノベーションを生み出す』日経 BP 社。）

Rogers, Everett M.（2003）*Diffusion of Innovations*（*5th ed.*）, Free Press.（三藤利雄訳（2007）『イノベーションの普及』翔泳社。）

❗さらに理解を深めるために

馬田隆明（2017）『逆説のスタートアップ思考』中央公論新社。
（急成長を目指すベンチャーがとるべき戦略をわかりやすくまとめた新書）

忽那憲治・長谷川博和・高橋徳行・五十嵐伸吾・山田仁一郎（2013）『アントレプレナーシップ入門―ベンチャーの創造を学ぶ―』有斐閣。
（事業機会の発見，財務，マーケティングなど起業活動の概要をコンパクトにまとめている）

高橋徳行（2005）『起業学の基礎』勁草書房。
（起業を経営学の観点から論じた教科書。事例研究が充実）

田所雅之（2017）『起業の科学―スタートアップサイエンス―』日経 BP 社。
（ベンチャー起業の手順をステップ・バイ・ステップでまとめた実践的な本。入門版もある）

安田武彦・高橋徳行・忽那憲治・本庄裕司（2007）『テキスト ライフサイクルから見た中小企業論』同友館。
（起業を中心に企業の一生を主として経済学の観点から分析している）

企業の情報経営

1 はじめに

　近年の ICT（Information and Communications Technology）の急激な進展を背景に企業を取り巻くビジネス環境が急速に変化している。特に IoT（モノのインターネット）/AI（人工知能）/ ビッグデータに代表される技術がさまざまな産業に新たなビジネスモデルを創出しつつあり，従来の伝統的経営モデルから新たな情報経営モデルへの転換が企業にとって急務な課題となっている（児玉，2017）。これらの経営課題に対する新しい経営モデルを体系的に学ぶ学問領域が情報経営学（あるいは経営情報学：欧米のビジネススクールでは Management Information Systems, Information Systems, Information and Management, Information Management などとよばれており，経営学における 1 つの大きな学術領域を形成している）となる。

2 情報経営学とは

　情報経営学は，ICT などの情報システムと経営をつなぐ境界・融合領域に対して，学際的に接近しようとする学術分野であり，ICT 自体の基本的知識や応用知識の習得のみならず経営学全般（経営戦略，経営組織，人的資源管理，等），さらには広く企業経営にかかわる商学や会計学などの学問分野の知識も横断的に学ぶこととなる（図表 1 の「情報経営 or 経営情報で学ぶ領域」を参照）。たとえば，ICT という物理的資源と企業における戦略的および組織的資源との相互作用を通して，企業にとって競争優位性のある ICT 能力や新たなビジネスモデル構築を実現するためのマネジメントが企業における情報経営の本質となる。

3 ICTの進化

　近年，ブロードバンドによるコミュニケーション機能の高度化にともない新たなビジネスが創出されつつある。ICT とは従来の IT（Information Technology）によるコンピュータを中心とした情報処理の高度化のみならず

図表1 情報経営学で学ぶ領域

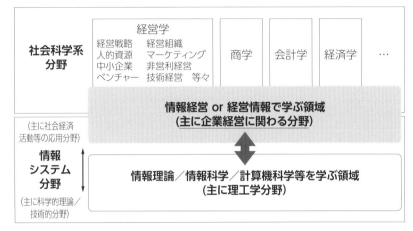

出所：筆者作成。

世界中の人と人をインタラクティブにネットワーキングし，人が有する多様な
データ，情報さらには貴重な知識を発信・共有・創造を可能とする技術プラッ
トフォームである。

　有線＆無線（Wired & Wireless）をベースとしたブロードバンドの特徴は，
通信ネットワークの広帯域化により常時接続が一般化されるなど，ユーザの利
便性が飛躍的に向上することである。具体的には，すべての操作のレスポンス
が高速になり，ダウンロード時間の短縮，常時接続の一般化，クラウドコン
ピューティングなどを含めたさまざまな機能やサービス（企業のマーケティン
グ支援ツールであるソーシャルネットワークサービス（SNS）や多様なWeb
アプリケーションだけでなく，動画投稿サイト，動画メール，動画チャット，
テレビ電話，テレビ会議，映像ストリーミングといった動画を交えた双方向通
信など）の実現だけでなく，社会における多様なコミュニティの構築を促進し
ている。特にブロードバンドを活用したビデオ会議やWeb会議システムは，
ここ数年格段の技術的進化を遂げており，コンシューマへの普及に先駆け，ビ
ジネス分野においては経営の効率化のみならず既存のサプライチェーンを大き
く変革するICTツールとなっている。

　このようなICTというコンピュータによる情報処理の高度化と通信技術の

格段の進歩は，顧客を含めた企業内および企業間でのビジネスプロセスの効率化に大きく寄与している。たとえば製造メーカーにおける開発・生産プロセスにおいては，顧客ニーズに適合した製品開発の実現が可能となっている。すでに多くの製造メーカーではコンピュータ支援ツールや各種シミュレーションツール（3Dプリンターなどを含む）と統合されたICTツールが積極的に活用され，マーケティング〜デザイン〜開発・設計〜生産技術〜部品調達〜製造〜販売〜アフターサービスに至る一連の**サプライチェーン**の最適化と効率化に寄与している。このようにビジネス領域では自社の**ビジネスプロセス**やサプライチェーンの経営効率化だけでなく，ICTの発展はさまざまな業界や業種での新たなビジネス創造にも貢献している。

　一方で，コンシューマ市場では，iPhone，iPadやアンドロイドに代表されるスマートフォンやタブレットPCの進化と発展は，音楽配信，電子書籍，対戦ゲーム，映像配信などの各種アプリケーションだけでなく，遠隔医療，e-Learningなど新しいアプリケーション・コンテンツや利用形態も大きく発展している（Kodama, 2001; 2002; 2013）。さらにはエンタテイメントや教育・医療だけでなく，各種コンサルティングサービスをバーチャルで享受できる環境となっている。

　このようなブロードバンド技術の大容量・高速化・高度化やクラウドコンピューティングなどの高度情報システム，さらにはスマートフォンやタブレットPCといった多様な端末，Web技術やSNSによる通信手段の多様化に対応したサービスインフラストラクチャは，企業の経営革新やビジネス機会の拡大を加速し，企業活動や個人のライフスタイルへ大きなインパクトを与えると同時に社会経済活動のコア・**プラットフォーム**となりつつある。ICTは企業のビジネス活動の効率化とグローバルビジネスの拡大という競争力強化を可能とし，さらに従来のワークスタイルを変革するテレワークやシェアオフィスなど**スマートワーク**の促進は，人の物理的移動の大幅削減による環境問題対策にも寄与している。

　一方で，企業がこのようなICTによる技術イノベーションを企業戦略の中核に組み込み，自社の経営革新だけでなく新たなビジネスモデルを創出していく考え方は今後益々重要となっている。ICTを活用した企業内の経営革新や新たなビジネスを生み出していく企業の能力（ケイパビリティ）とは，ICTの

ハードやソフトといった技術的機能そのものだけでなく，人や集団の有する知識に負うところが大きい。つまり多くの企業にとって永続的な競争優位の源泉として，最も重要な要素は ICT そのものでなく，新たな ICT を開発したり，さらにはこれら ICT をどのように組み合わせ活用していくかのアイディア，ノウハウ，スキルといった高度な知識が凝縮した知恵にある。知識とは新たな創造物を継続的に生み出していくダイナミックなイノベーション活動の基礎となる**組織能力**（たとえば Kodama, 2009; 2013）でもあり，ICT 自体は新たな知識の獲得やイノベーションを達成していくための手段である。つまり，人や組織が ICT との相互作用を通じて新たな知を生み出していく能力こそが，ICT を最大限に活用し，経営革新や新たな**ビジネスイノベーション**を生み出していく原動力となる。

4 情報経営のパラダイムシフト

　現在，多くの企業は ICT の開発あるいは導入・活用に資源を投入している。既存のビジネスプロセスの効率化推進と同時に新たなネットワークビジネスの創造は企業にとって重要な経営課題の1つとなっている。これまで ICT は前述のように，企業活動に多くのメリットを与えてきた。しかしここで注意すべき点として，物理的な ICT 自体は競争優位の源泉にはならない点にある。なぜなら ICT は企業における戦略や組織のメカニズムと有機的に関係しているからである。したがって，企業にとって ICT の重要性を認識すると同時に，いかにして ICT を企業の戦略ツールとして役立てようとする視点が企業の経営者やマネジャー（以下，マネジメントリーダー）たちにとって重要となる。

　では次に，企業組織において，過去，現在から将来を展望した企業経営とこれに大きな影響を与えている ICT についてのパラダイムシフトに関して，概説する（**図表 2**）。

1 ■ HOP のフェーズ（1950 年代から 80 年代中期）

　現代のようなブロードバンドといったグローバルなデジタルネットワークが発達していなかった時代では，企業組織の大半が電話と Fax により，各部門間や取引先さらには顧客といった企業内外で日常のオペレーションを遂行するのが実態であった。コンピュータによる各種業務処理も汎用大型ホストコン

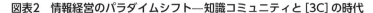

図表2 情報経営のパラダイムシフト—知識コミュニティと [3C] の時代

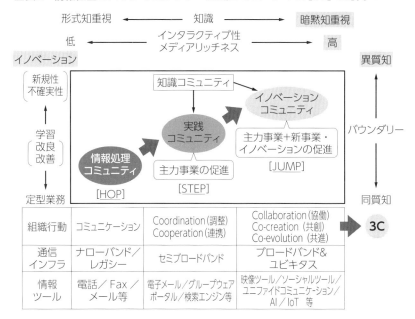

出所：Kodama（1999; 2013）を参考に作成。

ピュータ等による勘定系を代表とした集中的な定型処理が中心であった。この
フェーズを時間軸上で HOP のフェーズと定義することにする。

　このフェーズは，ICT の領域で定義すると，アナログネットワークや低速度
伝送のデジタルネットワークを中心とした音声によるコミュニケーションや
Fax，さらには，企業利用によるデータ伝送が中心であった。組織形態は官僚
的（中央集権的）な階層型マネジメントをベースとした管理中心型のピラミッ
ドタイプでもあった。また，オペレーションは縦割機能のライン型が中心であ
り，企業内での情報伝達も上位組織から下位組織への流れ（逆に現場の情報は
下部組織から上位組織への流れ）が中心であり，社内の組織形態は情報処理コ
ミュニティを主体とした組織モデルであった。そこでは大量生産型ビジネスモ
デルが中心であり，企業内での情報伝達処理の正確性とオペレーション効率と
生産性向上が企業経営における主たる課題であった。

2 ■ STEP のフェーズ（1980 年代中期から 90 年代中期）

その後，コンピュータシステムの大幅なダウンサイジングによる分散統合化が進展すると同時に，ISDN や DSL などセミブロードバンドのネットワーク技術の発展を背景とし，デジタル技術を駆使した企業内および企業間ネットワークの構築を推進する企業が増加していった。このフェーズではインターネットの特長を生かした電子メール，グループウェア，検索エンジンや各種ポータルサービスによるコミュニケーションが中心に行われる環境となり，ICT ツール自体のインタラクティブ性は HOP のフェーズより格段に高まった。さらに，よりいっそう，組織の業務改善が進み，さらには企業内外における調整（Coordination）や連携（Cooperation）という業務形態が ICT の活用により円滑となった。

またこのフェーズでは HOP のフェーズより，よりいっそう組織のフラット化が進展し，緩やかな階層型組織により意思決定の迅速化や権限委譲が進んだ。ICT を活用した経営が企業内で適用・運用されはじめた時代である。このように，ICT 経営の重要性が徐々に企業に浸透していった時期でもあった。

また当時，新たな組織的概念として，ネットワーク組織，仮想企業体（virtual corporation），バーチャルチーム，さらには職場を中心とした知識コミュニティである「**実践コミュニティ（community of practice）**」（ウェンガー，2002）というコンセプトが組織論分野で関心が払われた時期でもある。特に，実践コミュニティは組織における調整や連携を通じて，知識を皆で共有し，自社の主力ビジネスの改良・改善活動という学習プロセスを促進していくうえで重要な組織戦略の 1 つとして認知されるようになってきた。また組織の学習プロセスの強化にともない，知識コミュニティの構築による関係部門や組織間での調整や連携を通じた新たな知識の吸収・獲得も重要な要素となってきた（**図表 2**）。

しかし，一方で ICT を活用した知識経営における**ベストプラクティス**が必ずしもすべての組織や企業で適用できるとは限らないことも明らかとなってきた。この理由は ICT と組織風土や組織的文脈との整合性が ICT 導入の成功を決定するからにある。また ICT は組織構造の変化を加速する要素ではあるが，組織上どのような変化をもたらすかは，組織の意図や文脈により決定されることも明らかとなってきた。

したがって ICT によるビジネスプロセスの変革には，人的および組織的変革や企業文化の変革も同時に実行していくことが重要であることが多くの企業で認識されるようになった。しかし，多くの組織的課題を残しつつも，このような分散化した ICT 環境は，明らかに企業内外の実務家による情報発信や情報共有を促進し，個人および組織の活性化が期待できるインフラストラクチャとして多くの企業で認識されるようになった。

3 ■ JUMP のフェーズ（1990 年代中期から現在）

近年におけるビジネス形態として，益々重要性が増しつつあるパターンは，顧客も含めた企業内外の資源や異質な知識をオープンに取り入れることにある。このためには企業組織内外でのさまざまな知識コミュニティの統合によるビジネス展開が重要となる（たとえば児玉，2010; 2012; 2016）。このフェーズでは STEP のフェーズと比較し，よりフラットでフレキシブルな組織構造とオープンな企業経営が主体的となる。

そしてこのフェーズでは，企業のトップマネジメントやミドルマネジメントによるリーダーシップにより顧客を含めた知識コミュニティ内および知識コミュニティ間でのビジネス戦略をダイナミックに推進することが重要となる。特に，ビジネスの不確実性や新規性に対応した「イノベーションコミュニティ」（知識コミュニティでもある）（児玉，2012）の形成にある（**図表 2**）。このようなイノベーションコミュニティでは，創造性開発にむけて，人や人間間の有する暗黙知の共有と触発のプロセスがより重視され，同質知と異質知の融合・統合により新たなイノベーション（新製品・新サービス・新ビジネスモデル）が生み出される。

イノベーションコミュニティは主力事業の推進だけでなく，自社の周辺領域や新事業を開拓していくことが重要である。このためにはすべてのステークホルダー間での協働（Collaboration），共創（Co-creation），共進（Co-evolution）（これを［3C］とよぶ）というプロセスがイノベーションコミュニティの主たる組織活動となる（Kodama, 2013）。そしてこのような［3C］を推進するマネジメント・リーダーたちを支援するインタラクティブ性やメディアリッチネスのさらに高い（STEP のフェーズと比較して）ネットワーク戦略支援ツールが JUMP のフェーズでは必要となってきた（**図表 2**）。

具体的にはマネジメント・リーダーたちのビジネス支援や知識の共有・創造を支援し，彼らの意志決定や個と個の相互作用である質の高い［3C］を重視したブロードバンド＆ユビキタスをベースとする統合型 ICT ツールである。世界的にはもうすでに進展しているこの JUMP のフェーズでは，世界的な最先端企業は，個人のカルチャーと組織風土全体をダイナミックに変革し，マルチメディア・コミュニケーション・ネットワーキングをベースにした映像ツール，ユニファイドコミュニケーションツール，ソーシャルツール，さらにはAI/IoT 組み込んだ情報システムなどを積極的に取り入れた企業活動を展開している。そして企業内外とのさまざまな知識コミュニティの形成を通じて，経営と組織のオープン化によりダイナミックなイノベーションビジネスを推進していくことが大きな課題となっている。

5 企業経営のパラダイムシフト

過去の 20 世紀型ビジネスにおいては，企業は主に大量生産・大量販売というパラダイムのなかで，自社のコア・コンピタンスに経営資源を集中し，画一的な製品やサービスの提供による規模と範囲の経済を追求してきた。企業もクローズな固定的な階層型組織をベースに，緩やかに変化する環境下で予測可能な範囲で企業戦略を策定し実行してきた。

しかし，21 世紀の現在，あらゆる産業は ICT を活用したイノベーションの影響を受け，産業のビジネス構造は大きく転換しつつある。さらに，最先端ビジネスの分野では優れたコア技術は世界中に分散し，個々に革新している。ICT を代表とした多様な技術革新は環境を大きく変化させているのだ。現在どの産業・業界においても，ICT を自社の企業戦略のコアとして組み込み，自社の経営革新の実行だけでなく，新たなネットワークビジネス（従来の製品・サービスという枠組みを超え，ICT を駆使し新たな価値を顧客に提供）を迅速に実行していかなければならない時代となっている。そこではリアルビジネスとネットビジネスとの使い分けと融合が企業にとって重要なビジネスモデルとなっている。

6 おわりに

今後，いかなる企業も ICT を活用した新たなビジネスモデルとしてのマス

カスタマイゼーションやさまざまなビジネスソリューション，さらには個々の顧客のニーズや期待に対応したパーソナライゼーションという個別化ビジネスを展開していかなければならない。言い換えると，すべての産業は ICT 産業となり，このような ICT 産業では顧客価値の経済とスピードの経済が同時に要求される。今後の日本は他国に先駆けたグローバルなイノベーションの実現が急務となる。

▶参考文献

ウェンガー・マクダーモット・スナイダー（2002）『コミュニティ・オブ・プラクティス―ナレッジ社会の新たな知識形態の実践―』翔泳社。

児玉充（2010）『バウンダリーチーム・イノベーション―境界を超えた知識創造の実践―』翔泳社。

児玉充（2012）『知識創造のリーダーシップ』中央経済社。

児玉充（2017）「ICT 革新と企業戦略」『研究技術計画』第 32 巻 2 号, 161-175 頁。

Kodama, M.（1999）Customer value creation through community-based information networks. *International Journal of Information Management*, Vol.19, No.6, pp.495-508.

Kodama, M.（2001）Distance learning using video terminals―an empirical study. *International Journal of Information Management*, Vol.21, No.3, pp.227-243.

Kodama, M.（2002）Strategic partnerships with innovative customers: A Japanese case study. *Information Systems Management*, Vol.19, No.2, pp.31-52.

Kodama, M.（2009）*Innovation networks in knowledge-based firms: Developing ICT-based integrative competences.* Edward Elgar Publishing.

Kodama, M.（2013）*Competing Through ICT Capability.* London: Palgrave Macmillan.

❗さらに理解を深めるために

E. ブリニョルフソン著，CSK 訳（2004）『インタンジブル・アセット―「IT 投資と生産性」相関の原理―』ダイヤモンド社。
（企業が IT により競争力を獲得するためには IT という物理的資産に目をむけるのではなく，人的資本や企業文化の変革などインタンジブル・アセット（目にみえない資産）に注視する必要性を実証している）

N. G. カー著，清川幸美訳（2005）『IT にお金を使うのは，もうおやめなさい』ランダムハウス講談社。
（コモディティ化しかつ成熟した IT 社会における企業戦略およびマネジメントについての新しい視点が学べる）

R. バックマン著，日本ナレッジマネジメント学会翻訳委員会訳（2005）『知識コミュニティにおける経営』シュプリンガー・フェアラーク東京。

（米国バックマン研究所の CEO が執筆した実務書。IT を活用したナレッジマネジメントの成功例が学べる）

R. M. カンター著，櫻井裕子訳（2001）『企業文化の e 改革―進化するネットビジネス型組織―』翔泳社。
（IT ビジネスを中心に成功した起業家や企業事例のケースが豊富であり，ビジネスパーソンに対して新たな視点を提供している）

S. L. ブラウン＆ K. M. アイゼンハート著，佐藤洋一訳（1999）『変化に勝つ経営―コンピーティング・オン・ザ・エッジ戦略とは？―』トッパン。
（変化の激しい IT 業界における企業戦略・事業戦略について，複雑系理論の視点から体系的に学ぶことができる）

W. C. チャン＆ R. モボルニュ著，有賀裕子訳（2005）『ブルー・オーシャン戦略―競争のない世界を創造する―』ランダムハウス講談社。
（従来には存在しない新たな価値創造を生み出す戦略論。IT 戦略の時代には必須のビジネス書）

経営学の現代的トピック

第Ⅱ部

八光自動車工業株式会社

代表取締役 池田 淳八
(S.44 年商業学科卒業)

会 社 組 織

[会社概要]

設立：八光自動車工業株式会社　1959（昭和 34）年 2 月，資本金 1 億円

　　　八光エルアール株式会社　1995（平成 7）年 11 月，資本金 8000 万円

本社：大阪市阿倍野区

[事業内容]

①車両販売（FCA ジャパン正規ディーラー，マセラティジャパン正規ディーラー，マクラーレンオートモーティブ正規ディーラー，ジャガーランドローバージャパン正規ディーラー，アストンマーティンジャパン正規ディーラー）

②車両整備・車体整備。保険業務。

③取扱ブランド：アルファ ロメオ，フィアット，アバルト，マセラティ，ジャガー，ランドローバー，アストンマーティン，マクラーレン

④ 2019 年 7 月六甲山サイレンスリゾート

[創業・歴史]

　国産自動車の整備工場から始まり，イタリアのアルファ ロメオの正規ディーラーとして地道な整備・修理などを重ね，信頼を得て各社の自動車を取り扱うようになる。日本でドイツ車が圧倒的な輸入シェアを占める中，イギリス車とイタリア車の販売に特化した戦略をとる。

経営状況

　日本の約 30 万台の輸入車のなかで 80％がベンツ，BMW，アウディ，ミニというドイツ車，それ以外がイタリア車であり，イギリス車，アメリカ車であるという非常に限られたシェアのなかで 23 店舗展開しているビジネスです。

　イタリア車は，今は大丈夫ですが，当時は乗ったら地獄やというぐらい故障ばかりでひどかったのです。それをわれわれはエンジニアをうまく教育しながら，不良をできるだけなくすように心がけていたので成功していったんでしょうね。ですが，それはもう地道な取組みです。

　2008 年のリーマンショックの時，同業者がつぶれたり，大手の傘下に入った

代表取締役・池田淳八氏

りしてましたけれど，われわれは，赤字を出さなかった。10％以上ガッと成長することはないですが，3％だとか5％だとか，10％まで行ったら優秀やというぐらい，だらだら，だらだらと60年間右肩上がりできていますね。出店もコンスタントに，ゾーンのエリア取りがうまく戦略に乗っていっているんですかね。われわれの戦略としては地続きのところしかいかない。近畿圏を中心に東は名古屋までのエリアに展開してます。

それと，当社の強みは整備部門が非常に強いんです。新車というのは，ニューモデルが出てヒットすれば売上はガッと上がるし，ヒットしなかったら本当に在庫ばかり増えてしまうというような，販売台数に波があるんです。

でも，整備はコンスタントにずっと右肩上がりになっています。だからエンジニアに対する投資は，当社は非常に強いです。今，全国の整備工場が人手不足といっていますが，われわれの場合は整備士の応募が全国から非常たくさんきています。国家試験の1級自動車整備士をとった人も結構きてくれたりしているところが強みです。

自分のライフスタイルを非常に大事にする40代前後のニューファミリーの人たちが，好んでうちの車に乗られます。この世代は皆さん，お酒1つにしても，焼酎，ワイン1つにしても，時計1つにしてもこだわりますよね。

だから，われわれは，マスのマーケットは狙わない戦略で，売上高ではなく，あくまで利益率を追求していきます。

そして，その利益を従業員にいかに還元できるか。その次にお客さまがあります。CS（顧客満足）とES（従業員満足）とどちらが大事かといったときに，会社説明会のときに必ずESが一番です，CSはその次ですと答えています。そのためには売上至上主義ではだめ。売上を追いかけていくというよりも，常に利益を追いかけていったほうがおもしろいんじゃないかなと。

年2回の人事考課では，従業員に過去の半年間，これからの半年の目標を必ず書いてもらいます。数字だけではなくて，資格制度とかボランティア制度とか社会貢献とかも含めて。そして半年後，達成できたのかどうか，できなかったらその理由を書いてもらう。

これをずっと系統立てていくと，その人の人生の取り組み方が大体 2〜3 年で
わかります。それと自分のやりたいブランドとのマッチングを人事がやるように
しています。人事制度でも従業員満足度を追求しているので，長期間勤務してい
る従業員が多いです。

　2019 年 7 月に，試乗コースとしていた六甲山に，阪急阪神ホテルズより譲り
受けた六甲山サイレンスリゾート（旧六甲山ホテル）を開業しました。

　目的はホテルを経営するというよりも，多くのお客様がドライブを楽しみに
いって，おいしいワインを飲んで泊まられるというような延長線上ですよ。だか
ら，多角事業ではない。延長線上がたまたまホテル事業であったという流れです
ね。

今後の経営展望

　これからは，無人運転の技術も急速に進み，自動車の販売の仕方も大きく変化
すると捉えています。性能の差がなくなり，ネット通販が普及し，家電製品が町
の電気屋さんから量販店に移ったように，自動車販売も大きく変わり，無人運転
になれば安全基準だけが問題になり，試乗すら必要なくなります。

　このスピード感は，今までよりもはるかに速くなってくるでしょう。今まで
10 年かかっていたものが，3 年でやりのけるような時代になっています。

　またホテル事業は，お客様に楽しんでもらう 2 階建てのリング状のホテルを森
の中にこじんまりとつくろうと思っています。そこでエステを楽しんでいただい
たり，まさしくわれわれのブランドとして，上品な方々においしいグルメ，文
化，芸術を楽しんでいただくリゾートにしたいですね。また一方で，近畿圏の芸
術大学とタイアップをして，芸術家の育成支援も行っています。

経営者個人への質問

1. 現在の役職に就いた経緯

　大阪・堺市に 4 人兄弟の次男として生まれました。日本大学卒業後，トヨタの
東京都内の販売店に 3 年間勤務した後に，1973 年に父が経営する八光自動車工
業に入社し，国産自動車の整備工場を引き継ぎました。

　東京での勤務経験から，大阪でも輸入車が伸びるのではないかと考え並行輸入
をはじめました。整備工場だった強みを生かし，綿密な整備点検後に顧客に引き

アルファ ロメオ・フィアット／アバルト西宮

渡し，走行距離ごとのメンテナンスを提案してきました。

2. 経営者としての働き方

　3年先，5年先の経営戦略を立てないと，経営者としての資格を問われます。それと車でいうと，内燃機のエンジンは地球上から数年でなくなるんですよ。化石燃料がもうなくなるわけです。電気に移りますよね。電気も化石燃料から出ているわけです。風力とかになればまた別ですが，短期間で電気自動車は終わり，続かない。その次に何かというと水素エンジンがくると思うんです。

　われわれはヨーロッパのメーカーといろんな交流があり，彼らの動向をみていると，内燃機のエンジンは地球上からなくなり，クリーンエンジンといってもハイブリッドは内燃機も使い電気も使うので中途半端です。電気を起こすのも化石燃料を使っているから，これも地球によくない。水素は最終的に燃料費がゼロ。地球上の水素と酸素でできるわけですから，こうなるのは非常にスピードが速く，5年10年で世界の自動車メーカーは負け組と勝ち組に完全に分かれてしまうと思うんですよね。日本かドイツかというけれど，どっちかになってしまうと思います。

　こうなったときにわれわれには車の修理がなくなる。現にジャガーなどは，電気自動車が出ていて，故障が起きたら自分で診断して初期化して，再スタートでまた走り出すようになっています。これらは数年先には実現されるわけです。

　そういう意味でも，電気メーカーさんとのコンタクトは非常に多くしています。

3. 経営者として心がけていること

　本社にいてもお金を生まないので，社長室滞在は1日2時間程度で，現場をみるのが大好きです。経営者は現場をみるべきだとよくいわれることですが非常に大事なことで，見抜く力がなかったら経営者は要らない。

　やっぱりリーダーは先頭に立たないと。僕は学生運動の時代ですからね。リーダーがいなくなったら，みんなばらばらになりますよね。リーダーの役目は，ど

んな時代になってもリーダーシップというのが非常に大事なのです。

4. 学生時代を振り返って

　在学中は，景気変動論の桑原晋先生のゼミで 3 年間お世話になりました。『日本経済新聞』でよく取り上げられる先生の記事をずっとゼミの講義でお話しいただいた。4 年ごとに景気がダウンする，ダウンのときの戦略，アッパーのときの戦略はどうするのかという点は，現在の経営にも随分参考になっています。当時の通産大臣の顧問をされており，実践的なお話が多く非常にプラスになりましたよね。

5. 学生へのメッセージ

　若者全体が小市民的になっていますよね。野心がないですよね。個性もなくなっていますよね。うちの採用基準は個性です。個性をもってくれと。個性をもてというと目立ったことをするのが個性と思っているようですが，そうではないんですよという説明を会社説明会のときからずっとやっています。あなたの個性は何ですか？　その個性をどうやって生かそうとするんですか？　その問いをずっと繰り返しています。本当に個性がなくなっていますよね。

　在学生が海外へ出ていけるような，何かそういうシステムをつくっていただいたら，世界に飛び立っていくのと違いますかね。国内で小さく学生がまとまって，また国内の小さい企業へ入ってというより，もっと世界へ求めていったらおもしろいと思うのです。そのためには，商学部ですから MBA をとれる方向をつくってあげたらいいし，学生がその方向にシフトしていったらおもしろいと思うのです。

中国経営・アジア経営

1 はじめに

　海外とのビジネスにはどんな段階があるのか。また，現地での企業経営について，近年特に注目される中国企業のマネジメントには，どんな特徴があるのか。ここでは，ICT 企業として世界的に知られるファーウェイ社を取り上げ，報酬システムに焦点をあてて，その一端を探ることにしたい。

2 海外とのビジネスの諸段階と留意点

　まず，海外とのビジネスをめぐり，若干の確認をしておきたい。あなたが会社の社長で，海外の国や地域とかかわりをもつことになったと想定しよう。それはどのような形態で，どのような段階にあるものなのであろうか。

　一口に海外とのビジネスといっても，物を海外に売ったり海外から買ったりする形態だけでなく，現地拠点を海外に設けて自らビジネスを展開する形態もある。前者は輸出と輸入，すなわち**貿易**の段階であるが，後者は海外に現地法人を立ち上げ，現地で生産活動や販売活動を行う**海外直接投資**の段階である。海外で会社を設立するには，現地の会社と共同出資するか，自社が全額出資する。さらに，多国籍企業とよばれる規模に発展すると，国境を跨いだ分業体制を構築したり，複数の国・地域の拠点で研究・開発を行ったりする。これは**グローバル・ビジネス**の段階である（松本，2014，276-278 頁）。

　これらの諸段階では，互いの国内事情と国際情勢に対する洞察力が求められる。具体的には，治安，政治体制，法整備，経済状況，為替，民族・文化，宗教・国民性，言語，所得・生活水準，マーケットの規模，科学・技術，教育，人々の感情と社会心理，歴史問題などへの広範な留意が必要になる。そしてさらに国際経営管理にかかわるさまざまな工夫が不可欠となる。

　20 世紀を振り返ると，ニクソンショック（1971 年）による円の切り上げやプラザ合意後の急激な円高（1985 年）などの為替の問題や，OPEC（石油輸出国機構）の石油価格の引き上げ（1973・1979 年）による世界経済への影響（オイルショック）など，世界的な出来事が日本企業に方向転換を促すような

場面があった。

21世紀に入ると，アジア経済が脚光を浴びるようになり，ここに日本企業がかかわることになる。こうしたなか，2国間の政治的な緊張関係が当事国の不買運動に飛び火したり，米中間の貿易摩擦やハイテク製品をめぐる応酬（2018年～）が日本企業のビジネスに影響を及ぼしたり，国際政治のギクシャクした状況がグローバルな経済活動を阻害する状況も経験した。また，2020年には新型コロナウイルスが世界経済に大きなショックを与えた。

企業にとってこれらは外部要因であるが，企業の基本方針を定めるには内部要因への視点が不可欠である。そのビジネスを国際展開する目的は何か。顧客はどこにいるのか。意思決定権限は誰が握るのか。国際展開のプロセスで何が必要なのか。自社はもちろん現地の人々の満足と理解を前提とした明るい将来を構想する企画といえるのか。こうしたセンスが求められている。

3 中国式マネジメントの基本構造

中国と日本はそれぞれ世界第二・第三の経済大国となった。1978年末より中国の**改革・開放政策**がはじまり，日中両国の経済交流がきわめて盛んになった。日本の大学では，第二外国語として中国語を学ぶ学生の数が大変多くなっている。以下では，中国式マネジメントの基本構造を概観しておきたい。

今日の中国式マネジメントを象徴的に "very global" & "very Chinese" と表現することにしよう。近年，中国企業が世界レベルで存在感を発揮しており，この意味で "very global" といえるだろう。株式制を導入する会社では，会社法に基づき，株主総会，取締役会，監査役会に相当する機関が存在し，市場経済のルールに従って企業運営が行われている。この面においては世界標準を共有した存在であるといえる。けれども，少数とはいえ巨大な経済規模を誇る**国有企業**が現在も大きな力をもっている。そのうえ，1つの企業のなかに中国共産党委員会が存在し，そこにおけるトップ（**党委書記**）が大きな影響力を及ぼしている状況は，中国的特色をもつ社会主義という意味で "very Chinese" ということができるだろう（髙久保，2017，66-71頁）。

もう少し細かく分解すると，中国式マネジメントを理解する際，その前提として，「伝統中国」，「社会主義の中国」，「改革・開放の中国」という3つの時代を反映した重層構造の国情を念頭におくのが有効であろう。

ここでいう「伝統中国」とは，長い歴史のもとで脈々と培われてきた中国思想に根差した考え方である。(a) 中国の人々が先祖や家族を敬う気持ちは儒家思想に通じ，(b) 自然法則をおそれる気持ちは道家・法家思想を引き継ぐものであろう。しかも一方に偏らず，太陽と月，山と川のように両者を含んだダイナミックな捉え方をするところに，その中国らしさがある。この陰陽和合の規範が企業経営者のリーダーシップにも反映され，(a') 尊敬されるリーダーとしての風格と能力と姿勢を有するとともに，(b') 納得される合理的なルールを構築し執行する行動力が求められてくる（髙久保，2017，81-83頁）。このような発想による経営管理について，著者は「新儒法モデル」として理解する枠組みを提起している。

　ところが，現在の中国は，中国共産党が大きな影響力をもつ**社会主義体制**の国であり，かつグローバル経済のもとで大きな存在感を示す**市場経済体制**の国でもある。GDP（国内総生産）は2017年に日本の約2.5倍に達し（三尾，2019，2-7頁），電子商取引の総額はすでに日本のGDPの規模を超えた。

　近年ではインターネットやAI（人工知能）の発展にともない，社会生活のあり方が大きく変化しつつある。街中での代金の支払いの多くがスマートフォンで決済されるようになり，すでに現金による支払いのほうが影を潜めつつある（李，2018，53-69頁）。今後は顔認証によるシステムが普及するようになるだろう。モノづくりの場面では「衆創空間」とよばれるメイカースペースが注目を集め，ネット空間とリアル空間を組み合わせたオープンなイノベーションが各方面で導入されていく可能性もある（永井・村元，2019，75-96頁）。こうした状況のなか，日本企業が中国でビジネスチャンスをつかむには，現場を直視した中国観をもつことが不可欠である。

　以下の節では，中国企業のなかでも高い業績を上げ，アメリカとの間で激しい角逐が展開されるファーウェイ社（華為技術有限公司）を取り上げ，この会社で共有される経営理念（このテキストでは「ファーウェイズム」と呼ぶ）と経営管理のあり方（ファーウェイ式のマネジメント）に焦点をあててみたい（全，2019，49-61頁）。この事例は，中国の平均的企業像というより，むしろ時代の先端を走る企業を描写したものといえる。同時に，今日の中国式マネジメントの本質をよく体現している側面があり，21世紀の経営管理を考えるヒントとなるだろう。

4 先端事例：「ファーウェイズム」からのヒント

　伝統的な経営学によれば，「高賃金・低労務費」の実現により労働者と企業の双方の利益増大を目指した**テイラリズム**，「高賃金・低価格」を掲げて公衆への奉仕を謳い，労働者と消費者の双方の共栄を目指した**フォーディズム**などが，20世紀の代表的経営理念としてあげられる（松本，2014，199-204頁）。さらに，「市場で売れるものを売れる速度で作る」という理想を目指したトヨティズムが登場した。顧客満足への対応を多品種変量生産を可能とするフレキシビリティで解決し，従業員満足への対応を多能工化や自主的小集団活動の導入で改善する方式を「ポスト・フォーディズム」として高く評価するか，労働強化・下請け収奪の「ウルトラ・フォーディズム」として否定的に評価するか，という議論が教科書に記されている（松本，2014，204-207頁）。

　これらは工業製品の現場にかかる描写であったが，今日の**ICT（情報通信技術）企業**において，どのような経営理念と管理方式が行われているのだろうか。以下では中国のファーウェイ社の事例を通して考察してみよう。

　ファーウェイ社には「奮闘する人に対してより多く報いる仕組み」を謳う「ファーウェイ基本法」と名づけられた内部規定がある。ここでいう「奮闘」とは，従業員が自発的に有給休暇と指示なし残業を放棄する旨を「奮闘者協議」に署名し，かつ成果を上げることを指している。ところが，ブラック企業にさえみえるこの施策が，従業員にとって誇りであり，自ら「幸福指数が高い」といわしめる企業風土をつくりだしているという（全，2019，49-52頁）。

　同社の業績評価は，傑出貢献者（A），優秀貢献者（B+），堅実貢献者（B），業績改善が必要な低貢献者（C），業績を認めず（D）の5等級で構成され，鮮明な**成果主義**の方策が行われている。A評価の場合，給与・ボーナス・従業員持株制度による報酬などに加え，幹部へのスピード昇進の機会が与えられる。それに対して，D評価の場合は，これらの機会がないうえに，退職勧告等が申し渡されるという。他方，福利厚生は業績評価と無関係である。

　一見すると，こうしたやり方はテイラー・システムの中核をなす「差別的（複率）出来高払い制度」をさらに徹底した「ウルトラ・テイラリズム」ともいうべき施策に感じられるむきもあろう。実際，中国では2019年，一部のICT

企業などを念頭に「朝9時から夜9時まで，週6日勤務」の是非を問う「996」が社会問題として議論された。過酷な労働環境を非難する声がこれである。その一方で，伸び盛りの企業で自らの可能性を追求する機会があるのは，スポーツ選手などが若い時に全力を傾けてベストを尽くすのと同じであり，会社が強制しているわけではないという主張がある。成功不成功にかかわらず，自ら望んで40代まで全力疾走することに意義があり，それ以降は第二のキャリアへという発想を，入社当初から従業員が共有する企業文化であるという。

　実際，聞き取り調査によれば，ファーウェイ社では「奮闘者協議」に署名し業績がよい場合は数十倍の報酬が与えられ，D評価となった場合も「取り決めだから」と従業員が受け止める（全，2019，60頁）。前述の「新儒法モデル」の見方を用いて説明すれば，「納得される合理的なルールの執行」として認識されていることが垣間見られるだろう。

　鮮明な成果主義を採るファーウェイ式のマネジメントは，「高報酬・高度人材」のファーウェイズムを実現するシステムとして，創業以来，数度の改革が行われてきた。顧客満足は，高質な製品とサービスの提供で実現する。それには高度な技術を要し，ハイレベルの労働が不可欠となる。つまり，ICT企業の発展のカギは高度人材にあり，こうした人材が経済的報酬に加えて「自己実現の欲求」を実感できる仕組みが求められる。ファーウェイ式の報酬システムが形成されたのは，こうした背景があるためと考えられる。ここからどんなヒントが得られるのだろうか。この点の解明が今後の課題である。

5 おわりに

　海外とのビジネスには，貿易，海外直接投資，グローバル・ビジネスなどの発展段階がある。中国式マネジメントに着目すると"very global"と"very Chinese"の複合した構造が見いだされる。ICT企業のファーウェイ社では鮮明な成果主義が実践されるが，手厚い福利厚生，高額な経済報酬，自己実現感などのかたちで従業員に高報酬と満足がもたらされ，企業は高度人材の確保に奏功している。こうしたやり方を理解する手掛かりとして「新儒法モデル」をあげることができる。今後のゆくえが注目されよう。

▶ **参考文献**

全洪霞（2019）「華為の業績評価システム：『華為基本法』の規定とその現実的展開」アジア経営学会編『アジア経営研究』第 25 号。

髙久保豊（2017）「中国：新たな重層構造を読み解く」中川涼司・髙久保豊編著『現代アジアの企業経営─多様化するビジネスモデルの実態─』ミネルヴァ書房。

永井竜之介・村元康（2019）『イノベーション・リニューアル─中国ベンチャーの革新性─』千倉書房。

松本芳男（2014）『現代企業経営学の基礎（下巻）［新装版］』同文舘出版。

三尾幸吉郎（2019）『3 つの切り口からつかむ図解中国経済』白桃書房。

李智慧（2018）『チャイナ・イノベーション─データを制する者は世界を制する』日経 BP 社。

!さらに理解を深めるために

中川涼司・髙久保豊編著（2017）『現代アジアの企業経営─多様化するビジネスモデルの実態─』ミネルヴァ書房。
（各国・地域のビジネスモデルと職能・企業形態の特徴に着目し，立体的に考察）

那須野公人（2018）『グローバル経営論─アジア企業のリープフロッグ的発展─』学文社。
（アジア各国・地域が「蛙飛び」のように経済発展していく様子を体系的に解説）

藤村幸義・雷海涛編著（2019）『飛躍するチャイナ・イノベーション─中国ビジネス成功のアイデア 10─』中央経済社。
（中国ビジネスに携わる人物へのインタビューのほか，10 の実践的助言を提示）

企業の社会的責任

1 はじめに

　現代において，企業は財やサービスを提供するのみでなく，私たちの生活にプラスマイナスの両面にわたりさまざまな影響をもたらし，環境問題をはじめとし，グローバル化のプロセスで生じた諸問題に対して，企業にも対応が求められている。

　企業の社会的責任（corporate social responsibility: CSR）は，かつて日本では四大公害病にともない議論となったが，特にアメリカで学問的な概念の展開を遂げてきた。継続的事業体としての企業は社会から受け入れられるためにCSRを果たし，近年では，企業と社会の相互依存関係に注目し，事業活動と一体化させたCSRに取り組む企業もあらわれている。

2 グローバル社会におけるCSR

　CSRは，2003年に主要国首脳会議の議題の1つとして取り上げられ，日本では，経済同友会が第15回企業白書『「市場の進化」と社会的責任経営―企業の信頼構築と持続的な価値創造に向けて―』を同年に，出したこともあり，この年が「CSR元年」といわれた。

　これには国連の要請をはじめとする国際社会のなかで，企業の公正な活動，さらに世界的な環境や貧困問題などへの企業の貢献が求められるようになったことが背景にある。

　さまざまな国際機関によるCSRを促す動きとして，1999年に国連事務総長によって，直面するさまざまなグローバル化の過程で生じた問題に対して，その解決に企業にも協力を求めるグローバル・コンパクトが提唱され，「人権」，「労働基準」，「環境」，「腐敗防止」を中心に順守・実践すべき10原則があげられている。

　また，環境関連の非営利組織が中心となって国連環境計画などと設立したグローバル・レポーティング・イニシアティブが，2000年に経済，環境，社会という3つの観点からの成果を問うガイドラインを作成した。

2010 年には，国際標準化機構が数年をかけて社会的責任に関するガイドラインである ISO26000 を作成した。

これは，当初，企業だけを対象としていたが，完成したものは企業のみならず「その規模又は所在地に関係なく，あらゆる種類の組織」を対象とし，社会的責任を果たすことを求めるものとなった。そのなかで，社会的責任とは，「組織の決定及び活動が社会及び環境に及ぼす影響に対して，次のような透明かつ倫理的な行動を通じて組織が担う責任」とされている（ISO, 2010, p.3）。

- 健康および社会の繁栄を含む持続可能な発展に貢献する。
- ステークホルダーの期待に配慮する。
- 関連法令を順守し，国際行動規範と整合している。
- その組織全体に統合され，その組織の関係の中で実践される。

内容的には，取り組むべき社会的責任の中核主題として，組織統治，人権，労働慣行，環境，公正な事業慣行，消費者課題，コミュニティへの参画およびコミュニティの発展をあげている。

さらに，2015 年に国連では，MDGs（Millennium Development Goals：ミレニアム開発目標）がほぼ達成され，2030 年を目指し新たな目標として SDGs（Sustainable Development Goals：持続可能な開発目標）が採択された。世界的な貧困，環境，人権，健康・衛生，教育問題などに関連する 17 の開発目標・169 のターゲットから構成されたものであるが，各企業も自社の取組み事項と照らし合せながら，CSR 報告書などに現状の活動を掲載するようになっている。

以上のように，グローバル社会のなかで深刻化する諸問題に対して，ガイドラインなどのさまざまな枠組みの構築にともない CSR に関連する取組みが企業に求められるようになっている。

3 CSRの概念と展開

CSR は，アメリカで 1950 年代から 1970 年代にかけて論じられ，定義の 1 つとして「社会的責任とは人と組織の意思決定と行動が社会システム全体に及ぼす影響を意思決定過程で考慮する義務」とされた（Davis and Blomstrom, 1971, p.85）。

この時期，消費者や地域社会が企業活動から環境面で深刻な影響を受け，企業はこれらへの対応を迫られるだけでなく，また，公民権運動や反戦運動などさまざまな社会問題の解決に企業も取り組むべきであるという観点から CSR を果たすことが求められ，結果責任や説明責任として CSR が強く求められた。

　加えて，アメリカでは 1970 年代半ばには，「**企業の社会的即応性**」という概念が示された。市場と法的制約に応じた社会的義務や社会的規範・価値，社会的期待が法制化される前段階である社会的責任に対して，社会的即応性は社会的圧力に受動的に応じるというより，変化を続ける社会のなかで企業の長期的な役割は何であるかを考え，企業経営において想定されうる課題に事前的，先行的に対応するというものである。

　さらに，1970 年代にアメリカ国内外での大企業による不正な政治献金問題などが起こったことによって，結果責任を問うのみでなく会社の意思決定過程での倫理性が問われ，企業活動や政策の道徳的正しさを扱う**企業倫理**の重要性も認識された。

　このように，アメリカにおいて CSR は高田（1989）によれば，企業の社会的即応性と企業倫理の議論が加わって，内容を進展させていった。

　また，CSR の実践を推し進めるものとして，1980 年代に**ステークホルダー**という概念がクローズアップされるようになった。ステークホルダーとは利害関係者のことであり，「組織目標の達成に影響を及ぼしうる，あるいは影響されうるあらゆる集団ないし個人」（Freeman and Reed, 1983, p.91）で，従業員，顧客，株主はもとより，公的な利益集団，抗議グループ，同業者団体，競合業者，労働組合などを指している。株主もステークホルダーに含まれるが，その他のステークホルダーの利益もしくは配慮が要請されるようになった。これらのステークホルダーへの応答とステークホルダー間の利害の調整が経営者の役割の 1 つとなってきた。

　また，キャロル（A. B. Carroll）は，**図表 1** のような CSR のピラミッドモデルをベースに CSR の説明を試み，企業の社会的責任とは企業の経済的，法的，倫理的，社会貢献的責任のすべてを同時に満たし，別の言い方をすれば，社会的責任のある企業は，利益を上げ，法に従い，倫理的であり，よき企業市民であることに努めるべきであるとした（Carroll, 1991）。

　キャロルは，あくまで企業の経済的・法的・倫理的・社会貢献的責任のすべ

社会貢献的責任
良き企業市民たれ。
地域社会への貢献せよ
；生活の質を改善せよ。

倫理的責任
倫理的であれ。
正しく，公正，公平なことをする義務。
害を及ぼさない。

法的責任
法に従え。
法は社会の善悪を成文化したものである。
ゲームのルールによってプレイせよ。

経済的責任
利益をあげよ。
他のすべてのものの基礎。

出所：Carroll（1991, p .42）.

てを同時に満たすことをCSRと捉えている。ところが，このモデルはピラミッドの底辺から上にむかって責任を果たしていけばよいと誤解されたり，また，現実には上層の社会貢献的責任のみが，CSRであると認識され取り組まれる傾向にあった（キャロルは後に別のモデルを提示する）。

4　CSRを果たす目的

　CSRは何を意味するのか，また何のために果たされるのかということがしばしば問われるが，企業が正当性を獲得するためであると捉えられてきた。

　エプスタイン（E. M. Epstein）は，会社の正当性について，内的な正当性は**コーポレート・ガバナンス**にかかわる問題であり，外的な正当性は会社が活動している社会の多様な部分に対する会社の義務と説明責任であるとした（エプスタイン，1996）。

　森本（1994）も，同様に正当性とは正義にかなうものとして行動が社会に受容される度合であるとした。正当性が何を意味するかについては，正当性には合法性と倫理性があり，合法性は，正当性の最低限度のものといえ，それを超えた領域の責任に対しては，倫理性あるいは企業の裁量に求められ，そこに

企業の自発性の有無がかかわってくる。CSR というのはあくまで自発的な取組みなのである。

さらに，十川（2005）は企業組織に対する社会的評価を意味するものであるグッドウィルの概念の重要性を指摘し，CSR を果たすことによるグッドウィルの形成が企業の価値創造プロセスを活性化するとした。

この正当性の獲得やグッドウィル，いわゆる評判の形成によって，継続的事業体としての企業は存続できるといってよい。

そして，この正当性の獲得のための果たすべき責任の内容やレベルが変化したとしても，すなわち社会からの期待が変化し求められるレベルが変わったとしても，企業の存続のために自発的行動による正当性の獲得は常に必要とされるものであった。

しかしながら，このような正当性や評判の獲得のためという考えは，企業と社会の対立関係をベースにした発想であり，相互依存の関係に転換して思考する立場が生じてきた。

5 事業活動と一体化するCSR

企業と社会の相互依存の関係に注目し，企業戦略のもとで位置づけられ事業活動と一体化させた CSR に取り組む企業があらわれている。

世界的な貧困問題に対する企業の果たすべき役割への期待と，企業自体の認識の高まりから，2000 年代に入り，開発途上国市場では **BOP**（Bottom of the Pyramid もしくは Base of the Pyramid）**ビジネス**という新たな発想があらわれるようになった。

BOP とは，プラハラード（C. K. Prahalad）によれば，世界の所得階層を構成する経済ピラミッドの上部に位置する富裕層は高収入を生みだす機会に恵まれている人々であるのに対して，ピラミッドの底辺の１日２ドル未満で暮らしている 40 億人以上の人々のことを指している。

これまで顧客として扱われてこなかったこれらの層の人々をビジネスの取引の対象もしくは担い手とする考え方である。つまり，「そのアプローチ（より優れた貧困救済のアプローチ）とは，貧困層とパートナーを組み，イノベーションを起こし，持続可能な Win - Win のシナリオを達成するというものである。そこでは，貧しい人々が自ら積極的にビジネスに関わると同時に，製品

やサービスを提供する企業も利益を得られる」（プラハラード，2010，68頁）という発想で，成功事例が報告され，社会貢献活動と事業活動を一体化させている。

同様のことが，ポーター（M. E. Porter）とクラマー（M. R. Kramer）によっても述べられている（ポーター＆クラマー，2011）。企業による慈善活動のあり方を問うものから，事業とCSRを一体化した戦略的CSRへの転換の必要性，さらに経済的価値と社会的価値の両方を創造するという**CSV**（Creating Shared Value）というアプローチに至る。

これは，企業が事業を営む地域社会の経済条件や社会状況を改善しながら，みずからの競争力を高める方針とその実行を意味している。あらゆる企業がそれぞれにその事業と密接に関係する共通価値を追求すれば，社会全体の利益にかなうとする。具体的には，①製品と市場を見直す，②バリューチェーンの生産性を再定義する，③企業が拠点をおく地域を支援する産業クラスターをつくることとしている。

6 おわりに

グローバル社会においてCSRはさまざまなガイドラインなどの制度的枠組みが構築され，また事業活動と一体化された取組みもみられるようになっている。さらに，SDGsでは，グローバルな課題はいうまでもなく，個々の企業の日常的な活動レベルに落し込んだ取組みなども含まれている。

ただし，1970年代にみられた「人と組織の意思決定と行動が社会システム全体に及ぼす影響を意思決定過程で考慮する義務」というCSRの定義とISO26000における定義づけは，持続可能性，ステークホルダー，法令順守などのキーワードは加わっているものの，その本質においては，大きく異なることはないといえる。

▶**参考文献**
エプスタイン，E. M.（1996）『企業倫理と経営社会政策過程』文眞堂。
十川廣國（2005）『CSRの本質—企業と市場・社会—』中央経済社。
高田馨（1989）『経営の倫理と責任』千倉書房。
プラハラード，C. K.（2010）『ネクスト・マーケット［増補改訂版］—「貧困層」を「顧客」に変える次世代ビジネス戦略—』英治出版。

ポーター，M. E. & クラマー，M. R.（2011）「共通価値の戦略—経済的価値と社会的価値を同時実現する—」『ダイヤモンド・ハーバード・ビジネス・レビュー』第 6 号，8-31 頁。

森本三男（1994）『企業社会責任の経営学的研究』白桃書房。

Carroll, A. B.（1991）The Pyramid of Corporate Social Responsibility: Toward the Moral Management of Organizational Stakeholders, *Business Horizons*, Vol.34, No.4, pp.39-48.

Davis, K. and R. L., Blomstrom（1971）*Business, Society, and Environment: Social Power and Social Response*, McGraw-Hill Book Company.

Freeman, R. E. and D. L., Reed（1983）Stockholders and Stakeholders: A New Perspective on Corporate Governance, *California Management Review*, Vol.25, No.3, pp.88-106.

ISO（2010），*International Standard, ISO26000 : Guidance on social responsibility*. First edition.（財団法人日本規格協会・英和対訳版。）

🔰さらに理解を深めるために

國部克彦編著（2017）『CSR の基礎—企業と社会の新しいあり方—』中央経済社。
　（企業活動において CSR をどのように捉えていくのか，またステークホルダーの観点からも CSR を考えることを解説する）

日本経営倫理学会監修，小林俊治・高橋浩夫編著（2013）『グローバル企業の経営倫理・CSR』白桃書房。
　（企業活動のグローバル化にともなう諸課題への対応，日本をはじめ英米韓国，台湾の企業の CSR や経営倫理の実際の展開などをまとめた研究書である）

谷本寛治（2013）『責任ある競争力—CSR を問い直す—』NTT 出版。
　（持続可能な発展を踏まえたうえで，企業は経営戦略に CSR への対応を組み込み，競争力につなげていくことができることを強調する）

J. E. ポスト，A. T. ローレンス，J. ウェーバー（2012）『企業と社会—企業戦略・公共政策・倫理—（上）（下）』ミネルヴァ書房。
　（「企業と社会」の関係の分野では，アメリカの大学で基礎的なテキストになっている書である）

環境経営

1 はじめに

　企業活動と環境問題の関係は2つの視点でみることが重要である。1つは，大気汚染や土壌汚染，あるいは地球温暖化といった環境の悪化，劣化の原因を生み出す主体としての企業という視点であり，もう1つは技術革新や**イノベーション**の創造により環境問題を解決に導く主体としての企業という視点である。つまり企業には相反する2つの顔があり，時と場合に応じて2つの顔を使い分けることがある。

2 環境の悪化，劣化をもたらす企業活動

　企業活動と環境問題の関係を考える時，多くの人々が真っ先に思い浮かべるのは環境汚染の問題であろう。すなわち，工場から排出される有害物資による大気や河川，土壌汚染の問題である。実際，多くの国々が経済発展の過程でこうした環境汚染問題を経験している。たとえば，最も早く工業化したイギリスでは工場から排出される有害物資により大気汚染がひどく，19世紀後半の首都ロンドンでは昼間でも街灯をつけなければ視界が悪かったといわれる。また1960〜70年代に高度経済成長を遂げた日本では，河川の汚染や大気汚染が深刻な社会問題となった（これらは熊本・新潟の水俣病，富山のイタイイタイ病，四日市・川崎の喘息とよばれる）。さらに最近では，中国の環境汚染問題が深刻な状況にある。現在の中国では，河川の多くが有害物資で汚染されており，清潔な水の確保が難しくなっているといわれる。また大気汚染も深刻であり，首都北京では微小粒子状物資PM2.5による健康被害の問題が報告されている。

　こうした環境汚染問題は主に企業活動に起因するものであり，その点において企業は環境汚染の元凶とみられても仕方がない。企業が利益至上主義に走り適切な汚染対策をとらなかったことが原因だからである。本来，こうした企業活動を監督し，規制する立場にあるのは行政機関であり，行政による適切な指導がなされるべきであるが，行政もまた経済発展を優先し，企業活動に規制を

図表1　経済発展と環境保全の関係

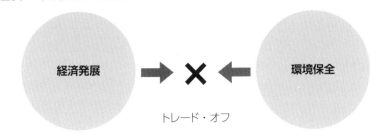

加えないことが往々にしてある。とりわけ，発展途上国においてはそうした傾向が顕著である。つまり，経済発展と環境保全は**トレード・オフ**の関係にあり，経済発展の過程で環境汚染問題が発生するのはある程度やむをえないと考えられているのである。

　しかしながら，環境汚染問題が深刻化し大きな社会問題に発展すると行政も動かざるをえなくなる。つまり，汚染物資の発生源である企業活動に規制を加え，汚染物資の発生を抑制する措置をとることになる。この手法は「**エンド・オブ・パイプ（End of Pipe）**」とよばれる。地球温暖化問題のような広範な環境問題とは異なり，特定の限定された地域における環境汚染問題の場合，行政によるこの手法は効力を発揮する。なぜなら，地域の限定された環境汚染問題の場合，汚染物資を排出している企業を特定することは容易であり，その企業に対して罰則をともなう規制を課すことで汚染物資の排出を抑えることは可能だからである。実際，日本では環境汚染問題が深刻化した1970年代はじめに大気汚染防止法，水質汚濁防止法等の法律が制定されたことで企業活動への規制が厳しくなり，その結果，水銀，カドミウム，六価クロム，窒素酸化物等の有害物資の排出が規制され，汚染問題は比較的短期間で解決されたのである。

3　環境問題を解決に導く企業活動

　環境問題の中心が地域限定の環境汚染問題から地球規模の環境問題に移行するにつれて（無論，地域の汚染問題が解決されたわけではないが）企業活動とのかかわりにも変化が生じた。地域の環境汚染問題が主たる関心事であった時代には，企業は環境汚染物資を排出する元凶として社会からネガティブな目で

みられていたが，地球温暖化問題のような地球規模での環境問題が関心を集めるようになると，一転して環境問題を解決に導く存在として社会から期待されるようになった。その背景には，地域限定の環境汚染問題と地球規模の環境問題の性格の違いがある。すなわち，前者の場合には加害者の特定が比較的容易であり，多くの場合，それは企業であった。これに対し後者の場合は加害者を特定することは困難である。たとえば，地球温暖化問題について考えてみよう。気温の上昇をもたらす二酸化炭素などの温室効果ガスは特定の企業のみが排出しているわけではない。それは人間の経済活動に起因しており，あえて加害者を特定するのであればそれは人類全体ということになる（そうした文脈で捉えるならば，被害者は温暖化により生息地を失い，絶滅の危機にさらされる地球上のあらゆる動植物ということになろう）。

つまり，温暖化に代表される地球規模の環境問題の場合，前出の「エンド・オブ・パイプ」の手法では問題は解決しない。解決のためには現行の社会経済システムのダイナミックな変革によるイノベーションの創造が必要であり，その担い手として企業に対する期待値が高まっているのである。

たとえば，現在のわれわれの生活に欠くことのできない電気について考えてみよう。発電の方法として最も普及しているのは，石炭火力発電である。しかしながら，石炭は燃焼時に大量の二酸化炭素を排出し，地球温暖化に悪影響を与えているといわれている。そのためこうした化石燃料に依存するのではなく，太陽光や風力等，自然エネルギーを利用した発電方法への転換が求められている。しかしながら，自然エネルギーを利用した発電は気象条件に大きく左右されるため，電気の安定供給に不安が残る。企業の生産活動から一般家庭に至るまで電気の安定的な供給は必要不可欠の要件である。従来，発電した電気を貯めることは技術的に非常に難しく，蓄電池の分野での技術革新は進まなかったが，太陽光や風力で発電した電気を貯めておき，気象条件に応じて放電することができれば自然エネルギーによる発電普及の後押しとなる。現在，**リチウムイオン電池**の蓄電能力の向上や新たな蓄電池の開発にむけて企業が研究開発を加速させているのは，こうした事情によるものである。

ここでの企業の存在は，環境にネガティブな影響をあたえる元凶としてではなく，むしろ環境問題を解決に導く好ましい存在として社会から受け止められている。つまり，企業の技術革新が社会に変革をもたらし，社会をよりよい方

TOPIC **12**
環境経営

図表2　環境問題と企業活動の関係

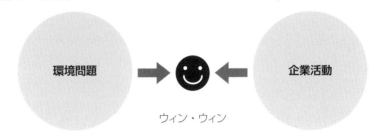

ウィン・ウィン

出所：筆者作成。

向へと導く可能性があると考えられているのである。企業もまた社会のそうした期待に応えることで，自らのビジネスチャンスを拡大し，利益を増大させることができる。したがって，この場合の環境問題と企業活動の関係は双方に益をもたらすウィン・ウィンの関係である。

4　企業活動への監視

　環境問題に対する社会的な関心が高まるにつれて，環境保全のための法規制が行政により整備，強化され，かつてのように企業が汚染物資を大気中に放出したり，河川に垂れ流すようなことはなくなってきている。また地球温暖化対策に関する国際条約である「**パリ協定**」に代表されるように，国際社会においても地球環境保全の機運が高まっており，企業は環境にやさしい活動を実践することが強く求められている。つまり，現状では企業は環境にネガティブな影響をあたえる存在ではなく，技術革新やイノベーションを創造し環境問題を解決に導く存在として期待されているのである。しかしながら，企業は市場において厳しい競争にさらされており，利益追求のために時として環境保全に逆行する行動をとることがある。ここでは，2015 年 9 月に発覚したドイツの自動車メーカー，**フォルクスワーゲン社の排ガス不正事件**について触れておこう。

　フォルクスワーゲン社はドイツを代表する自動車メーカーであり，自動車の販売台数では日本のトヨタ自動車を抑えて世界第 1 位の座にある。環境問題への対応では，ディーゼル車の排気ガスに含まれる大気汚染の原因となる窒素酸化物を浄化する排ガス浄化装置の開発に熱心に取り組み，**クリーンディーゼル車**の開発を推進してきた。しかしながら，このクリーンディーゼル車に不正が

経営学の現代的トピック　第Ⅱ部

あることが発覚し，大きな社会問題になったのである。フォルクスワーゲン社は排ガス浄化装置に違法な制御ソフトを搭載し，検査時にはそのソフトを作動させることで排ガス浄化装置を働かせ，窒素酸化物の排出量を抑える一方で，実際の走行時には排ガス浄化装置を作動させなかった。その結果，走行時には検査時の実に40倍もの窒素酸化物の排出量が検出されたのである。

なぜ，フォルクスワーゲン社はこのような行動をとったのか。それは，走行時に浄化装置をフルに使用すると耐久性に不安が生じ，走行性能が落ちる可能性があったからである。アメリカ市場の開拓でトヨタ自動車と競い合っていた同社にとって，そうした事態は避けたいところであった。それゆえ，検査の時のみ浄化装置を作動させる制御ソフトを搭載したのである。

フォルクスワーゲン社のこうした行動は，自社の経済的な利益を優先させ，環境を犠牲にした身勝手な行いであり，当然のことながら許されるものではない。しかしわれわれがここで注意しなければならないことは，この事件が発覚するまで同社は，クリーンディーゼル車の開発を通じて環境問題に熱心に取り組んでいる企業であると社会からみられていたということである。つまり，そうした「良い企業」であっても状況次第で環境汚染を引き起こす「悪い企業」になりえるのだということを認識しておく必要がある。

5 おわりに

社会的に「良い企業」として認識されている企業が別の顔，すなわち「悪い企業」の側面をもっていることはさほど珍しいことではない。環境問題に限らず，労働や人権等において法規制が整備されていない発展途上国では，先進国で「良い企業」として振る舞っている企業が利益増大やコスト削減の名の下，先進国では許されない行動をとることがある。こうした企業行動を監視する役割を担うのは本来，行政の仕事であるが，行政と企業が癒着し，監視機能が正常に働かない場合がある。そこで行政に代わる機関として期待されるのがNPOである。前出のフォルクスワーゲン社の事件でも不正を暴くきっかけをつくったのはNPOの調査であった。SNSなどのツールを駆使したNPOのネガティブキャンペーンは，巨大なグローバル企業に十分対抗できる力をもっている。

❗さらに理解を深めるために

足立辰雄・所伸之編著（2009）『サステナビリティと経営学─共生社会を実現する環境経営─』ミネルヴァ書房。
　　（持続可能な企業経営のあり方をわかりやすく解説した本）

植田和弘・岩田裕樹・大西靖・國部克彦（2010）『環境経営イノベーションの理論と実践』中央経済社。
　　（イノベーションの視点から環境経営を分析した本）

鈴木幸毅・所伸之編著（2008）『環境経営学の扉─社会科学からのアプローチ─』文真堂。
　　（環境経営学の理論的な体系を提示した本）

所伸之（2005）『進化する環境経営』税務経理協会。
　　（企業の環境問題への取組みの進化を解説した本）

所伸之編著（2017）『環境経営とイノベーション─経済と環境の調和を求めて─』文真堂。
　　（さまざまな業界において実施されている企業の環境経営を紹介した本）

野村佐智代・佐久間信夫・鶴田佳史（2014）『よくわかる環境経営』ミネルヴァ書房。
　　（環境経営全般について平易に解説した本）

株式会社アサヒ防災設備

代表取締役 中村 理
(S.45 年会計学科卒業)

会社組織

[会社概要]
創業・設立：2010（平成 22）年 11 月 10 日
資本金：500 万円
本社：東京都文京区本駒込

[事業内容]
①消防設備の保守点検，②消防設備の販売，③消防設備設置工事請負

[創業・歴史]
2011（平成 23）年 1 月より，大学，企業，医療法人，社会福祉法人等との消防設備点検・販売・工事の取引開始。

経営状況ならびに今後の経営展望

　消防設備が火災のときに本当に稼働するかどうかということを，年に 2 回，消防法で点検が義務づけられていて，その消防設備の点検を中心とした業務を行っています。どうしても経年劣化とか古い装置とかがありますから，一部不具合なところが出てきて，その改修工事を行わせていただく。と同時に，消火器や感知器などの消防設備の物品の販売を行わせていただいています。

　かつて，風力発電で火災が起こり，その火災を消火するための消火装置は，多分，わたしの会社が初めて手掛け，現在は 150 機ぐらい納入しています。日本でも超一流の風力発電の事業主さんに納入させていただき，それと工事を行うというのが，わたしの会社の 1 つの特徴ではないかという気がします。

代表取締役・中村理氏

経営状況ですが，点検の仕事というのは，一度入り込むと，よほど会社がおかしい，たとえば作業でミスするとかそんなことでもない限り，営業努力は必要ですが，割とずっと続くんですよ。続くということは，年に2回ありますから，その分，売上がある程度読めるんです。

一から受注をしないと会社が成り立っていかないというのではなくて，固定の仕事があるというのは，経営上，社長として精神的にものすごく楽になります。

赤字を出さずに黒字経営をするためには，年間必要経費を把握し，利益率から損益分岐点売上高を策定し，その売上高を達成するよう努力するわけです。ようやっと9年目に若干余裕が出てきました。

それとやはり，銀行から借入をしていますと赤字が出せないんですよ。1円でもいいから経常で利益を出しておかないといけないというのが，われわれ零細企業じゃないかなという気がします。

業界としては，災害，特に火災が多くなってくれば，それに対して規制がどんどん厳しくなるわけです。最近は，防火戸とか防火シャッターは今まで点検しなくてもよかったんですけれども，点検の義務化が法律に加わりましたので，その分の売上がまた増えてまいります。

この作業を行うには，消防設備士という国家資格をもっていないとできないんです。わたしの従業員は全員，消防設備士の国家資格をもっていますので，それが技術の信頼性となり，またプラスになっていきます。

そうかといって，今後も大幅に売上がボンと増えるということはないかもわかりませんけれども，営業努力により徐々に右肩上がりで推移していくのではないかという気がします。

経営者個人への質問

1. 現在の役職に就いた経緯

私は商学部を卒業して総合商社の丸紅に入社し，定年まで主に機械部に在籍しました。定年後，上司から紹介され，今は東証一部上場している省エネの会社と，環境全般の仕事の責任者に就いていた関係で，北海道の消防設備の会社の東京支店からお誘いがあって，消防設備の会社と両方で仕事をしていました。

消防設備の会社は当初，営業部長で入社したんですけれども，そこの会社は赤字でどうしようもなかった。丸紅時代の人脈を頼って早稲田大学をはじめいろん

な会社を開拓して，2年間で単年度黒字にし，その会社の代表取締役を5年経験しました。その後，後継者の問題で，代表取締役を下りることになりました。

消火装置が設置された風力発電設備

他の会社からもお誘いがありましたが，そこに勤めても歳も歳ですし，あと何年雇用してもらえるかわからない。いっそのこと会社を起こしちゃおうかという一大決心をしました。会社を設立し許可を取るためには，手続き上いろんな要件があるんですが，内々で自分で会社を設立する準備をして2ヵ月後に登記して会社が認められました。こんな短期間で順調にできたのは，自分でいうのもおかしいですけれど奇跡ですよね。今までの人生のなかでこの時期が一日一日を大切に最も仕事をした時期であったかもしれません。

2. 経営者としての働き方

経営者といっても，確かに会社を経営しているわけですけれども，うちの技術者は現場へ行って，私は営業を主体としてやっていますからね。ですから，朝出社すればまずメールをみてその対応をし，お客さんから依頼があれば，内容がメールだけではわからなかったら現地へすぐに伺って内容を詳しく聞き，それで見積書を作成してお客さんに提出する。注文をいただいた場合には契約書，注文書を作成したりということが，日常の業務になりますね，それを1週間，1年単位で続けていきます。

そして，必ず月次で自分なりに決算をつくって，売上高はこれだけ，売上総利益はこれだけ，経費はこれだけというのを把握して，最終的にそれを税理士さんに渡して，税理士さんのほうで月次の試算表，決算書をつくってもらうという作業が，経営者としては出てきます。それを12ヵ月行って，最終の決算月はこれだけの売上高にしなくちゃいけないとか，これだけの利益を出さないと経費を賄えないとか。会社全体の決算の前段階として，1ヵ月前ぐらいにそういう作業を行っていきます。

3. 経営者として心がけていること

　経営者というのは，まず会社を守ることが一番だと思うんです。会社を守るというのは3つあると思います。1つは，会社を本当に守って黒字にしていく。運転資金をショートさせず，売上・利益を計上し，適正な税金を払い社会貢献する。これを順調に推移させるのが，会社を守ることの1つ目だと思うんです。

　2つ目は，会社の仲間，私の家族，従業員とその家族，それを守ってやらないといけない。金銭的にもそうだし，健康の面でもそうだし，そういうことを守ってあげる。

　3つ目は，防災の仕事ですから，何か緊急に連絡があるということは何か問題があるから助けを求めているわけですよね。そういうことに対して，誠意をもって迅速に対応してあげるというのが，お客さんサイドに立った運営といいますかね。これを従業員にも指示しています。また，取引先に迷惑をかけないことも大切です。

4. 学生時代を振り返って

　学生時代の一番の思い出は学生会執行部ですね。昔は，大学から頂いた学生会費を各クラブに割り当てたりなど，全部，学生会が取り仕切っていたんです。

　現在，校友会で私が会長を務めることができるのも，そのときの先輩や仲間にお手伝いいただいているからです。大学を卒業し，約50年たってもその仲間と今でも関係がもてるというのは非常にすばらしい話だと思っています。

　大学3年生のときに，大学紛争が起こり，学生運動が過激となりストライキとなりました。私たち学生会執行部は，ストライキで学園封鎖をするのではなく，勉学するのがまず最初ではないかという立場でしたので，ストライキに反対でした。私なんかは全共闘に角材で追いかけ回されて，商学部の砧のキャンパスに入れなかったこともあります。

　また，当時，学界でも著名な先生が3～4人いらっしゃいまして，そのなかのお1人の景気変動論の桑原晋先生が卒業後，「どこへ行きたいんだ？」，「総合商社に行きたいんです。海外をまたにかけて仕事をしたいんです」といったら，力になってくださいました。砧キャンパスのすぐ近くに先生のご自宅がありましたので，学生時代，卒業後もご自宅にお伺いしました。このようなことは，多分まれなケースだろうと思います。このような経験ができたのは，私の大変な財産になったのかなと思います。

ですから，マンモス大学ということは感じはなかったし，自分のいるところで全力投球するというのが大事なんじゃないかなと。

5. 学生へのメッセージ

　私は学生に授業に出なさいとよくいうんですけれど，そのときの知識が社会人になり会社に行ってすぐには役立たないかもわからないけれど，いろんな物事の判断，考える材料となる知識を学生時代に何でもいいから吸収して，考える糧になるようなものを吸収してください。

　自慢じゃないけれども，授業はほとんど休まなかったですね。いつも先生の真正面で聞きました。そんなことで，私の口からいうのはおかしいですけれど，2年生のときからトップクラスにいました。特待生となり3年間大学にお世話になりました。もうちょっと今でも勉強しておけば良かったと思います。だけどこれからは，先生方の授業を聞くのはもちろん大事だけれど，それだけではなくてやはり考える力を身につけていけるような，それはゼミだとかそういうところだろうと思いますけれども，発展させていかないと，これからの実社会では……。実社会に出ると打ち合わせだとか会議だとかがありますので，そのためには自分で考え，自分の思いを言葉で表現できることが大事なのではないかなと思います。

　それとやはり，私はもうちょっと学生時代に英語を勉強しておけばよかったなと，後悔しています。丸紅に入ってからも当然勉強しましたけれども，会社に入ってくる人たちは外国語大学出身の人だとか，どこかで英会話を勉強した人とか，そういう人がたくさんいますので，一緒になって取り組んでいこうとなると，なかなか難しい。英語，中国語，外国語は何でもいいと思います。そういうことを勉強して何とかコミュニケーションをとれるように。それを武器にして，自分の仕事の範囲が広がってくるかもわからないですし。やはり英語はマストですよね。

非営利組織とは

1 はじめに

　非営利組織というと，ボランティアベースのいわゆる**NPO**が思い出されることが多いが，それは世界的にみても1980年代以降である。**伝統的な非営利組織**である病院，社会福祉施設，美術館，寺院，オーケストラ，労働組合などは，**いわゆるNPO**が出現する前から存在する非営利組織である。民間非営利組織としてのいわゆるNPOは，公共サービスの民営化という1980年代以降の世界の先進国での大きな流れが背景といえる。特に1990年代以降，公共サービスの民営化は，いわゆるNPOが市場で活動する機会を大きく拡大した。たとえば，日本でも，介護福祉分野で企業（営利組織）と社会福祉協議会（非営利組織）が同じ市場で競争する例も出てきた。

　いわゆるNPOは**ミッション**の追求を重視する傾向があり，ミッション志向，運動性をもつ組織である。一方，企業（営利組織）は営利を重視する傾向があり，プロフィット志向，事業性をもつ組織である。しかし，いわゆるNPOも活動を維持するために収益事業を行う。他方で社会的責任を重視し社会貢献を積極的に行う営利企業もある。このように，営利組織と非営利組織は，利益志向性とサービスファースト性との程度の問題，それらに付属する各行動の相対的問題ともいえる。したがって，営利組織にとって利益は結果であり，非営利組織にとっては手段であるといえる。

2 非営利組織へのいくつかのアプローチ

1 ■ バーナード（C. I. Barnard）

　バーナードは，経営学の対象を営利組織に限定することはなく，組織全般を研究対象とすべきであるという立場をとっている。バーナードは，「・・・家庭，2人以上の人々からなる事業，さまざまな地方自治体，自主的，反自主的な政府機関や部門，同業者団体，クラブ，協会，友愛団体，教育機関，宗教団体などを含めて，アメリカの公式組織は無数にあり，その数は総人口よりも多いかもしれない」と述べている（Barnard, 1938［邦訳，3-4頁］）。もちろん

現代のサラモン流のNPO（後述）は当時なかったこともあり，広義に定義している。ただし，公式組織に限定されて議論されている。

2 ■ ドラッカー（P. F. Drucker）

ドラッカーは，営利組織でもない，政府でもない非営利組織に焦点をあてた議論をしてきた（Drucker, 1968）。ドラッカーは，政府をはじめとするノンビジネスのサービス組織体が成長し，さまざまな非営利活動を行うこと，すなわち，サービス産業が今後重要になり，そのサービスを担うのが，政府などの公的非営利組織と大学や労働組合や病院などの私的（民間）非営利組織であり，そのマネジメントが必要であるとも指摘している（Drucker, 1973［邦訳，6-9頁]）。

このように，1970年代中頃までは，経営の領域では，非営利組織に政府などの公的非営利組織を含むか，含まないか，考え方が混在していた。近年でも，ドラッカーの『非営利組織の経営—原理と実践』では，ミッションの重要性を示す事例として病院の救命救急室での事例をあげている（Drucker, 1990）。したがって，病院は，ボーイスカウトと同様に非営利組織に入れて考えている。これは，いわゆるNPOとしてみるのではなく，伝統的な非営利組織を意識していることがわかるように，非営利組織の範囲を定めるのは難しい。ドラッカーが議論に参入する前は，多くが非営利組織を政府まで含めて考えてきた**「最広義の非営利組織」**時代である。そこには，当然，病院や学校まで含むものとして考えてきた。これを筆者は伝統的な非営利組織研究とよぶ。ドラッカー参入後は，アメリカのサラモン流の公益を担う民間も含んだ**「広義の非営利組織」**として認識されてきた時代である。わが国では，非営利組織＝NPOと表現し，いわゆるボランティアベースの公益を担う民間組織としてのいわゆるNPOを意味するようになり，それが非営利組織を代表するような誤解を生んでいる。

3 ■ ベル（D. Bell）

ベルは，情報化社会を考察するなかで，非営利セクターでサービス産業が成長していると指摘している（Bell, 1973）。情報化社会という問題意識は社会変動を示すものとして，1960年代の後半から議論されていて，ベルの『脱工

非営利組織とは **TOPIC 13**

業社会の到来』（1973 年）が代表的である。

ベルは資本主義の消費資本主義化が，資本主義の文化的基盤を変質させると考え，これまで「**行政**」が担ってきた「公的」な機能の一部が，「**民間**」へ移譲され，「**民間**」が「**私益**」をインセンティブにして，いかにして「公的」な機能を果たせるか，またそこにおける公共性のあり方が課題になっているとした。ここに，非営利組織の存在理由の 1 つが見いだされる。

一方，民主主義世界のなかで，営利企業が経済優先，欲望優先になっていく現代社会で，「いわゆる NPO」が行政や私的企業の負の側面を補完する組織として求められるようになってきた。したがって，伝統的な非営利組織である病院や学校の成立プロセスと「いわゆる NPO」の成立は異なるのである。

3 伝統的非営利組織と近年のいわゆるNPOの特徴

1 ■ 伝統的な非営利組織研究としてアンソニー（R. N. Anthony）

アンソニーによれば，非営利組織の特徴を以下のように示している（Anthony, 2003［邦訳，40 頁］）。

①利益測定（profit measure）の欠如
②税の違いと法的に考慮すべき事項
③サービス組織的傾向をもつ
④目的と戦略におけるより大きな制約（constrains）がある
⑤財務的支援に対する顧客への依存度が低い
⑥専門職の優位性
⑦ガバナンスにおける違い
⑧政治的影響の重要性
⑨不適切なマネジメント・コントロールの慣習

アンソニーは，非営利組織のマネジメントをはじめから利益の非配分性や自主的に管理されている組織であることを前提にしている。それは，アンソニーは，「本章における非営利組織の記述は，一般的な非営利組織に適用することを意図している。当然，私が論じた特徴は，すべての組織に等しく同様に適合するわけではない」としていることからわかる（Anthony, 2003［邦訳，69 頁］）。したがって，アンソニーは，学校，病院，オーケストラ，福祉施設などを基本にしている。

2 ■ いわゆる NPO 研究としてのサラモン（L. M. Salamon）

サラモンは，以下のように組織の特徴を述べている（Salamon, 1992, pp.6-7）。

①公式的に設立された組織であること

②民間組織であること

③利益分配をしないこと

④組織内部で自主的に管理されていること

⑤運営や管理にボランティアの参加を含むこと

⑥公共の利益に奉仕すること

これは任意団体としてのボランティア団体から出発するようなイメージといえる。この定義は，非営利組織の国際比較を行うことを目的として定義されており，アメリカの非営利組織の考え方を前面に押し出した議論である。さらに，わが国の代表的な先行研究（電通総研，1996，24-26頁；島田，1999，31-32頁など）においても，この定義を肯定的に引用している。このように，サラモンによって提示された上述の定義は，わが国での特定非営利活動促進法によるNPO法人の基本的な特徴を捉えたものであり，日本のこのNPO法人は17の領域での活動を認めているが，これはアメリカの**501c（3）**の考え方（詳細は後述）に近い。また，わが国での認定NPO法人あるいは特別認定NPO法人などの基準などをみても，アメリカのIRS（Internal Revenue Service, 国税庁）の考え方に大枠で準拠しているように感じられる。

4 非営利組織の世界の動き，最近の動き

歴史と文化のあるヨーロッパや日本は非営利組織の考え方に注意すべきである。たとえば，イギリスではNPOよりも，その組織活動の自発性をもった面を強調した**ボランタリー・オーガニゼーション**（voluntary organization）という用語が使用され，**チャリティー組織**という言葉も使用される。イギリスにおいては，チャリティ法（charities acts）に定めるチャリティ目的の事業を行おうとするものは，法人形態を問わず，チャリティコミッション（Charity Commission）に申請して認定を受け登録をするように義務づけられている。登録されたチャリティ（registered charities）は，イギリスにおける非営利公益活動の中心的な担い手となっている。

フランスやEUではアソシアシオン（association）といった，社会的な目的を強調した**相互扶助組織**がある。これは民主的統制（democratic control）の面をより重視する立場から**エコノミ・ソシアル**（社会的経済）という言葉で表現されている。具体的には，各種の協同組合や市民の活動が盛んなヨーロッパで活動・運動を，財団なども含めてエコノミ・ソシアル（Economie sociale）として一括しているが，このエコノミ・ソシアルの経済的実績の多くが協同組合であることも一方で問題となっている。

一方，アメリカでは，非営利組織は，IRSによって非課税のステータスを付与された法人である。つまり，どの非営利組織も最初は営利企業と同様に設立され，非営利組織としてのステータスが付与された時点で，非営利組織が誕生する。非営利組織は，活動を予定している州の州務長官室（Secretary of State's Office）に登録することにより，法人としてスタートする。法人格を付与された時点では，まだ，非営利を目的としても営利企業と見なされる。IRSからEmployer Identification Number（EIN，雇用主番号）とよばれる税識別番号を取得しなければならない。これらの項目を取得した時点で，IRSに非課税の申請し，IRSは既存の財務諸表を審査する。さらに，非営利組織としてどのように地域社会に貢献するかを説明するミッション・ステートメントも提出する。これが承認されることで，営利組織は501（c）3ステータスをもつのである。その後，非課税扱いの非営利組織となる。

さらに最近の**社会的企業**（social enterprise）の登場でわかるように，企業性と社会的目的の追求という2つの側面に，社会サービス供給に革新をもたらす潜在的可能性が期待されている。

5 非営利組織にとっての利益とは

非営利組織といっても，利益を上げることは否定されていない。実際，より多くの収益を上げ，新しいプログラムの開発などの活動の拡大を行えるよう，営利組織のような経営形態に近づきつつある非営利組織もある。非営利組織は，ミッションの達成と目標および地域社会への貢献のために年間予算の大部分が使われていることを証明しなければならないが，余剰金が出ても問題はない。非営利組織の利益獲得に関して，非営利組織は，サービスファーストであるので，組織の存在理由として，利益を手段として使用していくことは優先順

位が低いとはいえ，非営利組織の経済的側面を軽視してよいということではない。

　非営利組織の利益獲得は，非営利組織が社会において存在するための前提条件でもある。この前提条件を欠くことになれば，非営利組織の第一の存在理由である，社会に有益なサービスを提供することが，不可能になってしまう。

　資本主義社会のなかで，「非営利といいながら**市場原理**の上に存在する」ことが難しい問題となる。すなわち，非営利組織は，非営利を**経営原則**とするものの，サービスファーストを維持するに足る財務的基盤は自律的かつ自立的に確保しなければならない。したがって，非営利組織において「適度な営利性」の追求はむしろ必要不可欠の課題となるのである。つまり，市場経済のもとで自律・自立した組織として存在し続けるためには，非営利組織といえども市場経済の基本的ルールに従っていかねばならないのである。

　非営利組織は，市場の経済のもとで自律・自立した組織として存在し続けるために，経営を理解した経営者の存在を必要であるが，現実には，経営の素人によって「**経営**」ではなく「**運営**」されてきた。したがって，日本などでは，経営者の能力でパフォーマンスの優劣がつかないように，制度が伝統的非営利組織を守ってきたといえる。これはわが国の医療，金融・宗教などの特定領域での護送船団方式に守られてきたことである。

6 おわりに

　非営利組織を NPO と略称でいう場合，**Nonprofit Organization** なのか，**Not-for-profit organization** なのか，という相違にも注意を払うべきである。少なくとも研究する場合は，利益を出しても分配しない組織として，成長利益を求めるが利益分配しない，政府から独立した民間組織，すなわち，「利益獲得・事業型の非営利組織」なのか，最初から利益を出すことは考えず，長期的に収支均衡であれば十分で，社会に有益な活動と増進を行う，すなわち，「寄付金・助成金・会費型の非営利組織」とでは，組織の構成員の行動が変わってくることは明らかである。

　図表1からわかるように，非営利組織の分類を行うときに，狭義と広義の非営利組織があるが，これらの範囲は大きな異論はないと思われている。ただ，最狭義，最広義に関しては異論もある。非営利組織が公益を担う民間組織であ

図表1　非営利組織の範囲

出所：経済企画庁編（2000, 130頁）を参考に作成。

るという点に重きをおいている人々は，行政は非営利組織に入らないという。

　しかし，社会の工業化や成熟化などによって非営利組織の役割が増し，非営利組織が加わり，さらにそれらを私的（民間）非営利組織，公的営利組織の2種類あるとすると，最広義に捉えれば行政も非営利組織に入るという考え方もある。一方，最狭義でもわが国では，特定非営利活動促進法によるNPO法人のみという人もいれば，それに加えてボランティア団体や市民活動団体まで入るという人々もいる。

　サラモンの国際調査の範囲（**図表1**）では，たとえば，病院を非営利組織に入るとしているが，病院の扱いはアメリカと日本とでは医療制度，病院の定義，医療施設の開設者の相違，税法などで異なるので，単純比較はできないので注意が必要となる。

▶**参考文献**

経済企画庁編（2000）『平成12年度 国民生活白書―ボランティアが深める好縁―』。

島田亘（1999）『非営利組織のマネジメント』東洋経済新報社。

髙橋淑郎（1996）『変革期の病院経営』中央経済社。

髙橋淑郎（2001）「病院経営と非営利性―医療法人制度を手がかりとして―」『商学

集志』第 70 巻 4 号, 1-24 頁。

髙橋淑郎（2002）「第 4 章　病院経営の非営利的側面─NPO との比較から経営学的諸問題の検討─」奥林康司・貫隆夫・稲葉元吉編『NPO と経営学』91-125 頁, 中央経済社。

髙橋淑郎編著（2020）『非営利組織と営利組織のマネジメント』中央経済社。

電通総研（1996）『民間非営利組織 NPO とは何か』日本経済新聞社。

Anthony, R. N. and D.W. Young（2003）（7thEd）*Management Control in Nonprofit Organizations,* McGraw-Hill Irwin.

Barnard, C.F.（1938）*The Functions of the Exective,* Harvard University Press.（山本安次郎他訳（1968）『新訳 経営者の役割』ダイヤモンド社。）

Bell Daniel（1973）*The Coming of Post-Industrial Society: A Venture in Social Forecasting.*（内田忠夫ほか訳（1975）『脱工業社会の到来─社会予測の一つの試み─（上・下）』ダイヤモンド社。）

Drucker, P. F.（1968）*The Age of Discontinuity: Guidelines to our changing society,* harper and row.（林雄二郎訳（1969）『断絶の時代─来るべき知識社会の構想─』ダイヤモンド社。）

Drucker, P. F.（1973）*Management:task, responsible, practices,* Harper and Row.（上田惇生訳（1974）『マネジメント─課題・責任・実践─（上・中・下）』ダイヤモンド社。）

Drucker, P. F.（1990）*Managing the non-profit organization,* HarperColins Publisher.（上田惇生ほか訳（1990）『非営利組織の経営』ダイヤモンド社。）

Salamon, L. M.（1992）America's Nonprofit Sector: A Primer, The Foundation Center.（入山映訳（1994）『米国の「非営利セクター」入門』ダイヤモンド社。）

内閣府 NPO ホームページ（https://www.npo-homepage.go.jp, 2019 年 10 月 7 日参照）。

❗さらに理解を深めるために

山岡義典編著（2005）『NPO 基礎講座（新版）』ぎょうせい。
（理論と現場を正しく理解している著者の，すべてに役立つ本といえる）

L.R. クラッチフィールド＆ H.M. グラント著，服部優子訳（2012）『世界を変える偉大な NPO の条件─圧倒的な影響力を発揮している組織が実践する 6 つの原則─』ダイヤモンド社。
（いわゆる NPO のケースを示しながら，その活動が社会をどのように変えるかを示している）

非営利組織とは　TOPIC⑬

経営史

1 はじめに

　ここ数年の動きをみるだけでも，ビットコインやブロックチェーンといった新しい技術やアイデアが生まれ，ビジネス界に大きな影響を与えている。変化が激しい時代といわれて久しいが，この先も時代が変化するスピードが弱まりそうにない。こうした変化があたりまえの時代に，過去を振り返って，経営の歴史を学ぶことにどれほどの意義があるのだろうか。

　プロシアの政治家オットー・フォン・ビスマルク（Otto von Bismarck）は「愚者は自分の経験に学ぶが，私は他人の経験（歴史）に学ぶ」と語ったように，歴史は自分の経験した範囲に囚われがちな視野を広げてくれるギフトでもある。世間では歴史小説がよく読まれ，人々は戦国武将や幕末の偉人のビジョンに想いを馳せている。けれども，一方で「歴史は繰り返す」という言葉が消える気配はない。人間の本質は変わらないので，同じことが（しかも，よくないことが）何度も繰り返されるというわけだ。

　人々は歴史から何か学んでいるはずだが，なぜ，（よくない）歴史が繰り返されるのだろうか。大事なのは「歴史は繰り返す」という言葉を発する瞬間が，概して，よくないことが起こった後だということである。よりよい社会になってほしいと願わない人はいないはずである。そうであるなら，後の祭りとなる前に自分にとって必要な歴史を学び，前もって備えておきたいと思うはずである。けれども，自分にとって必要な歴史が何かは，ことが起こってからわかる場合が多い。まさに，後から「そうだったのか！」とわかる矛盾を抱えている。

　ではどうすればよいのだろうか。そうした矛盾を幾分緩和するためのヒントを経営学ではつとに有名なフォード・モーター社の経営史をとおしてみていくことにしよう。そのエピソードから，企業が辿ってきたプロセスをきちんと顧みること，そして，**経路依存性**を意識することが自分にとって必要な歴史を知るうえで大事であると理解できるはずである。

2 これまで辿ってきたプロセスを意識する ——目の前の出来事を正確に理解するには, そのことに至るまでの過程を知ることが大切

　経営学を学ぶと必ずどこかで聞くのが, T型フォードに象徴される自動車の「大量生産システムのストーリー」だ。ヘンリー・フォード (H. Ford) が移動式組立ラインによる大量生産を確立し, T型フォードのコストを低減させ, 庶民でも購入できる低価格を実現したことで全米自動車市場を席巻した話である。

　もう少し詳しくみていこう。T型フォードの発売はセンセーショナルなものだった。1908年4月に世の中に発表され, 同年10月1日金曜日に850ドルで発売されると, 翌日の土曜日には1,000通を超える注文の郵便が舞い込んだ。これまで2人乗りの自動車ばかりだったが, 幌付きのツーリングカー・タイプのT型は4人乗りで, 週末家族でドライブするのに最適な車だった。週明けには, 営業部の社員が捌けないほど郵便が殺到したのである。こうした莫大な需要に対応するため, 翌1909年, 社長のヘンリー・フォードは周囲に何の予告もせずに突然「今後同社はT型フォードのみを生産する」と宣言した。そしてフォードは「わが社の顧客はだれでも自分の好みの色の自動車を手に入れることができる。それが黒色であるかぎり」という有名なセリフを添えた。黒の塗料が最も早く乾き, 購入者が自分で修理しやすい色であるという合理的な判断によるものだった。まだ自動車が贅沢品だった時代に, 値ごろ感のある格安の大衆車だけに生産を絞ると宣言したため, 世間はその発表に騒然となった。フォード社の経営は持つのかと。

　ヘンリー・フォードはT型の発売と並行して, T型専用の工場建設に着手した。後に移動式組立ラインによる大量生産で有名になるハイランドパーク工場である。同工場は1910年に操業がスタートしたが, 急増する注文に対応するべく, 生産効率化を狙った組立ライン構築の試行錯誤が日夜続けられた。1914年の春までに, 機械と作業員を連続する作業工程に配置した「ライン生産システム（流れ作業）」ができあがり, ベルトコンベアを使った移動式組立ラインが実装された。こうして莫大な需要に応えられる量産体制が整ったのである。この間, T型フォードの価格は下がり続け, 1916年には360ドルと発売当初の半値以下の価格で買えるようになった。このことから, 大量生産の確

図表1　フォード社のハイランドパーク工場（1914年頃）

出所：S. H.Clarke（2007）*Trust and Power*, Cambridge U.P., p.83（原画はヘンリー・フォード博物館）。

立によって単位当たり（車一台当たり）の生産コストが下がり，低価格が実現したといわれる。

　ところが，Ｔ型の発表前までにヘンリー・フォードがやってきたことをみるとまた違った様子がみえてくる。デトロイトの石炭販売業者のアレクサンダー・マルコムソン（A. Malcomson）の支援を受け，1903年にフォード・モーター社を設立したヘンリー・フォードはＡ型（850ドル）を皮切りに，Ｂ型，Ｃ型，Ｆ型，Ｋ型（2,800ドル），Ｎ型（500ドル），Ｒ型，Ｓ型と1908年までに8つのモデルを発売するほどの旺盛な開発意欲をみせた。フォードは，まだ自動車が贅沢品だと思われていた時代に，低価格車には莫大な潜在市場があると確信し，大衆むけの車をつくりたいと考えていた。1906年，ニューヨークの自動車ショーで，まだ未完成だった同社初の大衆車Ｎ型を発表した。Ｎ型に貼られた値札には驚きの価格がついていた。たったの500ドルであった。フォードは庶民の値ごろ感がどの辺りにあるのかを感じ取り，値づけしたのである。この価格は庶民の購買欲に火をつけ，Ｎ型が発売されると生産が間に合わないほどの注文が舞い込んだ。

　興味深いことに，ヘンリー・フォードは製造原価に基づいて価格を設定しても，市場に出して売れなければ意味がないと考えていた。そのため，あまり科

学的ではないが，思い切った安値をつけ，その値段で何とか利益を出せるように社内でコストを下げる工夫をすればよいと考えた（会計の世界でいう「原価企画」に近い考え方である）。まさに，フォードの場合，大量生産が低価格をもたらしたのではなく，低価格を設定したことで需要を喚起し大量生産を導いたのである。もちろん，価格を下げれば自動的に需要が喚起されると考えていたわけではない。フォードはN型を発売する前年の1905年から全米に販売支社を設置し，自社の販売政策を徹底させる体制づくりをはじめていた。自動車の販売を外部の独立系ディーラーに任せきりにしないと決めたわけである。

こうした販売姿勢は1908年4月のT型の発表のときにも生かされた。発表の2週間前の3月18日には各地のディーラーの元にT型のカタログが配布された。ディーラーにとってT型の表示価格は驚きをもって迎えられた。「安すぎる！」と。ヘンリー・フォードはN型の販売で上げた利益をT型の広告費につぎ込み，新聞・雑誌はおろか，広くダイレクトメールを郵送し，電報や電話でもT型を徹底的に宣伝した。こうしてT型とその魅力的な価格は全米に知れわたり，N型以上の需要が喚起された。

ヘンリー・フォードは大量生産システムの考案者とみられているが，それは真実の一面にすぎない。ここまでみてきたように，フォードは当代きってのすぐれたマーケターでもあったのだ。彼が同社設立以前に世間の注目が集まるカーレースに何度も出場し，優秀賞金で車の開発資金を稼いでいたことを知っている人なら至極当然の話でもある。フォードは賞金獲得目当てだけでなく，自らを投資家に売り込む場としてカーレースを使ったのだ。マーケティング学者のセオドア・レビット（T. Levitt）は「マーケティング近視眼」という有名な論文で「大量生産は，フォードの低価格の原因ではなく，結果だった」と述べている。まさに，大量生産によって低価格がもたらされたのではなく，低価格が需要を喚起し，その結果，大量生産がもたらされたのだ。

こうした歴史の綾を解きほぐす，すなわち，目の前で起こっている出来事を正確に理解するには，そこに至るまでの過程を丹念に調べることが大切である。経営者や企業が辿った過程を知ると，経営者や企業が，どのような意図をもち，どこへむかおうとしていたのかがはっきりとわかる。経営者や企業を外部からみている人々は，現在の経営者や企業の姿にばかり注目し，経営者や企業の過去の意図が現在の姿をつくり出していることを忘れがちである。さら

に，経営者が将来のビジョンを語る際，そうして語られた企業の未来は，すでに現在の企業の姿に内包されていることにもイメージが及ばないことが多い。過去が現在を経由して未来を形づくっていることを理解することは大事なのである。

作家のジョージ・オーウェル（G. Orwell）は「過去を制する者は未来を制し，現在を制する者は過去を制する」と語っているが，次に，まさにその過去と現在，現在と未来がどう関係しているのかについてみていくことにしよう。

3 経路依存性を意識する
――目の前の現実は過去の囚われ人であることを
　意識することが大切

経営史を学ぶと「**経路依存性（path-dependency）**」という言葉に出会うことがある。その言葉は，現在，そして未来も「過去の囚われ人」であるということを意味している。つまり，歴史は連続していて，経営者や企業は過去の意思決定の制約から逃れられないということである。

上でみたヘンリー・フォードがT型を発売した1908年，顧客の大半は車をはじめて買う人々で手頃な車が求められた。ところが1920年代に入ると顧客は自動車に快適性を求めはじめ，雨風を何とか防げる程度の幌付きの「オープン・カー」から，室内が完全に密閉され「走るリビング」といわれた「クローズド・カー」への買換え需要が生じた。競合のジェネラル・モーターズ（GM）社は1925年までに，クローズド・ボディーを前提とした自動車づくりを企図し，さまざまな所得階層，さまざまなニーズに合った車を次々と発売していった。GM社のこの戦略は後に「**フルライン戦略**」とよばれた。

もちろん，フォード・モーター社もT型にクローズド・ボディーを取り付けて対応した。いやむしろ，フォード・モーター社はT型を発売した当初から市場の動きに柔軟に対応していた。ヘンリー・フォードは，T型を発売して半年後の1909年3月にマイナー・チェンジを命じ，その後まもなくクローズド・ボディーのクーペを含む計5つのモデルを発売したのである。また，ボディーカラーも黒一色から車の利用目的に合わせてレッド，グレー，グリーンと選べるようにした（もっとも1914年には再び黒色の車だけをつくる決定を下した）。

しかしながら，T型の基本設計は変えなかった。そのため，シャーシ（車

台）は5つのモデルで共通化された。過去A型からS型までの8つのモデル開発で試されたアイデアはすべてT型の設計に盛り込まれており，ヘンリー・フォードはT型が完ぺきな製品だと信じて疑わなかった。技術史家のデービッド・ハウンシェル（D. A. Hounshell）が「T型車というのは，それが実際の自動車であったのと同じくらいに，理念そのものでもあった」と語っているとおりである。

T型はGM社が次々と発売するバラエティー豊かな自動車の前に敗退していった。フォード・モーター社は1927年，とうとうT型の生産をとりやめ，GM社に対抗できるよう新たに設計されたA型にモデルチェンジすることになった。その段になって，ようやく自分たちがやってきたことは「大量生産技術の追求」であって，GM社が掲げた「どんな財布にもどんな目的にもかなった車を量産すること」とは本質的に異なることに気づいたのである。市場が大きく変化するなか，ヘンリー・フォードは，T型のみを大量生産するために培ってきた技術力と，はじめて車を買う顧客のイメージに囚われ続けてしまったのだ。

さて，本節の最初に「過去の囚われ人」になるのは「現在」だけでなく「未来」も入れていたことに気づかれたであろうか。実は「現在がなぜこうなったのか」だけでなく，「未来をどう見るか」に関しても，経営者や企業が過去に歩んできたパターンに囚われてしまう場合がある。そして「過去への囚われ」は，経営者や企業の歴史を学ぶ私たちにも等しくあてはまることなのである。おわりにでは「自分の生きてきた世代の共通認識」を考えることで，経営史を学ぶうえで大事なポイントを振り返ることにする。

4 おわりに

PayPalを立ち上げたアメリカはシリコンバレーの起業家であり，現在は投資家であるピーター・ティール（P. Thiel）が「未来をどう見るかも過去の囚われ人である」ことを興味深い枠組みを通じて説明している。**図表2**にあるように，未来のイメージに関する思考パターン（メンタリティー）は，2つの軸，すなわち「楽観的」であるか「悲観的」であるか，そして「明確」であるか「曖昧」で捉えることができるという。具体的にみていこう。

1950～60年代のアメリカ人は，未来に対するイメージが明確かつ楽観的で，ティールが「明確な楽観主義者」とよぶメンタリティーをもっていた。彼

図表2　未来のイメージに関する思考パターン

	明確	曖昧
楽観的	アメリカ 1950－60年代	アメリカ 1982年－現在
悲観的	中国 現在	ヨーロッパ 現在

出所：ティール（2014, 93頁）。

らは自分たちが描いた（デザインした）ものを努力してつくりあげれば，より
よい未来が訪れると信じていた。その結果，物心両面でアメリカを豊かにし，
経済成長をもたらした。けれども彼らの子供たちの「ベビーブーム世代
（1946〜64年頃に誕生）」は，世の中の技術がどんどん進歩していくなかで成
人したため，右肩上がりの経済成長をあたりまえのように享受してきた。その
結果，その世代の大半が未来に対して大きな期待を抱くようになり，将来の見
通しが曖昧かつ甘い，ティールが「曖昧な楽観主義者」とよぶメンタリティー
を帯びるようになった。

　「曖昧な楽観主義者」であるベビーブーム世代は，未来はよくなると信じて
いるが，自分たちが明確なビジョンの下，未来を切り拓いてきた経験に乏しい
ため，未来をどうするのかをイメージするのが得意ではない。そのため，未来
を新しくデザインすることになかなか考えが及ばない。その結果，この世代
は，これまでにないものを生み出そうとはせず，既存のモノゴトの改善に甘ん
じることが多い。また，具体的なイメージがないため，リスクを取って特定の
モノゴトに投資をするよりも金融機関にお金を託し，リスク分散投資に勤しむ
傾向があるという。こうしたベビーブーム世代が，たとえば，マイクロソフト
社の創業者，ビル・ゲイツ（B. Gates）の成功の理由を説明するときに，彼が
何をやったかよりも「たまたま裕福な家で育ったからだ」と偶然の要素を強調
する傾向にあるのは，そこに説明する人の世代によるバイアスがかかっている

からなのである。だから、ビル・ゲイツが「どのデスクにもどの家庭にもコンピュータを！」というビジョン（未来のイメージ）を掲げ、ソフトウェアを開発する努力を惜しまなかったことよりも、彼の境遇という偶然の要素を高く評価しがちなのだ。

　自分にとって必要な歴史を学ぶには、モノゴトを自分の生きてきた世代の共通認識でみてしまいがちであることを意識することが大事である。ティールはアメリカ経済社会を前提に語っているが、バブル期に学生生活を送られたであろうみなさんの親の世代は、まさに「曖昧な楽観主義者」である可能性が高い。自分たちが歩んできたキャリアである程度成功できたのだから、子供世代も同じようにうまくいくはずと漠然と考えているかもしれない。楽観主義自体は何も悪くはないが、その根拠が曖昧であることには注意を要するのである。

　このように、どの世代の人がどの世代の人のことを語っているのかに注意をむけることも大事なポイントである。そして、「自分の生きてきた世代」という過去に囚われすぎないためには、経営者や企業が現在まで何をやってきたのかの歴史をつぶさに調べていくことが大事になるのである。

▶**参考文献**
安部悦生他（2020）『ケースブック アメリカ経営史［新版］』有斐閣。
セオドア・レビット著，土岐坤訳（1983）『マーケティングの革新』ダイヤモンド社。
チャールス・E・ソレンセン著，高橋達男訳（1968）『フォード―その栄光と悲劇―』産業能率短期大学出版部。
デーヴィッド・A・ハウンシェル著，和田一夫・金井光太朗・藤原道夫訳（1998）『アメリカン・システムから大量生産へ―1800-1932―』名古屋大学出版会。
ピーター・ティール著，関美和訳（2014）『ゼロ・トゥ・ワン』NHK出版。

さらに理解を深めるために
安部悦生（2010）『経営史（第2版)』日経文庫。
　　（世界の経営史を大づかみで理解するには絶好の書）
小倉昌男（1999）『経営学』日本経済新聞社。
　　（固有名詞がほとんど出てこないが、経営するとはどういうことなのかが宅急便で有名なヤマト運輸の歴史から理解できる）
橘川武郎（2019）『イノベーションの歴史』有斐閣。
　　（日本経済を形づくったイノベーター（企業家）の歴史が描かれている。「曖昧な楽観主義者」ばかりでは未来がないことがここからもわかる）

TOPIC **14** 経営史

経営学の方法と歴史

1 はじめに

　「経営学」とはどのような学問なのだろうか。なぜ経営学が必要なのだろうか。本トピックでは，経営学がどのような学問なのかについて，「方法」と「歴史」という観点から深く掘り下げることで，経営学の特質と，今後の経営学のあり方について考えていく。

　「経営学」と聞いて，どのようなイメージが思い浮かぶだろうか。「社長のための学問」「お金儲けの方法を学ぶ」「もしドラ」……。それぞれにさまざまなイメージを抱いているかもしれないし，そもそもイメージなどわかないという人もいるかもしれない。

　一般的には，経営学は「実践的な学問」と見なされている。経営学の主要な研究対象である「企業」が，われわれにとって身近な存在であり，そのような企業経営のあり方を考察するからには，「経営学は企業経営に役立つ知識を提供してくれるにちがいない」と思うのも無理はない。

　実際，経営学発祥の地の1つであるアメリカの経営学の歴史をみれば，特にその初期の代表的学説の多くが，大学の研究者ではなく，経営者や実務家によるものであることに気がつく。たとえば創世記の経営学において最も重要な貢献と見なされる**科学的管理法**を提唱したテイラー（F. W. Taylor）も，工場での組長という彼の実務的な問題意識が出発点だったのである。また，経営管理の体系的な知識を構築したファヨール（J. E. Fayol）や，**近代組織論**の祖であるバーナード（C. I. Barnard）もまた，純粋な学者ではなく，経営者の立場にあったのである。

　「経営学は実践的な学問である」。たとえば医学は，病気を治して患者に貢献するというきわめて実践的な目標をもっているのであり，これは経営学も同じではないか。「役に立つ」というこの考えは，われわれには否定しがたいように思える。

　しかし，よく考えてみれば，「実践的」とか「役立つ」といった言葉は，どういう意味をもっているのだろうか。一体「誰」の役に立つのだろうか。「経

営者」なのか，「株主」なのか，「従業員」なのか。はたまた「大企業」なのか，「中小企業」なのか。そこに厳密な定義はあるのか。

2 「学問」としての経営学

　実務への関心が強かったアメリカに比べ，商科大学で生み出されたドイツの経営学（**経営経済学**）の歴史をみると，「経営学とは何か」「学問としての経営学とは」といった，経営学の本質を意識した議論が展開されていた。たとえば，会計学（計算制度論）の領域で著名な業績を残したシュマーレンバッハ（E. Schmalenbach）は，経営学を，実践に役立つ「**技術論**」と定義したが，他方でリーガー（W. Rieger）やグーテンベルク（E. Gutenberg）は，経営学は経営現象の理論的説明を目標とするのだという「**理論学派**」を標榜したし，さらにニックリッシュ（H. Nicklisch）に代表される「**規範学派**」は，経営の現状を出発点としつつ，現状分析にとどまるのではなく，そのあるべき姿を規範的に示すという立場をとった。ドイツでは，これらの学派がそれぞれ自らの主張の正当性を主張することで，「**方法論争（Methodenstreit）**」が何度か展開されたのである。

　このようなドイツの経営学の歴史をみると，経営学を「実践のための学問」と言い切ることはできないことになる。近年の経営学者の研究活動をみると，仮説を設定し，主に定量的な手法を用いてその仮説が正しいかどうかを検証するという，いわゆる「**実証研究**」が盛んであることがわかるが，それらの研究もまた，研究者各人がどのように考えているのかは別としても，現象を帰納的に分析してその因果関係を探るという意味で，その研究が実践に直接役立つというよりは，客観的で厳密な研究手法に則った，きわめて「科学的」な活動であると見なせる。

3 経営学は「科学」なのか?

　「科学」という言葉を聞くと，何をイメージするだろうか。実験室でビーカーを振っているイメージだろうか。あるいは，日本人がノーベル賞を受賞したというニュースを聞いて，「科学」という言葉を連想するかもしれない。

　一般的に「科学」というと理科系のイメージがあると思われる。しかし，「経営学」もまた，「社会科学」に位置づけられるという意味で，「科学」であ

る。「科学」とは、「一定の目的・方法のもとに種々の事象を研究する認識活動。また、その成果としての体系的知識」（大辞泉）と定義される。ここで重要なことは、科学的な活動が、「実験」から連想されるように、事象に対して客観的に検証可能な手続きを用いてアプローチし、その事象がどのような理由で生じたのか、その背後にある「法則」を暴き出そうとする活動だ、ということである。

つまり、「科学」の名の下にどのような発言も許されるわけではなく、一定の手順や方法に沿って事象が分析・検討され、その主張が「正しい」ものであることが客観的に明らかにされている必要があるのである。「科学」的な主張とそうでないものとの差は、このような手続きの厳格性、あるいはそうであろうとする研究者の**「知的誠実さ」**にあるといえる。

もちろん「科学」の定義はさまざまであり、「科学とはこうでなければならない」、というつもりはない。しかしながら、上述のような経営学の現状、すなわち「実証研究」が隆盛しているという状況は、経営学が、根拠のない発言をするのではなく、実証を重ねた説得力のある主張を行うことで、「科学」的であろうとするあらわれなのかもしれない。とりわけドイツにおいては、経営学は創設当初、経済学（国民経済学）から「経営学は科学ではない」という熾烈な批判を受けたのであり、この意味で、近年の研究潮流は、経営学が「社会科学」であろうとしている、重要な動きなのだと考えることもできる。

しかし、このように「科学的」であろうとする経営学は、具体的にどのように役立つのだろうか。確かに、毎年のように日本人の受賞が伝えられるノーベル賞報道では、その研究がいかに役に立ったのかがさかんに伝えられる。経営学の場合、一般市民にこのような実感はあるだろうか。

実際には、経営学において「実証」された研究が本当に役に立つかどうかは、難しい側面がある。ノーベル賞は理系が中心だが、社会科学の場合、研究対象が複雑な側面をもつ人間社会であることから、学問と現実とのリンクがより複雑となり、応用が難しい場合が多い。

たとえば、**「企業の社会的責任（CSR）」**活動に関して、CSRが企業業績に結びつくのかについて多くの実証研究がなされている。それらの研究は、必ずしも同じ主張ではなく、多様な見解が主張されている。しかし、仮に「CSR活動は企業業績を向上させる」という結果が出たとしても、それをそのまま現実

の企業活動に応用することは難しいだろう。つまり，この実証研究をもとに，あらゆる企業が「CSR活動」を行ったとしても，すべての企業の業績が向上するとは到底考えられないのである。

この意味で，経営学の活動が「実践的」かどうかは，微妙な回答となろう。そのような状況において，確かに，さまざまな仮説を提示し，その関係を実証的に明らかにすることも，社会科学としての経営学において重要な活動だが，しかし，あまりにも仮説検証というプロセスに囚われてしまうと，現象に振り回されるだけの活動に終わってしまわないだろうか。そのような仮説検証は，本当に「役に立つ」知識になるのだろうか。

4 経営学のこれから

世間一般において経営学で最も有名な論者はと聞かれれば，やはりドラッカー（P. F. Drucker）の名前があがるだろう。彼自身，自らを経営学者ではなく「社会生態学者」と捉えていたように，通常の経営学の範疇に収まりきらない学者だったといえるが，しかし企業や経営に関する多数の著作を公刊し，また「もしドラ」のように学術以外の一般世間においても注目されるなど，経営学において非常に重要な存在である。

しかし，たとえば近年ベストセラーとなった『世界の経営学者はいま何を考えているのか』（入山章栄著）においては，「世界の経営学者はドラッカーを読まない」と書かれている。著者はもちろん，ドラッカーの主張に意味がないといっている訳ではない。しかし，ドラッカーの主張は実証的に厳密に根拠づけられたものではなく，したがって「科学的」ではないので，**「経営思想」**あるいは**「経営哲学」**として捉えるべきだというのだろう。

たしかにドラッカーの議論は理論的に根拠づけられたものではない。上で示したドイツ経営経済学における学派分類でいえば，「規範学派」に属するような発言も見受けられる。

しかし，日本においても，ユニクロの柳井氏をはじめ，多くの経営者がドラッカーの主張に影響を受けていると公言している。これは，ドラッカーの経営学が「役に立っている」ことを意味しているとはいえないだろうか。

ここに，経営学が「科学的」であろうとして実証研究を深めることと，「役に立つ」を追求することとのバランスをとることに難しさが感じとられる。

経営学の方法と歴史 TOPIC 15

実証研究の潮流は経営学だけでなく，経済学においても強くなっているといわれており，これを避けることはできないと思われる。しかし，あまりにも実証に囚われて，些末な仮説の検証に終始するならば，現実との関連性を失い，経営学の実践性もまた失われるのではないだろうか。経営学がこれからも実社会で役に立つ知識を提供したいのならば，われわれの考えでは，決してドラッカーのような研究の方向性も無視するべきではないだろう。その鍵は，私見では，「実証」に先立つ「コンセプト」の提唱，たとえば，かつての**ドイツ経営経済学**においてみられた「**一般経営経済学(Allgemeine Betriebswirtschaftslehre)**」への意識であるように思われる。すなわち，経営現象をトータルに説明することのできる理論体系の構築を目指すことであり，それもまた，経営学のこれからに必要なアプローチではないだろうか。

5 おわりに

以上，本トピックでは「方法」と「歴史」という観点から，経営学の学問的な特質や今後の経営学のあり方について検討してきた。研究書のみでなく，経営学に関する一般むけの啓蒙書が多数出版されるなど，経営学が現在「市民権」を得ていることに疑いの余地はないが，それだけに他方で，さまざまな議論が深く議論されることなく登場しては消えていくという，非効率的な状況にあるともいえる。かのゲーテ（Johann Wolfgang von Goethe）が「学問の歴史は学問そのものである」と説いたように，経営学がいかなる学問なのか，何の役に立つのかといった本質的な問題を考えるためには，経営学の歴史を振り返らざるを得ないのである。「経営学（説）史」を学ぶ意義は，まさにここにあるのだ。

▶**参考文献**

入山章栄（2012）『世界の経営学者はいま何を考えているのか―知られざるビジネスの知のフロンティア―』英治出版。

菊澤研宗（2015）『ビジネススクールでは教えてくれないドラッカー』祥伝社。

NHK「仕事学のすすめ」制作班編（2010）『柳井正　わがドラッカー流経営論』NHK出版。

Schönpflug, F. (1954) *Betriebswirtschaftslehre. Methoden und Hauptströmungen*, 2. erw. Aufl. Hrsg. von Seischab, H., Stuttgart.（古林喜楽監修，大橋昭一・奥田幸助訳（1970）『シェーンプルーク　経営経済学』有斐閣。）

■さらに理解を深めるために

入山章栄（2019）『世界標準の経営理論』ダイヤモンド社。
　　　（現在の経営学で議論されている理論を網羅的に紹介した本。経営学の方法論を
　　　説明した項目もある）
経営学史学会編（2012）『経営学史事典（第 2 版）』文眞堂。
　　　（日米独の経営学史的展開や用語集，人物紹介などを網羅した事典）
経営学史学会監修『経営学史叢書』(I～XIV 巻) 文眞堂。
　　　（経営学史上重要な人物を各巻 1 人ずつ取り上げ，当該学説についてさまざまな観
　　　点から詳細に分析した書籍集）

フマキラー株式会社

代表取締役社長 大下 一明
(S.55 年商業学科卒業)

会 社 組 織

[会社概要]

創 業：1874（明治7）年 創立：1924（大正13）年7月
設立：1950（昭和25）年12月
資 本 金：36億9,868万円
従業員数：224名（2019年3月現在）
売 上 高：213億円，連結売上高：412億円
本 社：東京都千代田区

[事業内容]

殺虫用品，家庭用品，園芸用品，業務用品等の製造販売，輸出入。世界初の電気蚊取り「ベープ」をはじめとして，多数の製品を販売。

[創業・歴史]

1874（明治7）年に薬種商として創業。1890（明治23）年に屋号を大下回春堂（薬種商）と命名。1924（大正13）年7月，大下回春堂を創立。1950（昭和25）年12月，大下回春堂を資本金1,000万円の株式会社に改組。1962（昭和37）年，資本金を1億円に増資し，社名をフマキラー株式会社に変更。以降，日本国内はもとより，マレーシアやインドネシアをはじめとする世界各国へと進出している。

経営状況ならびに今後の経営展望

春から夏にかけての販売量で全体の85%を占め，季節性の高いビジネスで，天候に左右されます。そういった意味で，夏が長い東南アジアを中心として，海外展開に力を入れています。わが社はもともと海外志向が強く，昭和48（1973）年にはイタリアに進出を開始しました。当初は輸出ビジネス，つまりベープマットなどの器具の販売，殺虫剤原体の販売というかたちでスタートしましたが，現在では現地法人による現地の事情に合わせた経営を各地で行っています。

天候はきわめて重要ですが，天候予測は不可能なので，経済動向や消費動向を見ながら，シェアを高めるための政策を打っています。

海外展開に力を入れるなかで，他社との差別化要因になるものは，やはり「効力」です。効きめのスピード，確実に殺すという部分は，わが社の1丁目1番地の部分ですので，ここが一番のポイントだと思います。この背景には，インドネシア進出の際の苦労があ

代表取締役社長・大下一明氏

ります。進出して数年経って，「フマキラーの殺虫剤は効かない」という評判が出てきました。日本でしっかりと品質チェックしていたのになぜだ，となりまして，原因を突き止めると，インドネシアの蚊は殺虫剤の抵抗性が数倍強かったんですね。蚊の殺虫剤に対する抵抗力の違いがあることを思い知らされたのがインドネシアでした。殺虫剤は命を守る商品であり，お客様を裏切るわけにはいかない，ということを再認識させられました。

　また海外展開においては，現地において確立した販売手法を横展開するかたちで広げています。重要なのは商品の配荷力で，販売店との関係が非常に重要となってくるので，その促進をどうやるのかが一番のポイントです。海外では日本以上に厳しい競争があります。特に買収などにより巨大化した企業や販売力のある現地メーカーがひしめき合っていますので，価格競争が激しいです。

　国内市場に関しては，この先は微増しながら推移していくと考えています。経営環境として大きく変わっていると考えているのは，国内でも危険な害虫が増えているということです。たとえばセアカゴケグモをみても，10年以上前に上陸して以来，今はほぼ日本全国にみられます。また異常な繁殖の仕方をするアルゼンチンアリは人間には害を及ぼしませんが，農業作物などへの被害が拡大しています。さらに近年ではヒアリが上陸したり，約70年ぶりに日本でデング熱の国内感染が確認されるなど，過去にはなかった危機が日本にも迫っています。特にデング熱に関しては，海外で感染したのではなく，国内で蚊に刺されて発症したということで，非常に危険な状態になっています。さらに重症熱性血小板減少症候群（SFTS）に関しても昔は知られておらず，マダニが媒介しているとは考えられていなかったそうですが，2011年にマダニが媒介して死に至ることが明らかとなり，国内では2013年に症例が報告されました。このように，国内でも非常に危険な状況が続いています。

ちょっと昔の話をしますと，私が入社した当時は，ゴキブリ1つとっても，利根川を渡るとゴキブリの商売はできなくなるよといわれていたんです。今はもう，ゴキブリは北海道にもいますよね。さらに今では，ヒトスジシマカがゴキブリと同じような上り方をしているのです。今は国立感染症研究所が，函館でヒトスジシマカがいるかどうかかチェックしています。

　このように，日本でも害虫をめぐる環境が非常に悪化していますので，身を守る手段として殺虫剤が非常に大切になってくるのです。ゆっくりとですけれど，生活者もその辺を意識するようになってますよね。そういった面からみれば，国内市場はまだまだ微増していくと思います。そのなかでわが社としては，殺虫剤のシェアはまだ三番手です。営業力強化に努めて，シェアナンバー2，ナンバー1を目指していきたいと思っています。

　営業力という点でみれば，今の既存の販売手法は，卸店さんを通じて販売店さんに売って，店頭でお客様が商品を買っていただくという手法でしたが，最近ではAmazonさんのようなECサイトでも展開しています。ずっと既存の販売手法でやっていると，なかなか三番手から二番手，二番手から一番手というのは難しいからECサイトのようなところにも注力していこうということで，おかげさまでAmazonさんではわが社のシェアがナンバー1なんです。いろんな新しいルートの開拓を積極的にやっていくことを，常日頃いっています。ECサイトのメリットは，動画を流せる点です。CMでは流せない部分とかですね。日本の殺虫剤の規制上，競合との比較ができないんですが，動画を使えば，単品でもわが社の効き目をみてもらえるので，非常に大きなツールになっています。

経営者個人への質問

1. 現在の役職に就いた経緯

　フマキラーという会社は祖父の大下大蔵が起こしたんです。もともと殺虫剤というのは蚊取り線香しかなかったんです。金鳥さんが最初に取り組まれたわけですけれど，わが社は除虫菊から殺虫剤の大もとを抜き出して，それを，今でいうエアゾールタイプという，空気で押し出して液を吹き出すという形で殺虫剤を売り出したんです。これがわが社のスタートで，祖父から私の父，私の兄が引き継いで，今私が四代目として社長を務めています。ただ私は，大学卒業後，いったん別の会社に就職しています。卒業してすぐフマキラーに入るのではなく，サラ

リーマンを経験しろ，社会人の常識を身につけてこいということで，化学品の専門商社で3年間サラリーマンを経験し，その後でフマキラーに入りました。その後，わが社でもさまざまな仕事を経験して，現在に至っています。

2. 経営者としての働き方

会社にはいろいろな行事があり，年間スケジュールが管理本部で組まれます。わが社は期初が4月からですが，1月から2月ぐらいに年間スケジュールが組まれます。たとえば取締役会，経営会議，開発会議，生産会議，営業会議，支店会議，当社が主催する新製品発表会などのすでに決まっている予定があり，そこに海外出張，お客様の会合や殺虫剤工業会などの会合が入り，さらに販売店や卸店との取組み会議が入ります。その合間に個人的な面談や慶弔関係を入れていくというかたちで，1年のスケジュールが決まっていきます。

本社は東京ですが，工場と自宅は広島にありますので，海外と合わせると，だいたい東京，広島，海外で3分の1ずつくらいです。経営者としては，工場という現場と売り場という現場，2つの現場を見るのは好きですね。いつも新たな発見があります。

3. 経営者として心がけていること

まずは経営理念，企業使命の遂行と社内徹底にはこだわっています。また商品の品質，また人としての品質も高めていくということも大事に思っています。企業理念や企業使命の浸透のために，従業員には毎朝，経営理念と企業使命を唱和するよう指導しています。この継続は大事で，海外でも掲げています。

あとは数字にこだわることですね。その数字，結果を見て目標を立てる。そこには行動が生まれるわけじゃないですか。そこの行動につなげるために，数字に徹底的にこだわってくれということを従業員にはいっています。数字は「行動の質と量の掛け算」だとよくいわれるんですけれど，私は，そこにプラスしてスピードをもって取り組んでくれ，と営業にいっています。これが結果を生むんですね。

フマキラー広島工場全景

4. 学生時代を振り返って

　剣道部に所属して，剣道一色でした。剣道の練習が終わったら，みんなでつるんで祖師ヶ谷大蔵の商店街のどこかで毎日飲んだくれてました。思い出といえば，学園祭（砧祭）で，適当に紙に小切手とか書いて千円とか書いて，よその部のおでんとか焼きそばとかを，小切手を使って無料で食べていたことです。剣道部の他に，柔道部，野球部も同じことをやっていて，あくどいなと思いました（笑）。たいしたことないエピソードですが，これはいい思い出ですね。いまだに先輩と会うとこの話が出ます。

5. 学生へのメッセージ

　とにかくポジティブに過ごしてほしいですね。自分もそうですが，いきたかった大学ではないかもしれないけれど，人生失敗している人間も多いですから，前向きにやっていけば何とかなりますよ。人生いいときもあれば悪いときもあるし，悪いときもあればいいときもある。どっちも長続きしないということです。

　あとは，この立場ですと，業界の会合に出たり，いろんな団体に入っている中で，講師の先生をよんで話を聞くことが結構あるんです。このときに心がけているのは，真剣にずっと聞くとかメモをとるというのではなくて，必ず一言，二言大切な言葉をいっているので，それを受けとめておこう，聞き逃さないようにしようというスタンスで過ごしています。授業も恐らく一緒ではないでしょうか。学生として，1コマの授業のなかで教授の言葉を1つ残そうとか，教えてもらったことを1つちゃんと勉強しておこうというふうに臨んでおけばよかったなと思っています。

　また，とにかく新聞と本を読めといいたいです。新聞については，特に紙面を俯瞰してほしい。自分の仕事を振り返るとか，やっていることをちょっと上からみてみるといった俯瞰の視点が大事だと思います。本については，昔は本を読むのが嫌いだったんですが，社会人になって多くの人と接すると，「この人はすごい」と思う人はよく本を読んでいます。これは若いうちから身につけておかないとダメです。30歳を超えると頭が固くなって覚えられないですから。

　最後に，同級生の友人，部活やサークルの仲間を大切にしてほしいですね。今でも数年に1回は集まります。

事項索引

● た ●

●わ●

人名索引

【執筆者紹介】(執筆順)

坂本　義和（日本大学商学部教授）　　　　　〔第 1 章〕★

中川　　充（日本大学商学部教授）　　　　　〔第 2 章〕

髙井　　透（日本大学商学部教授）　　　　　〔第 3 章〕

武田　圭太（日本大学商学部教授）　　　　　〔第 4 章〕

黒澤　壮史（日本大学商学部准教授）　　　　〔第 5 章〕

髙橋意智郎（日本大学商学部教授）　　　　　〔第 6 章〕

柴田　　明（慶應義塾大学商学部教授）　　　〔トピック 1, 15〕★

児玉　　充（日本大学特任教授）　　　　　　〔トピック 2, 9〕

平松　庸一（日本大学商学部教授）　　　　　〔トピック 3〕

外島　　裕（日本大学名誉教授）　　　　　　〔トピック 4〕

平澤　克彦（日本大学特任教授）　　　　　　〔トピック 5〕

菅野　正泰（日本大学商学部教授）　　　　　〔トピック 6〕

山本　篤民（日本大学商学部教授）　　　　　〔トピック 7〕

鈴木　正明（武蔵大学経済学部教授）　　　　〔トピック 8〕

髙久保　豊（日本大学商学部教授）　　　　　〔トピック 10〕

鈴木由紀子（日本大学商学部教授）　　　　　〔トピック 11〕★

所　　伸之（日本大学商学部教授）　　　　　〔トピック 12〕

髙橋　淑郎（日本大学特任教授）　　　　　　〔トピック 13〕

宇田　　理（青山学院大学経営学部教授）　　〔トピック 14〕

★は編集委員

《インタビュー協力》(掲載順)　※肩書はインタビュー当時

和田泰治氏（ドーバー洋酒貿易株式会社／軽井沢ブルワリー株式会社 代表取締役会長）

後藤忠治氏（セントラルスポーツ株式会社 代表取締役会長）

池田淳八氏（八光自動車工業株式会社 代表取締役）

中村　理氏（株式会社アサヒ防災設備 代表取締役）

大下一明氏（フマキラー株式会社 代表取締役社長）

2020 年 3 月 30 日　　初版発行
2024 年 2 月 25 日　　初版 5 刷発行　　　　　　　　　略称：日大経営学

はじめての経営学

編　者　Ⓒ　日本大学商学部経営学科

発行者　　　中　島　豊　彦

発行所　同 文 舘 出 版 株 式 会 社
東京都千代田区神田神保町 1-41　　〒 101-0051
営業　(03) 3294-1801　　編集　(03) 3294-1803
振替　00100-8-42935　https://www.dobunkan.co.jp

Printed in Japan 2020　　　　　　　DTP：マーリンクレイン
印刷・製本：三美印刷

ISBN978-4-495-39035-8